*H. K. A. Krüger*

# Geschichte der niederdeutschen  Literatur

DOGMA

H. K. A. Krüger

**Geschichte der niederdeutschen  Literatur**

ISBN/EAN: 9783955800949

Auflage: 1

Erscheinungsjahr: 2013

Erscheinungsort: Bremen, Deutschland

# Geschichte der niederdeutschen oder plattdeutschen Literatur vom Heliand bis zur Gegenwart

## Von H. K. A. Krüger

Wird doch die dorische Sprache dem Dorier, denk' ich, erlaubt sein.                                    J. H. Voß (nach Theokrit).

◆

Wohl mir, daß ich im Land aufwuchs, wo die Sprache der Deutschen
noch mit lebendigem Leib im Dialekte sich regt,
Milch der Mutter noch trinkt, noch quellendes Wasser am Borne,
vom Schulmeister noch nicht rektifiziertes Getränk!
                                    Friedr. Th. Vischer.

◆

Jede Provinz liebt ihren Dialekt, denn er ist eigentlich das
Element, in dem die Seele ihren Atem schöpft.
                                    Goethe.

◆

Quid igitur adhuc superest tibi, cur Saxonicae tuae te pudeat
linguae? Quamnam contemtus ejus causam afferre adhuc
poteris?
          Raupach, De Linguae Saxoniae inferioris neglectu atque
          contemtu inujsto. (Von unbilliger Verachtung der platt-
          teutschen Sprache.) Rostock 1704.

◆

# Vorwort.

He is wys, be kan vorbraghen
unbe liben vorbreet al sunber klaghen
unbe barby holben syn gebere
oft liben vorbreet neyn libent were.

Dieses Werk verfolgt nur den einen Zweck: Dem Freunde der niederdeutschen Sprache eine kurz zusammengefaßte, übersichtliche Geschichte ihrer poetischen Literatur zu bieten. Wenn es ihr neue Freunde erwerben und die hochdeutschen Literarhistoriker veranlassen sollte, die mundartliche Literatur mehr als bisher zu berücksichtigen, so würde es mich freuen. Schließlich mag das Buch auch dem Lehrer ein willkommener Berater sein.

Die plattdeutsche Literatur ist im Laufe der letzten 60 Jahre zu einem starken, gesunden Zweig am Baum der deutschen Nationalliteratur herangewachsen, - was ihre gesonderte Behandlung wohl rechtfertigen kann, zumal die Literaturgeschichten außer Groth, Reuter, Brinckman, Meyer und Fehrs ihrer kaum gedenken. Im Gegensatz zu der sprachlichen Verschiedenheit des oberdeutschen Sprachgebietes, das von den Stämmen der Allemannen, Schwaben, Franken und Bayern bewohnt wird, ist das niederdeutsche Gebiet, das Land der Niedersachsen, einheitlich, wenn es auch manche Spielarten im Dialekt aufweist.

In diesem Buche wird die erste Geschichte der plattdeutschen Literatur in zusammenhängender Darstellung geboten. Die wichtigsten Vorarbeiten haben geliefert Kinderling (Geschichte der Niedersächs. Sprache. 1800), Scheller (Bücherkunde der Sassisch=Niederdeutschen Sprache. 1826), Seelmann (Bibliographische Zusammenstellung der plattd. Literatur des 19. Jahrhunderts 1896), Gaedertz (Das niederdeutsche Schauspiel. Zum Kulturleben Hamburgs 1884), C. Schröder (Die neuniederdeutsche Dichtung in Mecklenburg 1904), Welzien (Das niederdeutsche Drama 1913), ferner Dohse (Gefahr im Verzuge!) und in Artikeln der Zeitschrift Niedersachsen L. Schröder über die neuere Literatur. Die vielseitigste Grundlage hat R. Eckardt in seinem

„Handbuch zur Geschichte der plattdeutschen Literatur" (1911) geschaffen, in dem der Verfasser mit Bienenfleiß ziemlich alle in plattdeutscher Sprache erschienenen Werke zusammengestellt hat.

Meine Aufgabe war, zu sichten. Ich habe mich bemüht, die Maschen meines kritischen Netzes so zu stellen, daß mir kein Singvogel durchs Garn gehen konnte. Von den Werken der älteren Zeit ist wenig ausgeschieden, dagegen mußte ich einen großen Teil der seit 1850 erschienenen etwa 1500 Bücher als zur Aufnahme ungeeignet verwerfen. Wer über die fehlenden Werke unterrichtet sein will, wird sie in Eckarts Handbuch finden. Im übrigen hoffe ich, keine erwähnenswerte Dichtung übersehen zu haben. Aus den älteren Dichtungen habe ich vielfach den Inhalt angegeben, da sie dem Leser in den meisten Fällen schwer erreichbar sein werden. Auch von neueren Dichtern habe ich charakteristische Proben eingereiht. Die angehängte Zeittafel wird einen willkommenen Überblick über die Entwickelung der Literatur gewähren. Für Berichtigungen und Nachweise sowie für Übersendung von Neuerscheinungen zur Berücksichtigung bei weiteren Auflagen des Werkes werde ich jederzeit dankbar sein.

Zum Schluß spreche ich Allen, die mich durch Überlassung oder Besorgung von Werken unterstützt haben, besonders meinem lieben Vater meinen herzlichsten Dank aus.

Schwerin i. M., im Mai 1913.
Grenadierstraße 49.

H. K. A. Krüger.

# Inhaltsübersicht.

# Die altsächsische oder altplattdeutsche Literatur.

Lange Zeit hindurch galt die plattdeutsche Sprache nicht für literaturfähig. Wenn man ihr Dasein auch nicht weg= leugnen konnte, so sah man sie doch über die Achsel an, ja, in der ersten Hälfte des 19. Jahrhunderts verstieg sich ein Schriftsteller sogar zu der Forderung, sie müsse mit Stumpf und Stiel ausgerottet werden, weil sie der Einigung Deutschlands im Wege stände. Es war eine Ironie des Schicksals, daß dieser weise Mann — er hieß Ludolf Wienbarg (1802—1872) — noch die rauschenden Erfolge eines Reuter erleben, daß er sehen mußte, wie die Wirklich= keit seine Theorie ad absurdum führte, indem gerade die Werke Groths und Reuters in Süddeutschland Verständnis für norddeutsche Art weckten und dadurch den Main über= brücken halfen. Aus dem Aschenbrödel war über Nacht eine Prinzessin geworden. Zwar ist das Plattdeutsche nicht das mehr, was es vor Jahrhunderten war, die allgemeine Schrift= und Verkehrssprache Niederdeutschlands. Das Hoch= deutsche hat es aus manchen Teilen seines einst so stolzen Reiches verdrängt und ist, ein einigendes Band für Deutsch= land, die Sprache der Behörden, der Wissenschaft, des öffentlichen Verkehrs und mancher Volksschichten geworden. Neben ihm aber klingt in der norddeutschen Tiefebene die Sprache der alten Sachsen fort, knorrig wie die Eichen der Wälder, voller Klang und reich an Ausdrücken des Gemütslebens. Für den regsamen Bürger der Städte, den

1

kühnen Seemann, den fleißigen Bauern ist das Plattdeutsche die Sprache geblieben, in der er denkt, fühlt und redet; selbst wenn der Mund hochdeutsch spricht, aus den Worten wird man doch heraushören, daß sie plattdeutsch gedacht und erst ins Hochdeutsche übertragen sind. Das Platt=deutsche ist zum großen Teil die Umgangssprache im täg=lichen Verkehr, die Sprache der Familie geblieben, und selbst in Kreisen, die für gewöhnlich hochdeutsch sprechen, greift man in Augenblicken innerer Bewegung gern auf die vertrauten Laute der Muttersprache zurück, als ob man wüßte, daß sie leichter den Weg zum Herzen finden. —

Klaus Groth hat das Plattdeutsche zutreffend die ältere Schwester des Hochdeutschen genannt. Als sich die Wogen der Völkerwanderung geebnet hatten, saßen im damaligen Deutschland neben mehreren kleineren fünf große Stämme: die Alamanen, die Bayern, die Franken, die Thüringer und die Sachsen. Wenn auch jeder dieser Stämme seinen eigenen Dialekt hatte, so war doch das deutsche Sprach=gebiet bis dahin verhältnismäßig einheitlich. Da trat um die Mitte des ersten Jahrtausends n. Chr. eine Lautver=schiebung ein, welche das Thüringische nur teilweise be=einflußte, das niederdeutsche Sprachgebiet aber unberührt ließ. Diese Lautverschiebung bestand im wesentlichen darin, daß die Konsonanten p, t und k in f oder pf, z oder ss und ch umgewandelt wurden. Seit jener Zeit spricht der Niederdeutsche pund, tid, eten, ik, wo der Oberdeutsche pfund, zeit, essen, ich sagt. Die Kluft zwischen diesen beiden allmählich entstandenen Sprachgruppen, der nieder= und der oberdeutschen, wurde im Laufe der Zeiten noch vertieft, so daß man mit Recht von zwei Sprachen reden kann.

Die altniederdeutsche Sprache umfaßte ihrer=seits wieder zwei Gruppen: das Altsächsische oder Altplattdeutsche (so genannt, weil es im „platten" Lande im Gegensatz zu Oberdeutschland gesprochen wurde) und das Altniederfränkische oder Altnieder=ländische. Das Altsächsische umfaßte die nördlichen Pro=vinzen Hollands und Norddeutschland bis zur Elbe und dehnte sich mit der Germanisierung des Ostens bis in die Ostseeprovinzen aus, nahm allerdings manches aus dem Sprachschatz der unterworfenen Völker auf. Am reinsten

hat es sich in den Gauen zwischen Elbe und Rhein er=
halten. Das Altniederfränkische war in einem Teil der
heutigen Rheinprovinz, im übrigen Holland und dem
größten Teile Belgiens — dort vlämisch genannt — heimisch
und reichte an der Küste bis nach Frankreich hinein. Die
Verschiedenheiten zwischen den beiden Sprachgruppen sind
noch heutzutage nur gering. Holländisch und Vlämisch
unterscheiden sich vom Plattdeutschen hauptsächlich durch die
zahlreichen Worte, welche diese Sprachen aufnahmen, als
sie im Laufe der Zeiten zu Schriftsprachen auswuchsen.
Am nächsten steht das Holländische dem Plattdeutschen, aber
auch das Verständnis des Vlämischen fällt bei einiger Übung
nicht schwer. Sogar ein Rest des Gefühls der Stammes=
zusammengehörigkeit ist dem Vlämen noch verblieben. So
soll im Jahre 1870, wie Dannehl berichtet, an den Ufern
der Schelde gesungen worden sein:
>     Dar klikt en kreet als een donderknal,
>        als zwardgeknatter on golven=bal.

An das Altsächsische schloß sich dann im Norden das
Friesische an, das die Überleitung zum Angelsächsischen
bildete. Auf dem plattdeutschen Gebiet hat sich im Laufe
der Zeiten aus Mangel an einer einheitlichen Recht=
schreibung und Literatur eine große Anzahl im Wortschatz
und in der Aussprache ziemlich verschiedener Dialekte her=
ausgebildet, ein Vorgang, der besonders nach dem Ab=
sterben der plattdeutschen Literatur im 17. Jahrhundert
einsetzte. —

Die altsächsische schöne Literatur ist wie ihre ober=
deutsche Schwester arm an Werken der Dichtkunst. Zwar
wissen wir aus der Germania des Römers Tacitus
(98 n. Chr.), daß die Germanen in alten Volksliedern den
erdentsprossenen Gott Tuison und dessen Sohn Mannus
als des Volkes Gründer und Stammväter priesen und daß
sie Kriegslieder, Bardite genannt, hatten, durch die sie sich
in den Schlachten anfeuerten und aus deren Schall sie auf
den Ausgang des Kampfes schlossen. Kein religiöser Sang,
kein Schlachtlied ist auf uns gekommen. Vielleicht finden
wir in den Bötformeln, in der schwarzen Kunst des Be=
sprechens die Anklänge an Gebete, in denen die Germanen
ihre Götter um Heilung anflehten. Schon aus alter Zeit
sind uns solche Formeln in den Merseburger Zauber=

sprüchen erhalten, die im 10. Jahrhundert n. Chr. aufgezeichnet worden sind. Besonders aber im Beowulf, einem im 8. Jahrhundert niedergeschriebenen großen Heldengedicht der stammverwandten Angelsachsen, finden wir die Spuren altgermanischer Heldenpoesie. Welch weiter Weg ist es aber von den ersten Anfängen der Dichtung bis zu ihrer Niederschrift, die erst zu einer Zeit erfolgen konnte, in der das Volk schon eine gewisse Stufe der Kultur erklommen haben mußte! Welch reicher Schatz an Dichtungen, die nur mündlich überliefert werden konnten, mag in den Stürmen der Völkerwanderung zu Grunde gegangen sein! Aus einer späteren Quelle, der im 13. Jahrhundert in Norwegen zusammengestellten Thidrekssaga wissen wir, daß im sächsischen Volke Sagen umliefen, denn ihr Verfasser berichtet, daß er vieles nach Erzählungen sächsischer Männer niedergeschrieben habe. Darüber, ob diese Sagen sich zu Kunstwerken verdichtet hatten, fehlt uns aber jede Nachricht. Nur ein Bruchstück eines Heldensanges ist uns erhalten, das sog. ältere Hildebrandslied. Es ist wahrscheinlich am Ende des 8. Jahrhunderts von zwei Mönchen des Klosters Fulda auf die äußeren Umschlagseiten einer lateinischen Handschrift nach einer sächsischen Vorlage abgeschrieben worden. Da die Mönche jedoch des Niederdeutschen nicht mächtig waren, haben sie viele oberdeutsche Worte in den Text hineingebracht, so daß eine eigentümliche Mischung der beiden Sprachen entstanden ist. Das in der alliterierenden Langzeile verfaßte Lied ist von großer Bedeutung für die deutsche Literatur, da es das einzige uns erhaltene epische Gedicht des altdeutschen Heldengesanges ist. Es schildert in knappen, fast nur Rede und Gegenrede enthaltenden Worten den Kampf, den Hildebrant bei seiner Heimkehr mit seinem Sohn Hadubrant bestehen muß, der ihn nicht erkennt und, als Hildebrant sich seinen Vater nennt, ihn für einen alten, schlauen Hunnen hält:

> dat sagetun mi seolidante
> westar ubar wentilseo, dat inan wic furnam;
> tot is Hiltibrant, Heribrantes suno.

D. h.:

> Das sagten mir Seefahrer,
> westwärts über den Wendelsee, daß ihn der Krieg fort-
> tot ist Hildebrant, Heribrants Sohn.　[nahm;

Da bricht Hildebrant in Klagen aus:

Wehe nun, waltender Gott! Wehgeschick geschieht.
Ich wallte der Sommer und Winter sechzig außer Landes,
da man mich stets stellte ins Volk der Schützen;
doch brachte man mir bei keiner Burg den Tod bei:
nun soll mich das eigene Kind mit dem Schwerte hauen,
zerschmettern mit seinem Beile, oder ich ihm zum Ver=
derben werden.

Die beiden beginnen dann den Zweikampf, über dessen
Ausgang wir nichts erfahren, da die Handschrift hier ab=
bricht. Das Ende des Kampfes wird jedoch so gewesen sein,
daß Hildebrant den Sohn erschlägt. Einer späteren Zeit
aber sagte dieser tragische Ausgang nicht mehr zu, und
so hat denn das jüngere Hildebrantslied aus dem 14. Jahr=
hundert den Kampf mit dem Wiedererkennen enden
lassen.

Wenn auch nur ein Bruchstück eines nationalen Helden=
gedichts auf uns gekommen ist, so besitzen wir doch ein religi=
öses Heldenepos, das für die Kenntnis der altsächsischen
Sprache von unvergleichlichem Wert ist, den Heliand. Der
Heliand (Heiland), die gewaltigste deutsche Dichtung des
ersten Jahrtausends n. Chr., wurde um das Jahr 830
herum auf Veranlassung Ludwigs des Frommen von einem
unbekannten Dichter, wahrscheinlich einem Geistlichen, im
epischen Versmaß der Germanen, der alliterierenden Lang=
zeile, verfaßt. Der Dichter hatte sich die Aufgabe gestellt,
das Leben des Heilands den Sachsen, denen Karl d. Gr.
das Christentum äußerlich mit Schwert und Blut aufge=
zwungen hatte, nun auch innerlich näher zu bringen. Er
mußte seinen Sang deshalb den damaligen Vorstellungs=
kreisen des Volkes anpassen. So schmiedete er denn mit
starker Hand im Stil der Heldengesänge ein Heldengedicht
vom Heiland, in dem, ähnlich wie in den Christusbildern
Dürers, alles deutsch war. Gott wird der Waltende, der
Drost genannt, Christus der Landeswart. Die Jünger be=
gleiten den Herrn als Recken und Degen, und mit behaglicher
Breite schildert der Dichter die einzige Szene der Evangelien,
in der das Schwert gezogen wird, als Petrus dem Malchus
das Ohr abhaut:

| | |
|---|---|
| hie is bill atoh, | er seine Haue auszog, |
| suerd bi sidn, | das Schwert an der Seite, |
| sluog im tegegnes | schlug es entgegen |
| an thena firiston fiond | auf den vordersten Feind |
| folmo craftu, | mit der Fäuste Kraft, |
| that thuo malchus warth | daß dann Malchus ward |
| makies eggion | mit des Degens Schneide |
| an thia suithrun half | an der rechten Seite |
| suerdo gimalod, | mit dem Schwerte gezeichnet, |

das Gehör ihm verhauen und er am Haupte wund ward, daß ihm Backe und Ohr barst und Blut aus der Wunde quoll. Pilatus und Herodes werden Herzöge, die Evangelisten Helden genannt; Galiläa ist ein Gau, und von Rom und Jerusalem spricht der Dichter als von Burgen mit blinkenden Burgwällen; den Tempel Jehovahs nennt er „aller Weihtümer wonnigstes", die Hirten sind Roßhirten, die Erde bezeichnet er als Mittelraum, das Paradies als grüne Gottesau, und vom Weltuntergang redet er in Anlehnung an die heidnische Lehre als vom Weltbrand. „Die ganze evangelische Geschichte erscheint als der glorreiche Zug eines herrlichen Volkskönigs durch sein Land, um zu raten und zu richten, zu weisen und zu lehren, Gaben zu verleihen, zu helfen und zu heilen, zu kämpfen wider seine Feinde, in diesem Kampfe für die Seinen zu sterben und endlich aus der scheinbaren Niederlage sich im glänzendsten Siege zu erheben." (Vilmar.) Unter den Händen des Dichters ist aus den chronikartigen Berichten der Evangelien ein deutsches Heldenepos geworden, voll der Poesie des deutschen Waldes und Meeres. Groß ist das Talent des Sängers, alle Begebenheiten in edler, einfacher und doch erhabener Sprache so plastisch darzustellen, daß wir sie greifbar vor uns sehen. Ein Hauch reinster Poesie durchdringt die ganze Dichtung und treibt die schönsten Blüten in der Bergpredigt, der Erweckung des Jünglings zu Nain, der Hochzeit zu Kana, dem Seesturm u. a. Selbst die düsterste Stelle der Evangelien, der Tod des Herrn, wird von der Poesie verklärt:

„Der Landeswart starb an dem Kreuz. Da läßt sich sehn
Ein nie gezeigtes Wunderzeichen. Es zeuget selbst das
Lebenlose

Den Tod des Waltenden aller Welt. Die Erde wand
erbebend sich,
Die Berge schüttern, die Steine stürzen, die Felsen
zerstäuben in dem Feld."

(Rapp.)

Die Vermutung, daß der Dichter von der Wasserkante
stammt oder lange an ihr lebte, hat viel für sich, da
seine Schilderungen des Meeres am poetischsten und durch=
aus naturgetreu sind. So besingt er einen Sturm auf dem
See Genezareth: „Da begann des Wetters Kraft, die
Wirbel wogten, die Wellen wuchsen, schwarze Wolken
schwangen sich darunter, es tobte die See, Wind und Wasser
kämpften." Eine der schönsten Stellen aber ist die Erweckung
des Jünglings zu Nain, die in der Übersetzung Herrmanns
als Perle für das Talent des Dichters dienen mag:

Da sahen sie eine Leiche,
Einen leblosen Leib von den Leuten getragen,
Auf einer Bahre zum Burgtor hinaus,
Einen kindjungen Mann. Die Mutter folgte
Betrübt im Herzen und rang ihre Hände,
Beklagte traurig den Tod ihres Kindes,
Die Erbarmungswürdige. Es war ihr einziger Sohn,
Sie selbst war Witwe, hatte keine Wonne sonst,
Auf ihn allein hatte sie übertragen
Wunsch und Willen, nun war er ihr genommen
Durch des Mächtigen Befehl. Die Menge folgte,
Der Burgleute Gewühl, als man auf der Bahre ihn
brachte,
Den Jüngling zu Grabe. Da ward ihm Gottes Sohn,
Der Mächtige mild und sprach zu der Mutter,
Hieß die Witwe mit Weinen aufhören,
Mit Klagen um das Kind: „Du sollst hier Kraft sehen,
Des Waltenden Werk: Wonne wird dir,
Trost vor dem Volke. Brauchst nicht zu betrauern
Deinen Geborenen."

Er ging zu der Bahre,
Berührte ihn selber, der Sohn des Herrn,
Mit heiligen Händen und sprach zu dem Helden,
Hieß den Jüngling sich erheben

Vom Ruhelager. Der Recke erhob sich,
Der Sohn auf der Bahre; in die Brust kehrte wieder
Der Geist durch Gottes Kraft, und es redete gleich
Der Mann zu den Freunden. Da befahl ihn der Mutter
wieder
Zu Händen der Heiland.

Außer dem Heliand sind uns aus jener Zeit nur Bruch=
stücke einer Genesisdichtung erhalten, die wahrschein=
lich von demselben Verfasser herrühren. Wenn auch weitere
Werke des Altsächsischen nicht auf uns gekommen sind, so
entschädigt doch der Heliand in seiner Größe für das Ver=
lorene. Mag auch Vilmars Urteil, der Heliand sei „eines
der herrlichsten Gedichte überhaupt von allen, welche der
dichtende Menschengeist geschaffen hat, und welches sich in
einzelnen Teilen, Schilderungen und Zügen vollkommen mit
den homerischen Gesängen messen" kann, ihm von einer
wohl zu verstehenden Begeisterung für das Werk in die
Feder diktiert sein, so bleibt unser Epos immerhin das
gewaltigste, religiöse Epos der Deutschen, und Klopstocks
Messias, überirdisch und voller blutloser Schemen, entbehrt
trotz seines Pathos der Größe, wenn man ihn mit dem
naiven Epos vergleicht, das fast ein Jahrtausend früher
ein unbekannter Sänger sang.

# Das Mittelalter der plattdeutschen Literatur.

(Zwölftes Jahrhundert bis Reformation.)

## 1. Einleitung.

„Vom 10. Jahrhundert an tritt nun eine Zeit der Ruhe, ich möchte fast sagen eine Zeit des Schlafes unserer Poesie ein, während deren die Nation die empfangenen mächtigen, umschaffenden Eindrücke, die das Christentum ihr gegeben, sich in geistiger Stille anzueignen, in sich zu verarbeiten, in eigenes Blut und Leben zu verwandeln hatte." (Vilmar.) Diese Zeit der Ruhe währte für die niederdeutsche Literatur bis zum 12. Jahrhundert. Das Christentum war den Sachsen zwar aufgezwungen worden, doch hatte es allmählich festen Fuß gefaßt, zumal seine Verkündiger eine überlegene Kultur ins Land gebracht hatten, die von der neuen Lehre untrennbar erschien. Dazu kam, daß durch die Kreuzzüge im 11. bis 13. Jahrhundert, die dem kriegerischen Charakter der Germanen besonders zusagen mußten, Begeisterung für das Christentum in das Volk hineingetragen wurde, so daß neben dem Heiland auch die übrigen Gestalten der neuen Lehre an Interesse gewannen. So steht denn im Beginn dieser mittelniederdeutschen Periode eine Zeit lang fast ausschließlich die geistliche Dichtung, die jedoch Werke von hervorragendem poetischen Wert nicht mehr hervorbrachte. Neben ihr, die eine Kunstdichtung blieb und in das Volk wohl nur wenig eindrang, lief jedoch eine Volksdichtung einher. Die Taten der germanischen Helden lebten im Volk fort und verdichteten sich zu Heldenliedern.

Inzwischen hatten die Kreuzzüge jedoch ein starkes Rittertum geschaffen, dessen Abenteuerlust die glühenden Farben der Wunder des Orients und die Verherrlichung der Frauen weit mehr zusagten als ein strenges Christentum. Der weltliche Sänger siegte über den geistlichen Dichter und schuf auf den Spuren der französischen Troubadours das r i t t e r l i c h = h ö f i s c h e Epos und das M i n n e = l i e d. Doch auch die Geistlichkeit wußte sich dieser Wendung der Dinge geschickt anzupassen und schmückte die Legenden ihrer Heiligen mit den abenteuerlichsten Zügen aus.

So lange die Kunst des Lesens noch wenig verbreitet war, mußten die Dichtungen vorgetragen werden, und so erwuchs aus dieser Notwendigkeit der Spielmann, das lebendige, wandernde Buch. Sein Vorkommen ersehen wir schon aus der Zeit Karls des Großen, der Verordnungen gegen ihn erließ. „Das fahrende Volk", wie der Volksmund den Stand nannte, galt als unehrlich. Der Sachsenspiegel (s. u.) wirft sie mit den übrigen rechtlosen Leuten zusammen: „Kemphen und ihre kindere und alle die uneliche geborn sin, und spillute und die dube." Was Wunder, daß der Spielmann für die Gegenwart lebte, seinen Namen verbarg und ihn der Nachwelt nicht überlieferte! So ist es zu erklären, daß uns der Name eines Dichters aus dieser Zeit nur in ganz vereinzelten Fällen erhalten worden ist, denn Dichter waren die Fahrenden zum großen Teil, und was aus ihrem Munde erklang, hatte ihr Herz gesungen.

Nach Beendigung der Kreuzzüge erstarkten allmählich die Städte und wuchsen sich zu kleinen Kulturzentren aus. Das Bürgertum erwachte, die Hansa blühte vom 13. bis 16. Jahrhundert in Niedersachsen und bildete einen Staat im Staate, eine Macht, mit der Kaiser und Fürsten und erst recht die Ritter rechnen mußten. Den Städter aber verlangte nach anderer dichterischer Kost als den Ritter. Sein Sinn war realistisch, auf die Wirklichkeit gerichtet. Von ihr wollte er hören, nicht von den Sagen der Vorzeit. Reichtum und Wohlleben hatten ihren Einzug in die Städte gehalten, und leichte V e r s n o v e l l e n ergötzten den Bürger nach harter Arbeit mehr als die Taten der alten Haudegen, die bald nur in Bänkelsängerliedern fortlebten. Auch hier war es wieder die Literatur der romanischen Länder, die der deutschen zum Vorbild diente. Der Spielmann, der einst von Burg zu Burg gezogen war, fand jetzt im Bürger und Bauern aufmerksame Zuhörer, und mit den Zuhörern hatte sich auch der Sang gewandelt. Diese Entwickelung begann schon im 13. Jahrhundert und währte bis zur Reformation, bis die Glaubenskämpfe Deutschland aufrüttelten, der Volksseele einen neuen Inhalt gaben und sie auf andere Bahnen lenkten.

Die poetische Literatur der mittelniederdeutschen Periode steht nicht so hoch wie die oberdeutsche Dichtung dieses Zeitalters. Sie hat keine Werke von der Bedeutung des Nibelungenliedes, der Gudrun, Parzivals, Tristans usw. aufzuweisen. Die Prosaliteratur Niedersachsens ist im Gegensatz dazu viel reicher als diejenige Oberdeutschlands. Sie wurde in der juristischen und historischen Literatur sogar vorbildlich für diese. Das bedeutendste Rechtswerk dieser Periode ist der Sachsenspiegel, dessen Entstehung wahrscheinlich in die Jahre 1224 bis 1235 zu setzen ist. Sein Verfasser, Eike von Repgowe, schuf in ihm eine Zusammenstellung des damals in Niedersachsen geltenden Rechtes. Das Buch ist in einer von „warmem Gefühl durchglühten Prosa" (Engel) geschrieben, als deren Probe die Stelle über die beiden Schwerter folgen möge: Twe swert leit got op ertrike to beschermen de cristenheit: deme pawese dat gestlike, und dem keiser dat wertlike. Deme pawese is ok ghesat to riden to beschedener tiid op enem blanken perde. de keiser sal eme den stegherep holden dor dat de sadel nicht en wnde. dit is de bekantnisse, wat de pawes und gestlike rechte nicht bedwingen mogge, dat sal de keiser mit wertliken rechte bedwingen dem pawese horsam to wesene. Sus sal de gestlike walt ok helpen deme wertliken rechte offt es id bedarf.

Das Werk hat dem Verfasser manche Anfeindungen eingetragen, gegen die er sich energisch in dem Gedicht: „Heren Eiken san Repgowe klage" wehrte, das mit den Worten schließt:

> mannich wanet en mester sin
> binnen sineme krenge,
> de kume blebe en mesterlin,
> drebe he mit mi de lenge.

Von den Chroniken in Prosa und Versen, deren wir eine stattliche Anzahl besitzen, ist die um 1216 entstandene

Chronik Eberhards von der Stiftung der Abtei Ganders=
heim am bekanntesten. Als erste deutsche Prosadarstellung
der Weltgeschichte möge auch die Sächsische Weltchronik
(vor 1251) erwähnt sein. In die schöne Literatur drang
die Prosa jedoch erst in späterer Zeit ein, denn die An=
fänge aller Poesie binden sich an rhytmisch gegliederte
Sprache. Die zum Vortrag weniger als die Poesie geeignete
Prosa kann zudem in der Dichtung erst dann eine dauernde
Stätte finden, wenn ein nicht unbedeutender Teil des
Volkes lesen kann. In das Ende dieser Periode fällt dann
die Erfindung der Buchdruckerkunst, deren segensreiche
Folgen sich jedoch erst in dem Zeitalter der Reformation in
höherem Maße geltend machten.

## 2. Geistliche Dichtung.

Der Heliand hatte wie ein Heldengesang geklungen.
Ganz anders mutet uns die geistliche Dichtung dieser Periode
an. Da finden wir nichts von der Erhabenheit und der
Poesie des altsächsischen Dichters. In Verse gezwungene
Erzählungen und dogmatische Betrachtungen, das sind mit
wenigen Ausnahmen die Kennzeichen einer Dichtkunst, die
den Hörer nicht mehr für Christus zu gewinnen brauchte,
sondern ihn nur unterhalten und belehren wollte. Aus
dem 12. Jahrhundert sind uns Bruchstücke von Dichtungen
aus dem Leben des Antichrists und der Apostel sowie ein
Gedicht von der minscheit und eine Offenbarung
Johannis erhalten geblieben. Aus dem 13. Jahr=
hundert besitzen wir verschiedene Epen über die Mutter
Gottes, wie dit bok het sunte maria levent (eine
Übertragung aus dem Mitteldeutschen), unser leven
frouwen rosenkranz, sowie Bruchstücke eines Marien=
lebens. Ferner gehört dieser Zeit eine Genealogie
Christi und ein Epos von der bort Christi an, das
gleichfalls auf eine Verherrlichung der Mutter Maria hin=
ausläuft. In dem Gedicht van deme holte des hil=
ligen cruzes (13. Jahrhundert) bearbeitet der Dichter
die Sage, nach der ein Zweig vom Baum der Erkenntnis
nach Jerusalem gebracht und dort zu einem hohen Baum
herangewachsen sein soll, aus dessen Holz das Kreuz Christi

verfertigt wurde. Alle diese Dichtungen stehen nicht nur an poetischem Wert, sondern auch an Umfang weit hinter dem Heliand mit seinen 6000 Versen zurück; so umfaßt das letzterwähnte etwa 800, die dort Christi etwa 1000 Verse. Dem 13. Jahrhundert gehört auch der Kaland des Pfaffen Konemann an. Die Kalande, fromme Brüderschaften, die sich Pflege der Freundschaft, mildtätige Zwecke und Bewahrung des Seelenheils zur Aufgabe gestellt hatten, waren im Mittelalter weit verbreitet, arteten jedoch allmählich in Völlerei aus und gingen im Zeitalter der Reformation gänzlich ein. Konemann zählt in seinem Werk die Regeln des Kaland auf und schließt daran Betrachtungen über Erlösung, Himmel und Hölle. Von ihm stammt auch das allegorische geistliche Epos sunte Marien wortegarde, in dem der Dichter uns eine zusammenfassende Darstellung der christlichen Heilsgeschichte gibt. Konemanns Werke leiden nicht an der Trockenheit der meisten dieser geistlichen Dichtungen, sondern atmen vielmehr „eine glühende Begeisterung und tiefe innige Religiosität." (Borchling.)

Aus dem 14. Jahrhundert sind uns ein Bruchstück eines unbedeutenden Gedichtes Susanna, welches die alttestamentliche Erzählung zum Vorwurf hat, und die Reisen des Sankt Brandanus erhalten. Dieses Werk war so recht eine Erzählung nach dem Herzen des abenteuerlustigen Mittelalters, ein Abenteurerroman in geistlichem Gewande. Der Held des Epos ist der heilige Brandan, der i. J. 577 als Abt eines irischen Klosters gestorben sein soll. Der Stoff war schon in lateinischer, französischer und niederländischer Sprache bearbeitet worden, als der plattdeutsche Dichter anhub zu erzählen:

In goddes namen hebe et an
van dem hilgen sunte Brandan
wu he to abbede wart gekoren.
in enem boke kam om vor
van wunderliken saken
de got wol konde maken:
wu himmel unde erde in wage stat,
mennich wunderlik der darinne gat
unde mennich minsche unstalt
unde merwunders mennichhalt,

daran he nicht loven wolde
mennige werk de got werken wolde
in menniger ftidde an dem mere.
funte Brandane duchte dat unmere,
it enwolde om nicht to finne
dat he ot in fin herte wunne.
dat fulve bok dar he de rede inne vant,
dat warp he in dat vur dat it vorbrant.

Wegen dieses Unglaubens muß er auf Geheiß eines
Engels ein Schiff für eine langjährige Fahrt rüsten, auf
der ihm die abfonderlichften Dinge passieren. Er lernt
Wunderinfeln kennen, deren eine sich als ein Meerungeheuer
entpuppt, findet das Klebermeer, erblickt Judas Ischarioth
auf einem glühenden Stein, auf der einen Seite gebraten,
auf der anderen gefroren, fieht den Aufenthalt der Ver=
dammten und schaut die Insel des Paradieses. Wahrschein=
lich ist der Kern der Sage in irischem „Schippmannsgarn" zu
fuchen, das unter der Hand phantasievoller Bearbeiter an
Abenteuerlichkeit nichts eingebüßt hat. Im 15. Jahr=
hundert klingen die geistlichen Epen dann mit einem Leben
der hl. Maria, wo de fele ftridet mit dem
licham, Marien=Rosenkranz, einer Marga=
reten=Passion und dem längeren Zeno aus. Im
allgemeinen haben die Dichter es nicht verstanden, uns
durch Schönheit der Form den eintönigen Inhalt erträg=
lich zu machen, wie denn der spekulative Germane über=
haupt geneigt ist, den Stoff zu überschätzen, im Gegen=
faß zum Romanen, dem eine schöne Form erstes Erforder=
nis eines Kunstwerks ist.

Beliebte Stoffe der geistlichen Dichter waren auch die
Totentänze, die wahrscheinlich in ihren Anfängen unter
den grausigen Eindrücken der Pest und anderer verheerender
Seuchen entstanden sind. Sie gleichen sich alle darin, daß
der Tod Hoch und Niedrig, Reich und Arm zum letzten
Tanz auffordert. Von dem Reimer, der die meist wenig
kunstmäßigen Totentanzgemälde in den Kirchen durch Verse
erläuterte, bis zu dem Dichter des selbständigen Lübecker
Totentanzes (Druck 1520, Entstehung Ende des 15.
Jahrhunderts) ist jedoch ein weiter Weg. In jenen Zeiten,
in denen das große Sterben so oft durch die Lande rafte

und aller menschlichen Kunst spottete, mußten die folgenden Worte des Todes einen tiefen Eindruck machen:

Dantzet mede, ick synge vorhen,
Alsus heth de sanck, den ick meen:
Bytterlyken sterven is de erste sanck,
De ander is der klocken klanck,
De drydde is: in korter stunden,
Werstu vorgetten van dynen frunden,
Umme dyn tytlyke gud ghan se to deele,
De worme umme dat fleß, de düvel umme de sele.

Totentänze und ein düsteres Geißlerlied, gleichfalls infolge der Pest entstanden, leiten zu der lyrischen geistlichen Dichtung hinüber. Von dieser sind uns eine ganze Anzahl Gebete und Lieder erhalten. So das Paradies des Klausners Johannes, eine ermüdend lange Sammlung von teilweise sehr überschwenglichen Gebeten. Auch der Gemeindegesang taucht am Ende dieser Periode auf. Wenn er auch allgemein erst durch die Reformation eingeführt wurde, so gab es doch schon im 15. Jahrhundert geistliche Lieder, die wahrscheinlich beim Gottesdienst gesungen wurden und ihre Melodien zum Teil mit weltlichen Liedern gemeinsam hatten. Erwähnt seien ein Zwiegespräch zwischen einer Seele und dem heiligen Kreuz und eine Cantilena van dem hilghen cruce. Wertvoller als dieses mit der Person Christi spielende Lied ist das Rostocker Karfreitagslied aus d. J. 1493, aus dem die 10. Strophe hier Platz finden möge:

All to lebe synen leven,
mit dorne em syn hovet ghekronet.
mißgereket lyk den deven,
vor d' werlde gantz b'honet.
bloet gestrecket syne been,
armer elend' ne gefeen.

Noch heute viel gesungen wird das aus dem 14. Jahrhundert stammende Weihnachtslied:

lobet sistu ihu christ,
dat du hute gheboren bist
van ehner maghet. dat is war.
des brou sik alle hemmelsche schar.

### 3. Heldengedicht. (Heldenlied, volkstümliches Epos.)

Während die oberdeutsche Dichtung uns neben manchen kleineren Heldenliedern zwei gewaltige Werke, den Sang von der Nibelunge Not und das Gudrunlied, schenkte, ist uns vom Heldengedicht Niederdeutschlands fast nichts erhalten geblieben. Und doch muß es auch in seinen Gauen geblüht haben, wenn ihm auch kein gottbegnadeter Dichter erwachsen ist, der die einzelnen Sagen mit starker Hand zu einem kunstvollen Ganzen zusammenschweißte. „Ist es doch urkundlich belegt, daß der Stolz der deutschen Dichtung, der deutsche Heldengesang, in ganz Niederdeutschland hell und voll erklungen habe, und von all diesem Liederreichtum ist uns nichts erhalten." (Oesterley.) Kann doch das Gudrunlied nur an der Küste zuerst gesungen sein! Soll doch Siegfrieds Wiege am Niederrhein gestanden haben! Und in niederdeutschen Gauen war die große Vernichtungsschlacht gegen die Römer geschlagen worden. Wenn auch Niederdeutschland dem höfischen Epos vielleicht keinen günstigen Boden bot, da sein Rittertum nicht die Bedeutung des oberdeutschen hatte, das Volksepos wird auch in seinen Marken erklungen sein. Doch seine Spuren sind verweht, und daß noch in einem verstaubten Winkel eine Handschrift eines größeren Werkes aufgefunden wird, dürfen wir nicht mehr hoffen.

Kümmerliche Reste des niederdeutschen Heldensanges haben wir in Liedern von Siegfried, von Laurin und von Sigenot, doch sind sie wahrscheinlich aus dem Oberdeutschen übertragen. Von größerem Wert ist das volksliederartige Gedicht von Hillebrant, das sog. jüngere Hildebrants-lied, das wir auch in einer oberdeutschen Fassung besitzen, doch muß man die niederdeutsche wegen der größeren Reinheit der Reime wohl für die ursprüngliche ansehen.

Ik wil to lande ut riden, sprak sick meister Hillebrant,
de mi den weg bede wisen to Bern wol in dat land,
he is mi unkunt gewesen so mengen leven dach;
in twe unde dörtich jaren frow Gude ik nu ensach.

Trotzdem Herzog Amelung ihn warnt, Hillebrants Sohn würde ihn auf der Heide angreifen, fährt der alte Haudegen heimwärts. Als er den Rosengarten hinaufreitet,

da kommt er „in grot arbeit von einem helde ftark." Er
fordert ihn heraus: du fcholbeft to heime bliben und hebben
ein gut gemack. Der junge Hillebrant, denn das ift der
Angreifer, bleibt dem alten Haudegen die Antwort nicht
fchuldig. Worte fliegen hin und wieder, bis der Sohn dem
Vater fo einen fchweren Schlag verfetzt, daß diefer fieben
Faden weit zurückfpringt, ihn dann bei den Hüften packt
und ins Gras wirft.

Dann fordert er ihn auf, feine Sünden zu bekennen,
er wolle fein Beichtvater fein:

> biftu van des wulbes geflechte, dat fchal baten dat
> leben din.

Stolz gibt der junge Hillebrant ihm zur Antwort, er wäre
ein edler Degen, feine Mutter fei Frau Gude, eine mächtige
Herzogin. Da begrüßt ihn der Alte als feinen Sohn, und
der Sohn führt den Vater in der Mutter Haus und fetzt
ihn oben an den Tifch. Als Frau Gude klagt, daß er
einem Gefangenen diefen Ehrenplatz einräume, entgegnet
er ihr, es wäre kein Gefangener, fondern de olde Hille=
brant, de levefte vader min. Da fchenkt fie ihm ein und
bringt ihm Speife, und der alte Held läßt ein goldenes
Ringlein in den Becher feiner liebften Frau finken.

Ein anderes Lied erzählt uns in König Ermenrichs
Tod eine Epifode aus dem Leben Dietrichs von Bern,
die uns in weiterer Faffung nicht erhalten ift. Dietrich
von Bern hat vernommen, der König von Armentriken hätte
neben feiner Burg einen Galgen errichtet, um Dietrich
nebft feinen 12 Helden daran aufzuhängen. Darob er=
grimmt Dietrich und reitet auf den Rat Hillebrants mit
feinen Helden zum König. Diefer läßt, nachdem fie feine
Burg betreten haben, die Tore argliftiger Weife fchließen,
doch Dietrich verfetzt ihm

> einen weldiglifen flag,
> Und dat ock ho fyn hövet vor em up der erden lach.

Dann erfchlagen die Berner die 450 Mannen des Königs.

Der poetifche Wert diefes Gedichtes kommt demjenigen
des Liedes von Hillebrant nicht gleich. In beiden Balladen,
wie man fie wohl am treffendften bezeichnet, finden fich
übrigens manche Verftümmelungen, was uns nicht wundern

18

kann, wenn wir bedenken, durch wie viele Hände oder Münder sie bis zur Niederschrift und zum Druck gewandert sein mögen. Ihre Entstehung wird in das 13. Jahrhundert zu setzen sein.

### 4. Das höfisch=ritterliche Epos

ist für einen anderen Hörerkreis bestimmt wie das Helden= epos. Die Verherrlichung des Rittertums ist ihm Haupt= zweck. Daher konnten die gewaltigen Helden der Germanen, denen die mündliche Überlieferung übermenschliche Züge an= gedichtet hatte, in ihm keinen Platz finden. Es wandte sich vielmehr mit Vorliebe dem in historischer Zeit liegenden Sagenkreise Karls des Großen zu, den es weit ausbaute, und ließ seine Helden die abenteuerlichsten Fahrten be= stehen und der Minne pflegen. Als Vorbild diente die Literatur Frankreichs, und so liegt der Schauplatz der höfischen Epen denn durchweg in diesem oder anderen ro= manischen Ländern. Während das oberdeutsche Epos wunderbare Blüten im Tristan und Parsifal trieb, hat das niederdeutsche sich nicht annähernd zu einer solchen Höhe aufgeschwungen. Sein erster namhafter Dichter ist Berthold von Holle, zwar kein Genie, doch immerhin ein achtenswertes Talent. Er war Truchseß des Bischofs von Hildesheim und hat sein Hauptwerk Crane zwischen 1250 und 1260 abgefaßt. Während dieses Epos uns einiger= maßen vollständig erhalten ist, sind von seinen anderen Epen Demantin und Darifant nur Bruchstücke auf uns gekommen. Im Crane erzählt der Dichter uns, daß Dassir, der König von Ungarn, einen Sohn Gahol hinter= läßt. Aus unbekannten Gründen entfernt dieser sich in seinem 12. Jahre heimlich vom Hofe, und die Regierung des Landes übernimmt der Marschall Assundin. Gahol schließt auf seiner Wanderung mit zwei gleichaltrigen Fürsten, Agorlin von Österreich und Agarlot von Bayern, Freundschaft, und die drei Gefährten kommen an den Hof des deutschen Kaisers, wo sie unerkannt als Pagen auf= wachsen. Zwischen Gahol und des Kaisers Tochter Achelohde keimt bald eine stille Liebe. Da zieht der Kaiser ins Feld, und seine Pagen begleiten ihn. Als Achelohde auf die falsche Nachricht vom Tode Gahols krank und durch sein Erscheinen geheilt wird, ist der Kaiser zuerst zwar einer Verbindung der beiden nicht abgeneigt, beschließt dann jedoch auf den Rat eines Fürsten, ein Turnier abzuhalten und seine Tochter dem Sieger zu vermählen. Die drei Pagen nehmen Urlaub, um ihre Vorbereitungen zu treffen, und Gahol zieht ins Ungarland, wo er sich Assundin zu erkennen gibt und herzlich bewillkommt wird. Er wird dann prächtig zum Turnier ausgerüstet, und

> durch sin gebot nach sinen seden
> warn uf sin kleder cranen gesneden, (Kraniche)
> want her Crane was genannt.

Dann bricht Assundin auf, und Crane begleitet ihn als sein Marschall. Die lebendige Schilderung des Turniers ist wohl die schönste Stelle des Werkes. Crane geht im Gewand Assundins als Sieger aus dem Kampfspiel hervor. Da der Kaiser Assundin für den Sieger hält, bietet er ihm die Hand seiner Tochter an. Assundin erklärt jedoch, ihn hätte schon eine Frau ausgesandt

> uf daz felt durch iren pris.
> ir solt die juncfrouwe wis
> irn brien kur lazen han.

Der Kaiser ist dazu bereit, und als Achelohde ihn verpflichtet, sich mit ihrer Wahl einverstanden zu erklären, geht er willig auf ihre Forderung ein.

> do sprach ir soze mundel rot
> zo irn vater al zohant:
> ich wil han uwer truwen pant,
> daz min kor sol gehalden sin. —
> daz rede ich bi der kronen min,
> sprach der kaiser riche. . . . . .
> nu twanc se irs herzen truwe pant,
> ir libe inde ir steter mut:
> die verkos die fursten inde al ir gut.
> schaden inde schimpes se sich irwach:
> se ginc dar se Cranen sach

2*

> inb nam in bi der wizen hant
> inb sprach: vater, ich don uch bekant,
> dufen ritter lese ich zo der stunt.

Die Wahl eines einfachen Ritters erregt allgemeine Un=
zufriedenheit, und der Kaiser will seine Tochter verstoßen,
als sie bei ihrem Sinn beharrt. Da tritt Affundin hervor,
setzt Crane die Krone von Ungarn aufs Haupt und erzählt,
daß er ein Königssohn und der Sieger im Turnier sei.
Darob herrscht große Freude, und es wird sofort die Hoch=
zeit gefeiert. Eigentlich wäre die Mär nun zu Ende, doch
der ritterliche Sänger empfand wohl in seinem Herzen,
daß noch ein wichtiger Teil des Ritterlebens, die eventure,
nicht zu ihrem Recht gekommen sei. Und so schickt er denn
den Helden fast vom Hochzeitsbraten, als ihn zwei Kinder
um Hilfe bitten, auf Fahrten aus, auf denen er eine
gute Klinge schlägt und seiner Achelohde treu bleibt. Am
Schluß stimmt der Dichter dann ein Loblied auf die Treue an.

Bertholds von Holle leider stark mit mitteldeutschen
Worten vermischte Epen zaubern uns in ihrer anschaulichen
Schilderung ein lebendiges Bild des Ritterlebens jener
Tage vor Augen. Höher an poetischem Wert steht jedoch
das dem 14. Jahrhundert entstammende Epos von Flos
und Blancflos, welches von einem unbekannten Dichter
nach der französischen Bearbeitung des Ruprecht von Orbent
geschaffen worden ist. Flos und Blancflos sind an
einem Tage geboren, er als Sohn des heidnischen
Königs von Spanien, sie als Tochter einer kriegs=
gefangenen christlichen Gräfin. Sie wachsen mit ein=
ander auf und sind unzertrennlich. Da der König fürchtet,
Flos werde dereinst die Christin zur Königin machen, will er
breken dusser twiger mynne und verkauft Blancflos nach
Rom, von wo sie in den Besitz des Königs von Babilonien
gelangt. Flos dünkt jedoch sein Leben ohne seine Ge=
spielin unerträglich, und er wandert in die Welt, sie zu
suchen. Auch Blancflos denkt Tag und Nacht an den
Prinzen:

> Ik hebbe lef in mynem herten sere
> Flos, den sconen juncheren,
> des kann ik nicht vorgheten,
> de heft myn herte beseten.

He heft mh also lef,
dat ik nicht en weht,
beide dach un nacht
ik siner nicht vorgheten mach.

Flos kommt schließlich nach Babilonien, und es gelingt ihm, in den Turm zu dringen, in dem Blancflos gefangen gehalten wird, und sich dort zu verbergen. Eines Tages wird er jedoch entdeckt. Zwar könnte sich einer der Lieben= den durch einen Zauberring retten, sie wollen jedoch ohne einander nicht leben und werfen den Ring fort. Durch diese Treue gerührt entläßt der König beide in ihre Heimat, und sie herrschen lange und glücklich über Spanien.

Hat uns der Dichter dieses Werkes einen Sang von großer Anmut geschenkt, so hat der Dichter des Valentin oder Valentin und Namelos, wie die Dichtung ge= wöhnlich bezeichnet wird, in seinem Werke eine bunte Fülle von Abenteuern an einander gereiht. Geschöpft hat er aus einem nicht mehr bekannten französischen Werk, wie aus seiner häufig wiederholten Bemerkung „also is ut deme walschen las" herborgeht. Die im allgemeinen flotte Dar= stellung vermag uns gleichwohl über die ermüdend lange Reihe abenteuerlicher Kämpfe nicht hinwegzutäuschen, und ein lebhafteres Interesse können nur der Anfang des Werkes und sein Schluß erwecken, als Rosemunt, die Gattin des Namelos, mit ihrer Kammerfrau, beide als Fahrende ver= kleidet, an den Hof König Pipins geht, um ihren Gatten aufzusuchen, der sie vor lauter Abenteuern vergessen hat. Sie

hoben an sote wise,
se sungen beide wol to prise,
se sungen, wo se Namelos wan
unde mit er under de linden ran,
wo se em gaf dat vingerlin,
unde ok stunt in deme ledekin
de scheidinge van der frouwen sin.

Die Tochter von Flos und Blancflos war die Mutter Karls des Großen, Pipin war sein Vater, und so hatten beide Dichter denn den Anschluß an den beliebten Sagen= kreis gewahrt. Während das letzte Epos reicher an Hand=

lung ist, enthält die Mär von Flos mehr poetische Schön=
heiten und ist zudem sorgfältiger ausgearbeitet. Daß diese
Werke vorgetragen wurden, ersehen wir aus der folgenden
Stelle des Valentin:

> Me schenke unde gebe uns drinken dan,
> ik wil ein ander heben an.

Mit dem Sinken des Rittertums mußte das höfische
Epos absterben, da es seine Wurzeln nur in ihm, jedoch
nicht im Volk hatte. Der Bürger brachte der Verherrlichung
eines Standes, dem seine Sympathien kaum galten, wenig
Interesse entgegen. In Niederdeutschland hat das höfische
Epos keine Blüte erlebt, denn selbst seinen Gauen ent=
stammende ritterliche Sänger, wie Heinrich von Veldeke,
bedienten sich der mittel= oder oberdeutschen Sprache in
ihren Dichtungen.

### 5. Die Versnovelle.

Als die gereimte weltliche Erzählung, die Versnovelle,
auf den Plan trat, hatten das geistliche und das höfische
Epos ihre Blütezeit hinter sich. Mit dem Wachsen der
Kultur, besonders der Erstarkung des Bürgertums, hatte
das poetische Bedürfnis wesentlich andere Bahnen einge=
schlagen. Die strengen Anschauungen eines orthodoxen
Christentums fanden in den Städten ebenso wenig Anklang
wie die Abenturen der höfischen Epen, die auf eine Ver=
herrlichung des Rittertums hinausliefen, eines mit den
Städtern in dauernder Fehde befindlichen Standes. Be=
gebenheiten und Anekdoten, plaudernd und anmutig vor=
getragen, entsprachen mehr einem genuß= und sinnen=
freudigen Zeitalter, in dem der Italiener Boccaccio mit
seinem Decamerone große Erfolge errang. Klingt uns aus
den Versnovellen, besonders denen älterer Zeit, auch
manch ernster Ton entgegen, so erringt doch bald die Minne
in ihnen die Oberhand, und die verbotene Liebe wird ein
gern und oft behandelter Vorwurf. Und doch wirken sie
nicht so abstoßend wie ein großer Teil unserer heutigen
Sittenromane, weil in ihnen eine Einfachheit der An=

schauungen herrscht, die uns immer wieder mit der leichten Auffassung von Sitte und Zucht versöhnt, weil sie nicht schlüpfrig sondern naiv wirken. Wir müssen bedenken, daß sie bald nach einer Zeit entstanden sind, in der Gottfried von Straßburg in seinem Hohenlied der Minne, dem Tristan, den Ehebruch durch die Liebe geheiligt hatte. Die psycho= logische Tiefe des Tristan erstrebt allerdings keine der Vers= novellen, die wie bunte Falter im Garten der Liebe umher= gaukeln.

Die ältesten uns erhaltenen Versnovellen entstam= men dem 14. Jahrhundert. Es sind die Geschichte von den 3 Königen, der verlorene Sohn, die Minne= mär, der segheler und die Frau des Blinden. In der Geschichte von den 3 Königen wird erzählt, wie 3 Könige sich auf der Jagd ihres Prassens rühmen:

hebben unse elderen also gedan,
so mach id en nicht wol bestan.

Sie irren von ihrem Gefolge ab, de düster nacht trat daran, da sehen sie drei Tote stehn, de waren greselich getan. Es sind die Väter, die ihnen von ihrer Verdammnis berichten und sie ermahnen, von ihrem leichten Leben abzustehn. Behandelt diese Erzählung noch einen Stoff von sittlichem Wert, so sind der segheler und die Frau des Blinden schon Ehebruchsgeschichten. Aus dem 15. Jahrhundert sind dann noch zu erwähnen Frauentreue, der Deif van Brugghe und Broder Rusche, in dem erzählt wird, wie der Teufel sich sieben Jahre in einem Kloster als Mönch aufhält, ohne erkannt zu werden. In dieser Dichtung schwingt schon ein satirischer Unterton gegen die Geistlichkeit mit, der später im Tierepos stärker anklang. Die lieblichste Blüte dieser Gattung ist jedoch die truwe maget, deren Entstehungszeit vielleicht in das 13. Jahrhundert zu setzen sein wird. Der unbekannte Dichter dieses Werkes, dem — nach Eckarts Angabe — eine oberdeutsche Erzählung als Vorwurf diente, hat es verstanden, seine Mär so anmutig und wenig anstößig zu berichten, daß sie alle anderen Vers= novellen an Bedeutung weit überragt. Nach einer kurzen Einleitung beginnt der Poet seinen Sang. Es war einmal ein scriber, ein Student, gar fromm und gottesfürchtig, der täglich zur heil. Gertrud betete. Als er in seiner Heimat

ausstudiert hat, schickt sein Vater ihn auf die hohe Schule
nach Paris, damit er dort weiter studiere. Seine Freunde
geben ihm eine Strecke das Geleit, kehren dann um, und
der Student reitet allein seines Weges weiter. Als die
Sonne sinkt, betet er zur heil. Gertrud, sie möchte ihm eine
Herberge kund tun. Da erblickt er nach einiger Zeit eine
Magd, die Lämmer und Schweine von der Weide auf einen
Hof treibt. Er folgt ihr und sieht die Frau am Fenster
stehn, wie „ehn rose, deme des morgens sint upgan." Höflich
grüßt er sie mit tugendlichen Worten und fragt nach dem
Hausherrn. Sie entgegnet ihm, der wäre vor 3 Tagen aus=
geritten. Als er sie um Herberge bittet, meint sie, sie
würde ihn gerne aufnehmen, wenn ihr Gemahl zu Hause
wäre. Nach mancher Bitte, als der Student schon Miene
macht, sich ein ander Quartier zu suchen, hält sie inne
mit worden losen und läßt ihn durch einen Knappen ins
Haus holen. Dieser bittet auch für ihn, bei dessen Vater
er gedient habe und der ein gar reicher Mann sei, dem
Burgen und Land zu eigen gehörten. Die Frau läßt also
auftischen und setzt sich zu dem Studenten, um in seiner
Gesellschaft zu speisen.

> de scriver by de brauwen sat,
> so mynnichlik de brauwe was,

daß der Student „seltsame Rede fand." Der Frauen Herz
wird jedoch entzündet, so daß sie die Speise nicht hinunter=
bringen kann, und sein höfisches, artiges Wesen verursacht

> dat der brauwen wart so weh,
> als de vische in der see,
> de in den angel kamen yst. —
> se sprak, etet vor ju, leve her gast,
> ehne sake dut my overlast;

wenn sie am fröhlichsten sein solle, tue ihr das Herz weh.
Sie verabschiedet sich schnell und gibt dem Gesinde An=
weisung, seiner zu pflegen und ihm in dem Zimmer ein
Lager zu richten. Der Student legt sich dann zur Ruhe,
doch die Frau kann keinen Schlaf finden:

> de brauwe in deme bedde sat,
> ore was bil we to mute,

se sprak: ryter god vil gute,
sal yk hute nicht by eme sin,
so vorlese yk dat levent myn.

Sie steht auf, geht zu ihm und umfängt ihn mit ihren
Armen. Er will sie von sich weisen und befürchtet, er
hätte „ihr Leid getan" durch seine Rede und sie dadurch ver-
anlaßt, zu ihm zu kommen. Doch sie beruhigt ihn, dem
wäre nicht so, die Minne hätte sie zu ihm getrieben. Da
legt er sie in seinen Arm und sie ruhen minniglich bei
einander, die Rosen zu brechen auf der Minne Felde. Kaum
sind sie eingeschlafen, da kommt der Hausherr mit zweien
ihrer Brüder zurück. Sie gehen ins Zimmer, sehen aber
nur den Studenten im Bett liegen, bewundern seine zarte,
weibliche Hand und verlangen nach der Hausfrau. Als
die Magd deren Bett leer findet, sie den Zusammenhang
ahnt und die Heimgekehrten ihre Forderung nach der Hausfrau immer stürmischer wiederholen, eilt sie fort und steckt
eine Scheune in Brand. Die Herren laufen hinaus, und
die treue Magd weckt unterdes die Liebenden, die sich schnell
ankleiden. Das Feuer wird bald gelöscht, und der Student
bleibt noch 3 Tage. Dann geben die beiden sich das Versprechen des Schweigens, nehmen mit Tränen von einander
Abschied, und er reitet nach Paris, wird an „kunsten eyn
groter man," und „myt bruntheyt he yo der brauwen dachte."

Aus dem 15. Jahrhundert besitzen wir ferner eine
Niederschrift der Geschichte von Henneke Knecht, der
zur See wollte und dem es dort übel erging. Aus dieser
Novelle wurde später ein vielgesungenes Volkslied, wie
denn manche Dichtungen dieser Gattung in Volksbüchern
und Volksliedern weitergelebt haben mögen.

**6. Die lehrhafte (didaktische) Dichtung und die Tierdichtung**
stehen in engerem Zusammenhang, als es zunächst den An-
schein hat. Die erstere will durch Weisheitsregeln bessernd
wirken; sie will dem Menschen ein Ziel stecken, dem er
zustreben soll, indem er seine Schwächen erkennt und ab-
legt. Die Tiergeschichten berichten zwar anscheinend nur
von Tieren, wollen aber den Menschen treffen. Die Ver-

faffer haben (nach Engel) ihre Werke immer mit einem
Seitenblick auf die eigentlich gemeinten Menschen geschrieben.
Sie erstreben also dasselbe Ziel wie die lehrhaften Dichter,
indem sie den Menschen einen Spiegel vorhalten, in dem
sie ihre schwachen Seiten erkennen sollen. Dadurch wird
die Tiergeschichte wenigstens in ihrer Blütezeit rein
satirisch. Beide Dichtungsarten sind uralt und finden
sich in der Literatur fast aller Völker. Wahrschein=
lich entstammt die Tierdichtung noch einer Zeit, in welcher
der Mensch im Tier weniger das Vieh als den Genossen
sah, eine Anschauung, die noch in manchen Märchen fort=
klingt, die uns von verzauberten Tieren berichten (Werwolf
u. a.).

Die älteste Lehrdichtung der plattdeutschen Literatur
stammt aus dem 13. Jahrhundert und ist eine Übertragung
des oberdeutschen Werkes Freidanks Bescheidenheit.
Die lose an einander gereihten Sprüche erinnern in ihrer
Form an die Sprüche Salamonis und an Jesus Sirach,
z. B.:

> Junges mannes strit
> und oldes wives hochtid
> unde kleines perdes lopent,
> de schal neman to dure kopen.

Das Gedicht „van einem edbelen krutgarten" (dem
Menschenherzen) und „eyn spegel der mynsliken
salicheit," beide aus dem 14. Jahrhundert, klingen an
die geistliche Dichtung an. Das letztere und der Facetus
(15. Jahrhundert) sind gleichfalls Übertragungen aus dem
Oberdeutschen. Auch „van dogheden unde van guden
zeden secht dyt Boek", dessen Verfasser sich Meister
Stephan nennt, der auch das Lehrgedicht Cato geschrieben
hat, ist eine Bearbeitung, und zwar eines Werkes von
Casalis. Es ist eine moralische Auslegung des Schachspiels
und bietet eine Fülle von Anekdoten, denen eine Moral
angehängt ist. In ihm finden wir auch die Erzählung,
die Schiller in seiner Ballade „Die Bürgschaft" verwendet
hat. Fast wörtlich klingt es bei beiden, wenn Stephan vom
König von Cecilien sagt:

he wolde er drudde kumpan wesen,
un wolde se myt truwe menen,
wolden se em myt truwen denen.

Umfangreich ist der Koker. Willkürlich an einander gereiht
enthält er eine Menge von Sprüchen und billigen Wahrheiten.
wie wir sie noch heute im Volksmunde finden. Aus dem
wahrscheinlich weit verbreiteten Buch, welches später mit
dem Reineke Vos zu einem Band vereinigt wurde, mögen
die folgenden Sprüche Platz finden:

It kumpt vaken, dat de olden kater
dot byten de yüngesten katten.
De klenen müse un de groten ratten
de eten beyde lhre gerne dat speck.
Wor me dreck sleyth up dreck,
dar wart des unrehnen godes mere.
Van wagensmer un van there
dar wrhnget me nehn gudt honnych uth.
Dat betekent ok selden guth,
dar schalke myt ogen wenken.

Unter den didaktischen Dichtungen nimmt des Braunschweiger Zollschreibers Hermen Bote „Boek van
beleme rade" (gedruckt i. J. 1504) einen hervorragenden
Platz ein. Der Dichter vertritt in seiner Allegorie die
Ansicht, „daß durch die tadellose Beschaffenheit des Mühlen-
und Kammrades der geregelte Gang der Mühle vornehmlich
bedingt wird, und daß eine Winde, ein Wagen, ein Pflug
nur dann ihren Zweck erfüllen, wenn sich der Wagner zu
den Rädern eines dauerhaften, der Art der Verwendung
angemessenen Materials bedient hat. . . . Ebensowenig wie
sich das Pflugrad zum Wagenrade schickt, taugt der Bauer
nach des Dichters Meinung zum Städter oder dieser zum
Fürsten." (Brandes.) Unter den Rädern versteht Bote den
Papst, den Kaiser, die Fürsten, die Städte und die Bauern.
Diesen sind fünf andere Räder gegenübergestellt (Frauen,
unerfahrene Ratgeber, Schwarzkünstler, Toren, Betrüger und
Diebe), welche bemüht sind, die segensreiche Tätigkeit der
ersten Stände ungünstig zu beeinflussen. Bote ist durchaus
selbständig in seinem Werk, ohne Anleihen bei anderen
Dichtern zu machen, und die Vergleiche zwischen den Ständen

und den Rädern sind nicht an den Haaren herbeigezogen, sondern geistreich begründet und durchgeführt. Wertvoll ist auch die 1497 gedruckte, 1519 unter dem Titel dat nye Schip von Narragonien neu aufgelegte Bearbeitung von Sebastian Brants oberdeutschem Narrenschiff, von der Scheller urteilt, daß er „lieber der Übersetzer als Verfasser heißen möchte." Der Bearbeiter ist mit großem Geschick verfahren, so daß seine Nachdichtung sich wie ein Original liest. Es wirkt bei dem veränderten Geschmack der Jetztzeit durch seine Länge allerdings ermüdend, enthält aber viele derbköstliche Peitschenschläge, die auch dem Menschen des 20. Jahrhunderts zu denken geben mögen, wenn er nur dieser nützlichen Beschäftigung etwas mehr Zeit widmen könnte. Als Beispiel sei — nach der prächtigen Neuausgabe von C. Schröder — den Leuten, die sich um alles sorgen, die Beherzigung der folgenden Worte empfohlen:

De alle tyd so vele Sorge haet,
De em nicht al to dregen staet,
He sorget, dat de goeß barvoet gaet,
Sodaneme narren ys selben raet.

Die Tierdichtung eröffnet Gerard von Minden, der i. J. 1370 über hundert Fabeln des Äsop und anderer nach einem älteren Werke bearbeitete. Er baut sie zu epischer Breite aus und beeinträchtigt dadurch ihre Wirkung. Immerhin erzählen Gerard wie auch der Verfasser einer Sammlung von 125 Fabeln aus dem 15. Jahrhundert, die unter dem Namen niederdeutscher Äsopus bekannt ist, ihre Geschichten recht anschaulich. In de bos unde de hane schwindet dann schon der lehrhafte Beigeschmack der Tierdichtung, um in der Ratsversammlung der Tiere der Satire Platz zu machen. In diesem Werke treten eine Reihe von Tieren auf, die der König zu Hof geladen hat, damit sie ihm „dat beste raden." Die Ratschläge werden jedoch zum großen Teil in ironischem Sinn abgegeben, so rät z. B. die Wachtel:

du scalt der lude boshet proben,
des alle tit darinne oben.

Ihre Blüte erreicht die Tierdichtung in dem Epos Reinke de vos. Der Verfasser des Werkes, das zuerst

i. J. 1498 in Lübeck und später etwa zwanzigmal neu ge=
druckt, in viele Sprachen und sogar ins Lateinische über=
tragen wurde, ist trotz aller Forschungen unbekannt ge=
blieben. Reinke de Vos ist kein Originalwerk. Ein kurzer
Rückblick auf seine Vorläufer möge dies erläutern. Die
älteste Bearbeitung des Stoffes wurde schon nach 936 in
Toul von einem Mönch unter dem Titel Ecbasis captivi
vorgenommen. Eine andere lateinische Bearbeitung, der
Ysengrimus, entstand in Flandern in den Jahren 1146—48.
Dann wurde der Stoff von den Fahrenden aufgegriffen
und in den Landessprachen bearbeitet. Der französische
R o m a n   d e   R e n a r t wurde die Quelle für die deutschen
Bearbeitungen, von denen das niederländische Gedicht von
W i l l e m „Van den vos Reinaerde" die wichtigste ist (etwa
1250). Zum Vergleich, wie die späteren Dichter auf ihm
fußen, möge der Anfang seines Epos hier Platz finden (die
entsprechende Stelle des plattdeutschen Werkes folgt weiter
unten):

> Het was in enen sinxen daghe
> Dat bede bosch ende haghe
> Mit groenen loveren waren bevaen.
> Nobel die coninc hadde ghedaen
> Sijn hof craieren over al usw.

Dieses Gedicht fand nach weiterer Bearbeitung und Prosa=
auflösungen einen Dichter in dem Niederländer H i n r e k
b a n  A l c m e r (1487?). Von dieser Bearbeitung, die die
Grundlage für den plattdeutschen Reinke wurde, sind nur
einzelne Bruchstücke erhalten, die eine eingehende Ver=
gleichung mit diesem zwar nicht zulassen, immerhin aber
zeigen, daß Reinke de Vos eine freie Übersetzung des
niederländischen Werkes ist. Ein Beispiel möge dies klar=
machen. Hinrek van Alcmer schreibt:

> Hi ghinck mit sinen neue den das
> Cterliken doer die hoochste strate
> Alsoe moedich van ghelate
> Als of hi sconincs sone waer
> Ende hi oec van enen haer
> Jeghen nyemant en hadde misdaen
> Voer nobel den coninc ghinck hi staen
> Midden inden heeren rinck.

Im Reinke de Vos lautet die Stelle:

> Myt syneme ome, deme greuynck,
> Drystichlyken he so vor syck ghynck
> Tzyrlyken dorch de hogesten strate,
> Alzo modich van ghelate,
> Efte he were des konnynges sone
> Vnde eft he nemande vp eyne bone
> Edder sus nemande hadde myßghedaen.
> Vor Nobel den konninck ghynck he staen
> Manck de heren in den pallas ....

Wenn das niederdeutsche Werk auch nur eine Übersetzung ist, so muß man die Übersetzung der „hystorye vnde fabeln van Reynken deme vosse, de seer ghenoechlik is to lesen vnde to horen, vnde is ok vul van wyßheyt vnde guder exempel vnde lere," wie es in der Vorrede heißt, doch als meisterhafte Übersetzung anerkennen. Die Zeichnung der einzelnen Tiere, der Humor, der darin liegt, daß ein Erz= schelm die Schelme betrügt, die Gewandheit des Helden, der sich aus der verzweifelten Lage, in der wir ihn schon verloren geben, herauszuwickeln weiß, die Satire auf die Kirche und den leichtgläubigen und hilflosen König, dies alles hat dem Buch einen Erfolg verschafft, der mit Recht noch in unserer Zeit andauert. Nicht zum wenigsten haben die volle wohltönende Sprache, die lebendige Handlung und die plastische Schilderung zur Verbreitung des Werkes bei= getragen, das uns trotz aller Bearbeitungen noch in der Ursprache am liebsten ist. Wir können dem Erzschelm nicht böse sein wegen seiner Untaten. Er nimmt uns durch sein höfisches, liebenswürdiges Auftreten von Anfang an ge= fangen, mit Spannung verfolgen wir, wie er so oft kommt in angte grot, und freuen uns seines endlichen Sieges. Würden statt der Tiere Menschen auftreten, wir würden dem Schuft den Galgen gönnen; die Einkleidung in die Tier= gestalten gibt uns jedoch Unbefangenheit des Blickes und mildert die Schattenseiten der Charaktere, so daß wir nur noch die Satire sehen und ihrer lachen. Dem plumpen Gauner hätten wir gezürnt; der gewandte kann auf Be= wunderung rechnen, die nicht ohne Sympathie ist.

Der Inhalt des Werkes ist so bekannt, daß von einer Wiedergabe abgesehen werden kann. Es ist ein Werk der

Weltliteratur geworden. Lauremberg nennt es einen „Spegel hoher Sinnen," Renner schreibt eine Fortsetzung, Goethe bezeichnet es als die „unheilige Weltbibel" und gießt es in klassische Hexameter um, und noch in unseren Tagen hat es Mähl zu seiner Dichtung begeistert, ist es von Tannen vorzüglich in das Neuplattdeutsche übertragen worden, und seine Wirkung hat der Stoff nie verfehlt. An Frische und Wohllaut aber steht das Original unerreicht da. Ein Pfingst= tag kann kaum lieblicher beschrieben werden, wie es der unbekannte Sänger tut:

Jd gheschach vp eynen phnxstedach,
Datmen de wolde vnde velde sach
Grone staen mht loff vnde gras,
Vnde mannich fogel vrolich was
Mht sange in haghen vnde vp bomen;
De krüde sproten vnde de blomen,
De wol röken hir vnde dar;
De dach was schone, dat weder klar.

Die Satire des Werkes ist ewig, denn so lange es Menschen gibt, wird es auch Schelme geben, die sich einen besonderen Platz an den Fleischtöpfen des Staates zu sichern wissen. Mit Recht konnte daher Goethe in den Xenien sagen:

Vor Jahrhunderten hätte ein Dichter dieses gesungen?
Wie ist das möglich? Der Stoff ist ja von gestern und heut.

## 7. Die lyrische Poesie und das Volkslied.

„Auf den alten Heldengesang, welcher die Taten eines ganzen Volkes aus dem Munde des ganzen Volkes be= singt, folgt bei allen Völkern ein Gesang, der statt aus dem Gemüte des Ganzen, aus dem des Einzelnen herbor= quillt." (J. Grimm.) Auf die Poesie der Taten, das Epos, folgt diejenige der Empfindungen, die Lyrik. Auch sie wird schon früh in Niederdeutschland erklungen sein, besonders in der Form des Volkliedes, bekannt ist sie uns erst aus der Zeit des Minnesanges, einer Kunstdichtung, die be= sonders vom Ende des 12. bis zum Ausgang des 14. Jahr= hunderts in Deutschland blühte und ihr Vorbild in der Troubadourlyrik des französischen Volkes suchte. Sie war die Lyrik des Rittertums und wurde deshalb, gleich dem ritterlich=höfischen Epos, vorwiegend in der oberdeutschen und mitteldeutschen Sprache gepflegt. Bald artete das Minnelied jedoch in eine leere verwickelte Reimspielerei aus, in der eine blutlose Minne, Träume, Frühling und Nachti= gallengesang die Hauptrolle spielten, und führte zuletzt ein prosaisches Dasein in den Meistersingerzünften, die jedoch in Niederdeutschland wenig Bedeutung erlangten. Selbst Fürsten achteten es nicht unter ihrer Würde, den Pegasus zu Ehren der Minne zu tummeln. So „der junge von Rügen her Wizlav († 1325), dessen Werke uns nur in ober= deutscher Fassung erhalten sind. Als Proben dieser Gattung mögen einige Bruchstücke aus Minneliedern folgen:

Twivel nicht, du leveste myn,
laz allen twivel ane syn,
hert, synne unde mod is allend dyn,
des schaltu wal gheloven my. . . .
Alle hote en helpet nicht,
war men sulves nicht to en sycht.
Blif stete, as ik nu van dir scheyt,
so kert myn herte an vrohden her.
Darumb wes vrich und wolghemod,
ich will myn sulven haven hod,
dat dyr nenes twyvels not en dot,
des sulven ghelik is myn begher.

\* \* \*

Ik heve an unde synghe,
dat beste dat yk kan,
van den beyten in den velde,
he steyt so lavesan,
dar dynt me blomeken eddelen wyn,
ik rede ju dat vor ware,
beter lust macht niman syn. . . .
Och machte I borch van hlvenbeen
an en bumgardelyn stan,
de torne van carbunkelensten,
dar baven ene gulbene krun,
unde weren de thynnekynnen
van caralen,
so wer de borch gar luchlyk anttoschouende.

Die Minne beherrscht die ganze Kunstlyrik jener Zeit in einer überschwenglichkeit, die uns heute abstößt, so im Bruwen=lof und im Kraneshals (beide aus dem 14. Jahrhundert), in dem der Dichter die Eigenschaften eines treuen Liebhabers an den neun Graden eines Kranichhalses beschreibt. Frisch und ursprünglich wirkt dagegen das politische Lied jener Zeit, das historische Lied, das uns schon zum Volkslied hinüberleitet. In jenem Zeitalter der Fehden und inneren Zerrissenheit Deutschlands brachte jeder Tag kriegerische Ereignisse, die oft in ungelenken, oft aber auch derbfrischen Versen besungen wurden, teils nur erzählend, teils aber auch als Tendenzdichtung. Viel gesungen war das Lied, welches den Sieg über die Seeräuber Störtebeker und Gödeke Michael feierte:

Störtebeker und Gödeke Michael,
Dat weeren twee Röver to liken Deel
To Water un nich to Lande;
Bit dat et Gott im Himmel verdroo,
Da mußten se lieden groot Schande.

Störtebeker sprook: Alltohand!
De Bastsee is uns wohlbekannt,
Dahin wöllen wi nu fahren.
De riken Koplüd von Hamburg
Mögt jem ehr Scheep nu wahren.

Nu leben se wi dull dahin
In ehren bösen Röversinn,
Bit dat man se kreg faten.
Bie't Hilgeland in aller Fröh
Da mussen se't Haar woll laaten.

De bunte Kuh ut Flandern kam
Dat Roob=Schipp up de Hörner nahm
Un stött et witt in Stücken.
Dat Volk se brogg'n nah Hamburg up
Da müssen' se'n Kopp all missen.

De Brone (Frohner) de heet Rosenfeld,
Haut aff so manken wilden Held
Den Kopp mit köhlem Moote.
He hedde angeschnöörte Schoh,
Bit an sien Enkel stunn he in Bloote.

Die schönste Blüte der mittelalterlichen Dichtung ist je=
doch das **Volkslied**. „Das ist der Ursprung und die Erklärung
der Lyrik des Volkes: Der volle Becher schäumt über, das
Übersprudeln des Lebens schafft das Lied." (Uhland.) So
ist es zuerst aus dem eigensten, tiefsten Empfinden des Einzel=
nen herausgeboren, der seine Freude, seinem Schmerz Worte
verlieh. Andere greifen es auf und tragen es weiter, es
wird verstümmelt, ausgebessert, neue Empfindungen werden
hineingelegt, wie ein Blatt im Winde fliegt es im Volke
hin und her, und wenn die Hand eines Sammlers oder
Schreibers es aufzeichnet, hat es schon ein bewegtes Leben
hinter sich und kennt den Ort seiner Entstehung nicht mehr,
und über dem Grabe des Dichters singen längst die Vögel.
Seine Saat aber ist im Herzen des Volkes aufgegangen, das
Lied klingt unter der Linde beim Tanz, und der Wander=
bursch singt es den Vöglein im Walde vor.

Volkslieder sind zu allen Zeiten gesungen, aber erst
spät aufgezeichnet worden; das Volkslied war das miß=
achtete Aschenbrödel im Werktagsgewand, und erst in neuerer
Zeit hat man entdeckt, daß in dem groben Kittel eine
Prinzessin steckte. Sie wußte aber gar wundersam zu singen
von des Menschen Lieb und Leid, sie kannte die Bäume im
Walde, hielt Zwiesprach mit den Vöglein und wartete bei
der Lind' im grünen Tal auf den Liebsten. Die schönsten
Volkslieder sind Liebeslieder, aber auch Schelmenlieder, hi=
storische Dichtungen und Heldenlieder finden sich in reicher
Zahl unter ihnen. Die Blütezeit des Volksliedes ist das
15. und 16. Jahrhundert. In den Wirren des großen Krieges
ging es dann zum großen Teil unter. Die Reste aber
sproßten aus dem Schutt wieder auf und trieben neue
Blüten. Besonders an einem Liede, dem Lied vom K n e c h t
H e n n e k e, der zur See fahren wollte, können wir das
Schicksal eines Volksliedes verfolgen. In einer handschrift=
lichen Fassung aus dem 15. Jahrhundert, die in Wien auf=
bewahrt wird, hat es die Form der Versnovelle und wird
kaum sangbar gewesen sein. Im 17. Jahrhundert finden
wir es in verschiedenen Flugblättern als Volkslied, und
im 18. Jahrhundert schreibt Baring: „Es ist das Henneke=
Knechts=Lied vor Jahren so bekannt gewesen, daß es fast
bey allen Zusammenkünften ... gesungen worden ist." Auch

aus den Predigten Sackmanns geht hervor, daß es im 18. Jahrhundert noch gesungen wurde.

Mit dem Niedergang der plattdeutschen und dem Vordringen der hochdeutschen Sprache ist das niederdeutsche Volkslied heute leider fast ganz verschwunden. Hier und dort hört man wohl noch das Lied von den zwei Königskindern, die einander so lieb hatten, oder es sucht ein altes Mütterchen aus ihrem Gedächtnis eins jener Lieder hervor, deren sehnsüchtige oder schelmische Weise einst an den Spinnabenden erklungen ist. Die Jugend aber singt Gassenhauer.

Aus dem reichen Lieberschatz jener Tage aber mögen einige Proben hier Platz finden:

Jt floech ein kleine Waldtvögelin
der Levesten thom Vinster in,
ydt kloppet also lyse
mit synem schnebelin,
stah up Hertleef unde lath mi in,
ick hebbe so lange geflagen,
wol durch den wyllen dyn.

\* \* \*

Wat my nicht brendt, dat lösch ick nicht,
syns leeff du schalt nich schelden,
hebbe ick dy doch neen leidt gedahn,
moth balde darvan,
van dy moth ick my scheiden.
Ick ginck ein Geßlin up und aff,
ick hörd myn leeff darinne,
Ach Jlßlin allerlevefte myn,
mach ydt geshn,
wer ick by dy darbinne.

\* \* \*

O burmans sön, lat röselin stan!
se sint nicht din:
du brechst noch wol van nettelnkrut
ein krenzelin.

\* \* \*

Schörte di, Gretlin, schörte di!
wolup mit mi darvan!
dat korn is ingeschneden,
de win is ingedan. —

3\*

So Henslin, leves Henslin,
so lat mi bi di fin!
de weken up dem velde,
den virdach bi dem win.

\* \* \*

Schin uns, du leve Sunne,
giff uns den hellen schin!
schin uns twe lef tosamen,
de gern bi einander sin!
So dep in jennem dale
dar licht ein kolder schne,
de schne kan nicht vorschmelten,
gades wille mot geschen.
Gades wille hs ergangen,
verschmolten is uns de schne.
got gesegen di, vader unde moder!
Du süst mi nümmermer.

\* \* \*

Och scheiden aver scheiden,
wol hefft dy nu erdacht,
heffst my myn junge Herte
uth fröuwden in trurent gebracht,
und od dartho in ungemack,
Hertleeff dat sy dy gesungen,
tho dusent guder Nacht.

\* \* \*

Dar steit ein lindboem an jennen dal,
is baven breit und nebden schmal.
van gold dre Rosen.
„Gott gröte di, fruw Nachtigall, hübsch und fien.
willt du des leveken bade nicht sien?“
van gold dre Rosen.
„Des leveken bade kann ik nicht sien,
ik sien so ein klein waldvögelin.“
van gold dre Rosen.

\* \* \*

1. Dor wiren twee Königskinner,
Dee hadden eenander so leef,
Bi eenander kunn' se nich kamen,
Dat Water was väl to deep.

2. Leew Harte, kannst du nich swemmen,
Leew Harte, so swemme to mi,
Ik will di en Lücht upstäken
In See, to lüchten för di.

3. Dor wier ok en falsche Nonne,
Dee sleek sik ganz sacht na de Städ,
Un bleb em de Lücht utpuusten,
De Königssaehn bleef in de See.

4. Ach Fischer, leewste Fischer,
Wullt du verdeenen groot Lohn,
So smiet du dien Netten to Water
Un fisch mi den Königssaehn.

5. He smeet sine Netten to Water,
De Lood dee sunken to Grund,
He fischde un fischede lange,
De Königssaehn was sien Fund.

6. Se nehm em in ehre Arme,
Dat Harte dat deed ehr so weh,
Se sprung mit em in de Wellen,
Leew Vader, leew Moder abe.

## 8. Das Drama des Mittelalters

führt in seinen ersten Anfängen auf den Ostergottesdienst
zurück. Die Worte der Frauen und des Engels im 16.
Kapitel des Markusevangeliums wurden zur Belebung der
kirchlichen Handlung auf verschiedene Sänger verteilt und
wurden damit das Samenkorn, dem das deutsche Drama
entkeimen sollte. Zuerst wurden die Worte lateinisch ge=
sungen, später wurden komische Gespräche in der Volks=
mundart eingelegt (z. B. Kauf der Salbe bei einem Krämer),
an deren Wiedergabe im Gotteshaus das derbe Mittelalter
keinen Anstoß nahm, und schließlich wurde das ganze Oster=
evangelium in deutscher Sprache aufgeführt. Das Oster=
spiel erweiterte sich naturgemäß bald zu einem Passi=
onsspiel, und dann schritt man zur Bearbeitung des
Weihnachtsevangeliums, der Heiligenlegen=
den und ähnlicher Stoffe. In Riga wurde schon i. J. 1205

ein Spiel aufgeführt, in dem Gideon, David und Herodes auftraten. Die komischen Szenen, in denen man bald auch Teufel in ausgiebigster Weise verwandte, wurden dann für sich gespielt und gaben so den Anstoß zur Schaffung des weltlichen Dramas, das seinem Ursprung gemäß zunächst als Posse in der Form von Puppen= und Fastnachtsspielen auftrat. Aufzeichnungen von Puppenspielen besitzen wir aus dem Mittelalter jedoch nicht, und auch die Ausbeute an geistlichen Spielen und Fastnachtsschwänken, die besonders vom 13. bis 16. Jahrhundert blühten, ist nur gering. Die wenigen, zum Teil auch nur in Bruchstücken erhaltenen Dichtungen sind erst im 15. Jahrhundert aufgezeichnet worden.

Ein Osterspiel und die Wolfenbütteler Marien= klage, so nach dem Ort benannt, an dem die Handschrift aufgefunden wurde, sind Verwässerungen des Bibeltextes, an denen höchstens die Naivität der Darstellung einigen Reiz bietet. Höher steht die Bordesholmer Marien= klage, wenn auch der Schmerz der Mutter über den Tod ihres Sohnes nach unserem Empfinden gar zu viel Worte findet. Arnold von Immessen unternahm es, in seinem Sündenfall alle Hauptmomente des alten Testa= ments bis in die Jugendzeit der Mutter Christi zusammen= zufassen. Er hat den reichen Stoff nicht ungeschickt in fünf Akte geteilt, die unter sich allerdings wenig Zusammen= hang haben, so daß von einem Drama kaum die Rede sein kann. Der Dialog ist aber schon ziemlich lebhaft, wenn auch noch manche Langatmigkeiten vorkommen. Auch ein komisches Intermezzo (im 4. Akt) fehlt nicht, indem Salomo sich mit seiner Frau zankt und mit seinen Dienern Eimbeker Bier trinkt. Als nämlich die Königin von Saba Salomo besucht, wird seine bessere Hälfte eifersüchtig ob seiner lieb= lichen Rede zu seinem Gast und erklärt ihm kurz und bündig:

in mynem herten my vorwundert,
wente gy hebbet rede wol seven hundert
koniginnen juk to wiven,
dar to drehundert, — wo wille gy bliven? —
de de juwe beddenoten sint,
ane andere mer, de me ok wol vint.

Der Dichter des geistlichen Spiels Theophilus, das wir in drei Fassungen besitzen, hat den Vorwurf zu seinem Drama schon nicht mehr der Bibel entnommen. Die Sage von Theophilus war ein Lieblingsstoff des Mittelalters, und man hat den Helden zutreffend den Faust jenes Zeitalters genannt. Der Inhalt des Stückes ist kurz folgender: Theophilus wird zum Bischof gewählt, lehnt jedoch ab. Den Anordnungen eines an seiner Statt gewählten Propstes will er sich nicht fügen, da sein Sinn nach weltlichen Dingen trachtet. Er muß daher das Kloster verlassen und beschwört mit Hilfe eines Gauklers und von Juden den Teufel, verschreibt ihm ähnlich wie Faust seine Seele und lebt in Saus und Braus. Durch eine Predigt erschüttert, bekehrt er sich jedoch und fleht zu Maria um Gnade, die beim Herrn die Erhörung seines Gebetes bewirkt. Zeigt der Theophilus schon durchweg eine lebendige Handlung, so ist das dramatischste der geistlichen Spiele das Redentiner Osterspiel, so genannt nach dem Dorf Redentin bei Wismar, in welchem es i. J. 1464 geschrieben worden ist. Als sein Verfasser gilt der Cisterciensermönch Peter Kalff. Das Redentiner Osterspiel hebt sich hoch über die anderen geistlichen Spiele heraus. Es zerfällt in einen ernsten und einen lustigen Teil. Den ersteren beginnt der Verfasser mit einer Beratung der Juden über die Aufstellung einer Wache am Grabe Christi. Sie bitten dann Pilatus, er möge eine Wache aufstellen, da sie fürchten, die Jünger würden den Leichnam stehlen und dann sagen, er wäre auferstanden. Pilatus und die Juden verpflichten darauf die Wache, vier Soldaten und einen Wächter, der in der nächsten Szene am Grabe die schlafenden Soldaten foppt. Dann tritt ein Engel auf, der den Herrn erweckt. In einer kurzen Szene wird uns die Auferstehung gezeigt. Der Schauplatz wechselt wieder und führt uns in die Vorhölle, wo die Verdammten das Nahen des Erlösers spüren. Satanas aber hält Christus für tot, bis Luzifer, der Teufel Oberster, ihn eines Besseren belehrt. Von David, Adam und Eva begrüßt naht sich die Schar der Engel, dann tritt Jesus auf, verweist Satan zur Ruhe und sprengt die Fesseln der Hölle:

Swich, Satana, drake!
Swich, du vordumede snake!

Springet up, gh helleschen dore!
De selen scholen alle hir vore,
De dar bynnene syn gehhangen.
Ik hebbe an deme galghen ghehanghen
Dorch de mynen willen beden,
Grote pyne hebbe ik gheleden,
An myne live vif wunden,
Dar mede schal Lucifer werden bunden
Wente an den junghesten dach.

Die erlösten Seelen werden vom Erzengel Michael ins
Paradies geführt. Die nächste Szene zeigt uns wieder das
Grab. Der Wächter singt:

Waket, rittere, dat is schire dach,
Ik vorneme der morghensterne flach.
Id dowet an der owe.

Die Soldaten erwachen, bemerken, daß sie „Jhesum hebben
vorlaren" und gehen zur Synagoge. Caifas und Annas
geben ihnen Geld, damit sie über die Auferstehung schweigen
und sagen, „de junghere hebben ene ut deme grave stalen."
Pilatus schickt einen Boten zum Grabe, der die inzwischen
dorthin zurückgekehrten Wächter zu ihm bringt, die ihn
um Gnade anflehen. Er geht mit ihnen zu den Juden und
nimmt sie auf deren Fürsprache hin wieder in Gnaden
an. Während die Juden ihre Niederlage zu verheimlichen
suchen, muß in dem zweiten Teil, einem lustigen Teufels=
spiel, Lucifer die seine anerkennen. Die Teufel haben, um
die Hölle zu füllen, noch einige Seelen aufgegriffen (einen
Schuster, Schneider, Priester u. a.); der Priester wäscht dem
Luzifer jedoch dermaßen den Kopf, daß dieser kläglich aus=
ruft „my bevet alle myne knaken" und daß die Teufel ihn
hukepack zur Hölle tragen müssen.

Schon der Aufbau des Stückes verrät die Hand eines
bedeutenden Talents. Die Handlung schreitet steigend auf=
wärts, bis sie im Erscheinen Christi in der Hölle ihren Höhe=
punkt erreicht. Zu dem Sieg des Herrn bildet dann die Be=
mühung der Juden, ihre Niederlage zu verdecken, einen wirk=
samen Gegensatz, der in der Teufelsszene als Niederlage der
Hölle noch schärfer hervortritt. Die Sprache des Dichters
ist reich an volkstümlichen Redewendungen, und der ge=

schickt geführte Dialog entbehrt jeder undramatischen Länge. Wahrscheinlich ist das Spiel in Wismar zur Darstellung gelangt. Zu jener Zeit sind geistliche Spiele anscheinend häufig aufgeführt worden, da es Leute gab, die sich das Spielgerät verschafften, damit im Lande umherzogen und Eintrittsgeld erhoben.

Das geistliche Drama hatte sich mit dem Redentiner Spiel auf eine beachtenswerte Stufe gehoben und versprach eine gesunde Weiterentwickelung, die jedoch in Niederdeutschland durch die Reformation gehemmt wurde. Das weltliche Drama hatte im 15. Jahrhundert bereits den Schritt von der Posse zum ernsten Spiel getan, indem es sagenhafte und Novellenstoffe in seinen Kreis zog. Dann hatte man Verständnis dafür erlangt, daß die Bühne eine moralische Anstalt sei und bevorzugte lehrhafte Stoffe. Diese Entwickelung erkennt man deutlich an den uns erhaltenen Titeln von mehr als 70 Fastnachtsspielen, welche die Zirkelbrüder, eine Brüderschaft von Patriziern Lübecks, während der Jahre 1430 bis 1515 zur Aufführung brachten. Bis zum Jahre 1478 bevorzugte man Sagen- und Novellenstoffe und wandte sich dann den lehrhaften zu. In Lübeck wurden die Stücke auf einem Wagen (borch), der durch die Stadt zog, gespielt. Im allgemeinen fanden aber die Aufführungen wohl nicht auf besonderen Bühnen statt, sondern junge Leute zogen verkleidet von einem Haus ins andere und spielten ihre Rollen ohne weitere Bühneneinrichtungen, wobei auch die Frauenrollen von Männern dargestellt wurden. In den meisten niederdeutschen Städten wird die dramatische Kunst in ähnlicher Weise gepflegt worden sein wie in Lübeck, wenn auch Überlieferungen darüber nur spärlich vorhanden sind. Aus Magdeburg wissen wir, daß dort schon i. J. 1220 von reichen Bürgersöhnen zu Pfingsten der Roland, die Tafelrunde und der Schildekenbom gespielt wurden. Zu erwähnen aus der ganzen weltlichen Dramenliteratur ist eigentlich nur das wahrscheinlich i. J. 1484 in Lübeck aufgeführte Spiel von der Rechtfertigkeit, der Henselin, der gewandten Dialog und Charakterisierung der Personen nach Ständen zeigt.

42

## 9. Rückblick.

Der niederdeutschen Literatur war im Mittelalter keine so reiche Blüte beschieden wie der oberdeutschen Schwester. Ihre Werke stehen an Bedeutung hinter dieser zurück, die von Anfang an ein Übergewicht ausübte und sie vielfach beeinflußte. Die reichere Entfaltung in Oberdeutschland ist wohl darauf zurückzuführen, daß die Kraft der Norddeutschen in den ersten Jahrhunderten noch von der Eroberung und Kolonisation des Ostens beansprucht wurde, während die Oberdeutschen im angestammten Lande saßen. Zudem war der heitere Oberdeutsche mehr der Poesie zugeneigt als der schwerfälligere Sachse, und als die Niederdeutschen zur Ruhe kamen und die Kulturentwickelung stärker bei ihnen ein= setzte, fanden sie schon eine reiche süddeutsche Poesie vor, die sie sich zunächst mundgerecht machten, ehe sie an die Schaffung eigener Werke gingen. Auch fand die Dicht= kunst an den mittel= und süddeutschen Fürstenhöfen eine liebevolle Pflege, während wir von den norddeutschen nur vereinzelt ein Gleiches vernehmen. Ferner wird der Um= stand von Einfluß gewesen sein, daß die Kaiser mit Aus= nahme der sächsischen (919—1024) dem Süden entstammten, dort ihren Hof hielten und so der oberdeutschen Sprache und Literatur ein Übergewicht verschafften. Nur auf einem Gebiet hat die plattdeutsche Literatur es der oberdeutschen gleichgetan, auf dem der lehrhaften Dichtung, und auf dem des Tierepos und des Dramas hat sie zwei Werke ge= schaffen, denen das Oberdeutsche nichts an die Seite zu stellen hat, den Reinke Vos und das Redentiner Osterspiel. Es ist bezeichnend für die langsamere Entwickelung des Niederdeutschen, daß diese beiden Werke am Ausgange der Periode stehen, während das Oberdeutsche seine besten Werke vom 12. bis 14. Jahrhundert hervorgebracht hat. Von einer Blüte der plattdeutschen Literatur aber kann man kaum sprechen. Die Knospen waren da, kamen unter der Ungunst der Verhältnisse aber nicht zur Entfaltung.

# Das Zeitalter der Reformation und des Niederganges der plattdeutschen Dichtung (1500—1750).

### 1. Einleitung.

Mit dem 16. Jahrhundert läßt die Geschichtsschreibung die neue Zeit beginnen, und die Ereignisse, welche dieses Zeitalter einleiten, sind allerdings von der folgenschwersten Bedeutung für das Leben der Völker gewesen. Für die plattdeutsche Sprache und Literatur sind es vor allem zwei Ereignisse gewesen, die bestimmend auf ihre Geschicke ein= wirkten: die Erfindung der Buchdruckerkunst und die Re= formation.

Die Buchdruckerkunst war im zweiten Drittel des 15. Jahrhunderts von Gutenberg in Mainz erfunden worden. Sie hatte sich bis zur Wende des Jahrhunderts kräftig entwickelt und war dadurch, daß sie das mühsam abge= schriebene einzelne Exemplar eines Buches durch eine ge= druckte Auflage von vielen hunderten ersetzte, der größte Kulturfaktor jener Zeit geworden. Das Schulwesen konnte auf eine breitere Grundlage gestellt werden, der Verbreitung von Wissenschaft und Kunst waren neue Bahnen geöffnet, und die Werke der schönen Literatur konnten Heimstätten in Häusern finden, in die das geschriebene Buch niemals gelangt wäre. Das Geschlecht der fahrenden Spielleute mußte der schwarzen Kunst weichen, denn das Volk wurde allmählich aus Hörern zu Lesern. Welch reiche Literatur würden wir aus dem Mittelalter besitzen, wenn die Werke

schon gedruckt und in vielen Exemplaren verbreitet worden
wären! Den Wert der alten Handschriften aber wußte man,
nachdem das gedruckte Buch aufgekommen war, häufig nicht
zu schätzen und hat sie vielfach zum Buchbinden verwandt.
Der älteste plattdeutsche Druck ist (nach Scheller) ein Bre-
vier ohne Titel, Druckort und Jahreszahl, das sich auf
der Wolfenbütteler Bibliothek befindet. Aber schon in der
zweiten Hälfte des 15. Jahrhunderts erschien eine ganze
Reihe plattdeutscher Bücher, besonders medizinische und
juristische Werke, Chroniken, theologische Schriften u. a.

Hatte die Buchdruckerkunst der niederdeutschen Literatur
zwar den Vorteil gebracht, daß ihre Werke an Verbreitung
gewinnen konnten, so brachte sie, als sie soeben ein leistungs-
fähiges Handwerk geworden war, jedoch den großen Nach-
teil, daß die hochdeutsche Sprache, die Sprache der Reformation, nunmehr leicht ihren Weg in alle Häuser
Niederdeutschlands fand. So erlitt das Plattdeutsche durch
die Reformation, deren Wirkung ohne den Buchdruck wahrscheinlich sehr begrenzt geblieben wäre, den schwersten
Schlag. Indem die Reformation das Hochdeutsche zur herrschenden Schriftsprache in ganz Deutschland machte, wurde
die Befürchtung, das Reich könne dereinst infolge der Zwei-
sprachigkeit in zwei selbständige Staaten zerfallen, ein für
allemal abgewendet. Dagegen wurde in einem großen Teil
des deutschen Landes der Gebrauch der angestammten Sprache
eingeschränkt, und erst heute, wo man ihren Wert für das
Volkstum anerkannt hat, bemüht man sich zu retten, was
noch zu retten ist. — Das Hochdeutsche drang von den
Kanzleien in die Verwaltungen ein. Es wurde Behörden-
sprache, Sprache der Gelehrten, Gebildeten und hielt seinen
Einzug in die Schulen. Etwa um die Mitte des 16. Jahrhunderts verschwand das Plattdeutsche aus den fürstlichen
Kanzleien. Schon i. J. 1542 erschien das letzte plattdeutsche
Reskript der mecklenburgischen Herzöge. Die Landstände
faßten allerdings ihre Beschwerden noch i. J. 1562 niederdeutsch ab. In der Kirche hielt sich, obgleich von ihr die
Reformation ausgegangen war, die Landessprache länger.
Noch i. J. 1690 erschien eine pommersche Kirchenordnung,
allerdings mit hochdeutscher Übersetzung. So drang das
Hochdeutsche Schritt für Schritt vor und wandelte das Platt-
deutsche von einer allgemeinen Volks- und Schriftsprache in

eine Sprache bestimmter Volksklassen, in einen Dialekt um. Wer auf dem Gebiete der Kunst und Wissenschaft und der Literatur sich dem ganzen deutschen Volk verständlich machen wollte, der mußte sich des Hochdeutschen bedienen. Das Plattdeutsche nahm die Ausdrücke der Kunst und Wissenschaft nicht mehr in seinen Sprachsatz auf, wodurch das Gebiet, auf dem es literarisch verwendbar war, all= mählich sehr beschränkt wurde. Bis zur Mitte des 19. Jahr= hunderts empfand man es als einen Gegensatz zur Schrift= sprache, als etwas weniger Edles. Es lag für die Dichter gar zu nahe, in ihren Werken nur diejenigen Personen im Dialekt sprechen zu lassen, die sich seiner auch im wirklichen Leben bedienten. Da dies im allgemeinen nur Nebenpersonen waren, deren Ausdrucksweise derb und plump war, gelangte man mit der Zeit dahin, das Plattdeutsche nur für komische Szenen geeignet zu halten, eine Ansicht, von der man erst in neuerer Zeit zurückgekommen ist. —

Die Reformation übte auf die deutsche Literatur einen ungeheuren Einfluß aus. Sie zwang die Menschen zur Stellungnahme für oder wider die oft angestrebte kirch= liche Umwälzung. Sie erschütterte das Geistesleben des Volkes bis ins Mark, und wo die letzte und tiefste Frage, die Frage, ob das Volk auf dem richtigen Wege zu seinem Gott war, aufgerührt wurde, da blieb für die schöne Literatur nicht viel Raum übrig. Wer die Feder führen konnte, der schrieb für oder gegen die neue Lehre. Streitschriften und Tendenzdichtungen waren die Waffen im Geisteskampf. Gebetbücher oder sonstige theologische Schriften sollten im alten Glauben festigen oder für den neuen werben. Nur zwei Zweige der Literatur des Mittelalters blühten weiter. weil sie in die neue Zeit hineinpaßten, die lehrhafte Dichtung und das Drama.

Doch das deutsche Volk sollte nicht zur Ruhe kommen. Als die Geisteskämpfe mit dem Ende des 16. Jahrhunderts sich ausgetobt hatten, kam die Zeit des dreißigjährigen Krieges und schlug tiefe Wunden. Noch war das Platt= deutsche die herrschende Sprache Norddeutschlands, noch hätte die Dichtkunst blühen können, doch um diese Blüte hat uns der große Krieg gebracht. Und nach ihm ging es mit dem Plattdeutschen schneller bergab als zuvor. Das deutsche Volk war nicht mehr stark genug, eine nationale Dichtung

zu schaffen und wandte sich der Nachahmung ausländischer
Vorbilder zu.

Die Abnahme der plattdeutschen Sprache spiegelt sich
deutlich in der Zahl der plattdeutschen Druckwerke wieder.
Diese beliefen sich in der ersten Hälfte des 16. Jahr=
hunderts auf etwa 350 und sanken in der zweiten Hälfte
auf gut 100. In den gleichen Zeiträumen des 17. Jahr=
hunderts sinken die Zahlen dann auf etwa 40 und 20, um
im 18. Jahrhundert noch weiter abzunehmen. Von welcher
Höhe aber die plattdeutsche Sprache durch die Reformation
herabgestürzt worden ist, mag man daraus ersehen, daß
sie im Ausgang des Mittelalters die allgemeine Verkehrs=
sprache zwischen Norddeutschland, den skandinavischen und
baltischen Ländern und auch die Sprache der Diplomatie
zwischen den norddeutschen Regierungen und den nordischen
Fürstenhöfen war. Ihre Kenntnis in den gebildeten Kreisen
Skandinaviens war allgemein und muß es auch noch längere
Zeit geblieben sein, denn Lauremberg brachte noch im 17.
Jahrhundert plattdeutsche Bauernszenen in Dänemark auf
die Bühne.

### 2. Von der Reformation bis zum Ende des dreißigjährigen Krieges.

Schon der Ausgang des Mittelalters deutete in seinen
mannigfachen Satiren auf die Geistlichkeit auf die gewaltige
Bewegung hin, die Europa durchbrausen sollte. Man wollte
das Wort Gottes nicht nur aus dem Munde einer Geistlich=
keit hören, deren Glieder vielerorts an Achtung sehr ver=
loren hatten, man wollte unmittelbar aus der Quelle
schöpfen, und so waren denn schon in den Jahren 1480
und 1494 in Cöln und Lübeck plattdeutsche Übersetzungen
der Bibel erschienen. Sie haben jedoch, ebenso wie eine
1520 in Halberstadt herausgegebene Verdeutschung, keine
derartige Verbreitung erlangt, wie sie der von Buggen=
hagen mitbearbeiteten Übertragung der Lutherschen Bibel
ins Niederdeutsche beschieden war, die zuletzt i. J. 1621
aufgelegt worden ist. Sie hält sich ziemlich eng an den
Lutherschen Text, während die 3 Vorläufer auf die la=

teinische Fassung, die Vulgata, zurückgehen. Ein Bruch=
stück des 90. Psalms aus der Halberstädter Ausgabe wird
dem Leser willkommen sein:

HEre du bist uns worde ein tho flucht van de geslechte
hn dat geslechte. Ehr de berhge worden effte de erde wart
geformeret, und de ummeganck van ewicheidt und hn ewicheit
bhstu god. En kere den mhnschen nicht aff hn demodicheit,
un sprekest bekert iu khndere der mhnschen. Wente dusent
iaer vor dhne ogen synt alse de dach de ghsteren entwech
ghnck. .... Fro vorgeht he alse dat krut, fro blohet he
und vorgeht, tho besper thd mot he vallen vordrogen un
vorharde. Wente wh gebreke hn dem torne, und hn dhner
grimmicheit worde we bedrövet.

Die ganze Kampfesstimmung jener Zeit, die Glaubens=
zuversicht der Evangelischen und ihr Trotz gegen das Papst=
tum aber hallt uns aus dem protestantischen Kirchenlied
entgegen. Der geistliche Dichter wandte sein Talent nicht
mehr den Epen zu, ihm war ein neues Feld erschlossen
worden. War doch das deutsche Lied eine Hauptwaffe
der neuen Lehre. Es wurde in Niederdeutschland eifrig
gepflegt, und schon i. J. 1525 erschien in Rostock das erste
plattdeutsche Gesangbuch, dem bald zahlreiche andere
folgten. Zwar finden sich in ihnen viele Lieder, die ins
Plattdeutsche übertragen worden sind, daneben standen je=
doch eine ganze Reihe niederdeutscher Dichter auf, die den
Gemeindegesang mit Liedern in ihrer Heimatsprache be=
reicherten, von denen manche in hochdeutscher Fassung noch
weiterleben, wie der Gesang von Hovesch (Nik. Decius,
gest. 1541):

Allene God in der Höge sy eer
und danck vor syne gnade,
darum dath nu und dort nicht mer
unns rören mach ehn schade.
Ehn wolgeval Got an uns hatt,
nu is groth fred ane underlath,
alle behde nu hefft ehn ende.

Von demselben Dichter rührt auch das Lied „Hyllich ys
Godt de Vader" her. Ferner seien genannt Burkard
Waldis (gest. 1557), Erasmus Alberus (1500 bis
1553) mit seinen Liedern „Nu frowt huw, Gades Kinder
all" und „Christe, du bist de lichte Dach," Johann Fre=

bers (1510—1562) „Godt Vader hn dem Hemmelryk," Bacmeisters „Ach lebe Her im höchsten Thron," Grubers „Ach Godt van hemelrike" und Knöpkens (gest. 1539) „Wat kan uns kamen an vor noth." Ferner hat Hermann Bonn (1504—1548) sich auf dem Gebiete des Kirchenliedes einen Namen gemacht. Vielgesungen und in allen Gesangbüchern enthalten waren auch die Übertragungen von Hans Sachsens „Synghet dem Herrn ehn nhe ledt" und von Luthers Kampflied

Ehn vaste Borch hs unse Godt,
ehn gude wehr und wapenn.

Erwähnt mögen auch zwei Dichter aus einer Zeit, in welcher der Sturm des Glaubenskampfes sich schon etwas gelegt hatte, der Hamburger Mathesius, dessen geistliches Wiegenlied „Nu slaep mhn leve Kindelhn" bekannt geworden ist, und Nikolaus Grhse (1543—1614), der sich in seinen „Christliken Gebeden und Psalmen" als ein gewandter Liederdichter erweist. Mit ihm bricht die plattdeutsche geistliche Liederdichtung ab, ohne in späterer Zeit wieder aufzuleben.

Die **weltliche Lyrik** war in jener Zeit durch Volkslieder (Liebeslieder, Landsknechtslieder usw.) und durch historische Lieder vertreten, die als Flugblätter eine weite Verbreitung fanden, daneben machten die streitenden Glieder der Kirche auch ausgiebigen Gebrauch von Kampfgedichten, Pasquillen usw. Hervorzuheben sind die Freiheitslieder der Dithmarschen, die Nercorus in seine Chronik dieses Landes aufgenommen hat und von denen einige hier Platz finden mögen:

He let wol buwen ein gut schlot
unsem erlichen lande to gramme,
do sprack sick Roleffs Boheken söne,
de beste in unsem lande:
Tredet herto, gi stolten Ditmarschen!
unsen kummer wille wi wreken,
wat hendeken gebuwet haen,
dat können wol hendken tobreken.
De Ditmarschen repen aberlut:
dat lide wi nu und nummermere,
wi willen darumme wagen hals und gut
und willen dat gar ummekeren.

Wi willen darumme wagen gret und bret,
und willen dar alle umme sterven,
er dat der Holsten er abermoet
so schelde unse schone land vorderven.

Und mit berechtigtem Stolz konnte das tapfere Bauernvolk
von sich singen:

De sik jegen Ditmarschen setten will,
De stelle sik woll tor wehre!
Ditmarschen dat schölen buren sin,
It mögen woll wesen heren.

Die **lehrhafte Dichtung** des Mittelalters brachte als Spät=
ling noch den S p i e g e l  d e r  W i ß h e y t (1540) herbor,
ein Zwiegespräch zwischen Meister und Schüler. Besonders
aber wurde im 16. Jahrhundert die **Spruchpoesie** weiter ge=
pflegt. „Zu keiner Zeit, weder vorher noch nachher, hat
die Verbreitung der Sprüche solche Dimensionen angenom=
men als im sechzehnten Jahrhundert. Keine Dichtungsart,
weder Drama noch Lied noch Volksbuch, konnte damals,
was Verbreitung und Volkstümlichkeit betrifft, mit der
Spruchdichtung wetteifern." (Seelmann.)  Viel gelesen
waren zwei Spruchsammlungen, das R i m b ö k e l i n und
K ü n s t l i k e  W e r l d s p r ö k e, eine Auswahl aus jenem,
die beide aus der Mitte des Jahrhunderts stammen. Sie
enthalten Sprüche der Art, wie wir sie heute noch zu=
weilen an alten Häusern und in Stuben, besonders solchen,
die öffentlichen Zwecken dienen, finden, z. B.:

Wultu böse gedancken vorschlan,
Möstu wat dohn, nicht leddich ghan.

Erwähnt werden möge auch noch eine Tierdichtung, die
F l o i a  C o r t u m  V e r s i c a l e (1593), eine drollige Floh=
Epopöe, die in plattdeutschen, lateinisch konstruierten Worten
geschrieben ist und mit vielem Witz von dem kleinen Quäl=
geist der Menschheit, dem pulex irritans erzählt:

Illis sunt equidem, sunt inquam, corpora kleina,
Sed mille erregunt minschis martrasque plagasque
Cum stekunt snavlum in livum blautumque rubentem
Exsugunt usw.

Krüger                                                              4

Das **Drama** stellte sich zunächst gleichfalls in den Dienst der Glaubenskämpfe. Auf lutherischer Seite stand Bado, der sich in seinem Fastnachtsspiel Claws Bur (1523) als ein witziger Kopf zeigte. Er führt einen Pfaffen, einen Fiskal, einen Doktor und den Titelhelden vor, der lebhaft „disputert mit handen unde mit munde" und sich trotz seines Standes so bibelfest wie ein Konsistorialrat erweist. Schließlich zieht er den Pfaffen auf seine Seite und entläßt die anderen beiden mit dem Wunsche

> Dat is huw to raden: wente bi paren
> Plegen de schelke tom duvel to faren.

Bedeutender als Bado ist der katholische Daniel von Soest (wahrscheinlich Johannes Gropper), der besonders in zwei Werken, dem Dialogon und Ein gemeine bicht oder bekennung der predicanten to Soest (1539) die ganze Lauge beißender Satire auf die lutherischen Prediger in Soest ausgoß. Der scharfe Witz der gemeinen bicht hat dieser Lokalsatire eine Bedeutung verliehen, die sie weit über die Grenzen Soests hinaus bekannt gemacht hat. Der Dichter hat mit sicherer Hand Einführung, Verlauf und Niedergang der neuen Lehre in Soest zusammengefaßt und enthüllt uns in lebendigen Gesprächen der Prediger ihren moralischen Tiefstand. Selbst den Teufel rufen sie zur Hilfe, der dann auch herbeieilt:

> Ik bin mode gegangen!
> Si nu hir to ju kommen,
> Und heb in veren landen vernommen,
> To Wittenberg bi Luther, dem doctor grot,
> Dat gi miner hir ok hadden not.
> Nu leven kinder, bin ik hir!
> Secht, wat is doch ju beger?

Ergötzlich ist das Auftreten einer entlaufenen Begine, der mannstollen Stine:

> Ik arme suster Stine,
> Dach und nacht darumb grine,
> Dat ik de beste tid sus heb bewant
> Und noch geinen man bekant!
> Wu sul ik dit nu na halen?

Am dramatischsten aber hat der Dichter die Hochzeitsfeier des Bischofs Simon geschildert, die durch eingestreute sangbare Lieder belebt wird. Während in Claws Bur lediglich disputiert wird, weist die gemeine bicht eine lebendige Handlung auf, sie ist ein Drama, welches den Vergleich mit den Fastnachtsspielen Hans Sachsens hinsichtlich seiner dramatischen Wirkung nicht zu scheuen braucht.

Im übrigen war das **Fastnachtsspiel** trotz der Pflege, die man ihm angedeihen ließ, zum plumpen Schwank herabgesunken. Zu den besseren Erzeugnissen dieser Gattung gehörte noch des Mercatoris Dialog „Van dem Dode und van dem Levende (1560); auch Wo men böse Fruwens frame maken kann und der Schebe Kloth sind trotz aller Derbheiten noch annehmbar. Mit dem Ende des 16. Jahrhunderts aber verroht das Fastnachtsspiel merklich. In dem Maße, wie das Plattdeutsche aufhörte, Schriftsprache zu sein, durfte sich zu den Gebildeten nur derjenige rechnen, welcher die hochdeutsche Sprache verstand. Dies waren im allgemeinen die Städter, und so wurde denn der Bauer mit seinem breiten Dialekt bald die Zielscheibe für die albernsten Streiche. Roheiten, Unflätigkeiten und Zoten wurden ihm angedichtet und haben ein Zerrbild des Bauernstandes geschaffen, das die Fastnachtsspiele für den heutigen Geschmack zum größten Teil ungenießbar macht. Traurige Beispiele dieses Verfalls sind Teweschen Hochtydt (nach 1616), Teweschen Kindelbehr und Vitulus (1616). Auch in hochdeutsche Dramen flocht man bald plattdeutsche Szenen ein, weniger um sie lebenswahrer zu machen, als um die Lachmuskeln der Zuschauer zu reizen. Während Rist (1607—1667) auf diese Weise noch Volksszenen von dramatischem Wert schuf, erhoben sich ähnliche Einschiebungen in den Werken Rollenhagens und Laurembergs nicht über die durchschnittliche Höhe der Fastnachtsspiele.

Höher steht das **große Drama** oder Schuldrama, das uns hauptsächlich noch im Gewande des geistlichen Schauspiels entgegentritt. Sein erster bemerkenswerter Vertreter ist der besonders als hochdeutscher Fabulist bekannte Burkard Waldis, der Dichter des geistlichen Spiels de parabel vam vorlorn son. Waldis wurde in Hessen geboren, Franziskanermönch in Riga, besuchte Rom, wurde

lutherisch und ergriff das Gewerbe eines Zinngießers. Als
Agent der livländischen Konföderation i. J. 1536 gefangen
gesetzt, wurde er 1540 durch seinen Bruder befreit, begab
sich 1541 zum Studium nach Wittenberg und war von 1544
ab Pfarrer in Abterode in Hessen, wo er 1557 starb. In
seinem Schauspiel, das 1527 in Riga gespielt wurde, gibt
er eine Rechtfertigung seines Übertritts zum neuen Glauben.
Das Drama, welchem das bekannte Gleichnis Christi zum
Vorwurf gedient hat, zeichnet sich durch sichere Behandlung
des Stoffes und frische Sprache aus. Biblische Stoffe wurden
überhaupt bevorzugt, so wissen wir, daß im 16. Jahr=
hundert aufgeführt worden sind Judith, Adam und Eva,
Susanna, Tobias u. a. Als Dramatiker betätigte sich auch
M a t h e u s  F o r c h e m, der für seine Schüler eine fünf=
aktige Komödie  V o n  d e m  P a p h r i o  praetextato
(1551) schrieb. Das beste große Drama schuf dann der
Prediger S t r i c k e r in seinem fünfaktigen D ü d e s c h e n
S c h l ö m e r (1584). Das Stück zeichnet die Völlerei eines
holsteinischen Adligen, der sich schließlich auf seinem Toten=
bett bekehrt. Es ist in seinem ersten Akt frisch und mit
flottem Dialog geschrieben, bis es mit dem Auftreten von
Tod und Teufel ziemlich langatmig endet. Die Sittenschilde=
rung des Adels muß sehr lebenswahr gewirkt haben, da
ein Angehöriger dieses Standes, der sich wohl besonders
getroffen fühlte, den Dichter ins Jenseits zu befördern
versuchte. Stricker brachte darauf seine Haut nach Lübeck
in Sicherheit. Ein anderes Schauspiel von ihm, A d a m
u n d  E v a, ist uns nur in hochdeutscher Übertragung er=
halten geblieben. Zu erwähnen sind ferner der zum großen
Teil in plattdeutscher Sprache geschriebene J s a a c (1606)
des Rostocker Bürgers und Bergenfahrers S c h l u e und
L e s e b e r g s  S u s a n n a (1609). Bedeutender geberdet sich
K o c k (1583—1666) in seinem E l i a s (1630). Das Stück
zeigt jedoch wenig dramatisches Leben, und wenn der Dichter
auch zuweilen einen Anlauf zu höherem Schwung nimmt,
so kehrt er doch bald wieder in „das stagnierende Fahrwasser
doktrinärer Betrachtung zurück." (Gaedertz.)

Am Ende des 15. und zu Anfang des 16. Jahrhunderts
hielt die Prosa in Gestalt der **Volksbücher,** die eine weite
Verbreitung erlangten, ihren Einzug in die schöne Literatur
Die Zeiten der Romantik waren vorbei, lebten aber

zum Teil in Volksbüchern wieder auf. Abgesehen von den kirchlichen Fragen, die zwar eine Weile die Gemüter auf das leidenschaftlichste erregten, bald aber in Streitigkeiten der Theologen ausarteten und die nicht unmittelbar daran Beteiligten kalt ließen, herrschte in jener Zeit eine realistische, nüchterne Anschauung, der die Prosa mehr zusagte als die Poesie. Diesem Bedürfnis kamen die unbekannten Verfasser der Volksbücher entgegen, indem sie die nationalen und höfischen Stoffe der älteren Zeit in Prosa bearbeiten, daneben aber auch neue Stoffe aufgriffen. Das berühmteste Werk dieser Gattung ist Dil Ulenspegel, wahrscheinlich i. J. 1483 plattdeutsch geschrieben, doch in dieser ältesten Fassung uns nicht erhalten. Aus einer hochdeutschen Ausgabe geht aber hervor, daß sie „auß Sächsischer sprach auff gut Teutsch verdolmetschet" ist. Hatte bis dahin der Städter den plumpen Bauern verspottet, so rächte dieser sich, indem er den gesunden Mutterwitz des Bauernsohnes in derben Possen sich der vermeintlichen Pfiffigkeit der Städter überlegen zeigen läßt. Das Werk hat große Verbreitung erlangt. Die älteste bekannte Ausgabe ist hochdeutsch geschrieben und i. J. 1515 erschienen. Plattdeutsche Drucke folgten bald, und von da ab ist es bis in die Jetztzeit hinein ein Lieblingsbuch des Volkes geblieben und auch vielfach in fremde Sprachen übertragen worden. Sein großer Erfolg beruht hauptsächlich auf der köstlichen Gestalt des Schalksnarren, die prächtig gezeichnet, voll derber Frische und durchaus geeignet ist, Interesse für sein Treiben einzuflößen. Zudem hat der Verfasser seine Historie flott erzählt. Der Witz des Buches ist im allgemeinen jedoch plump, denn zum großen Teil bestehen die Streiche darin, daß Ulenspegel bildliche Befehle wörtlich ausführt. Daneben stehen dann allerdings auch wieder Streiche, die voll echten Humors sind. Deswegen konnte Brinckman denn auch dem Herrgott, als er auf dem Möllnschen Kirchhof auf dem Grabe des „richtigen Ultmeisters und Spaßmakeroltgesellen" rastet, die Worte in den Mund legen: „Grar bei lütt Mann achter bei Plaugschor un den Hakenstirt, achter Huwelbänk un Ambolt, in den Kneireim un up den Sniderdisch, dor paßt sik so'n Uhlenspeigelstückschen sir gaud hen; dat vermüntert un verfrischt sei dusendmal bäter bi er ewige Arbeid as den

Düwel sin knäpigste dutwtelte Kaem. Dat is er so so not=
wennig as dat Solt up dat Brod, un dei luftige Weisheit,
dei ut den Volksmund flütt, hölt dat ok nich gegen min
Evangelium Stich, so rangiert sei doch glik achter Salo=
monissen un Jesus Sirachen. . . . . Allein dei ein Witz van
Uhlenspeigeln mit den Klang van sin Geld dei ward so olt
warden as dei Welt sülst." Viele Derbheiten und Roh=
heiten muß man allerdings seiner Zeit zugute halten. Das
Buch ist in neuerer Zeit von Carl Tannen in guter neu=
niederdeutscher Bearbeitung herausgegeben worden. Wie
Goethe ein anderes Volksbuch, den Faust, in neuem Ge=
wande auferstehen ließ, so haben auch moderne Dichter
(Adolf Böttger, Julius Wolff, Karl Schulte, Lienhard, de
Coster) die Gestalt des Schalkes in ihre Werke hinüber=
gerettet; mit dem alten Volksbuch haben die neueren
Dichtungen allerdings fast nur den Titel und einige Cha=
rakterzüge des Helden gemeinsam. — Aus der stattlichen
Reihe der sonstigen Volksbücher, die wohl zum größten
Teil aus dem Hochdeutschen und Französischen übersetzt sind,
seien genannt Van Alexandro, Historia van D.
Johann Fausten, Fortunatus, Melusine, Gri=
seldis, Van den söwen whsen meisteren, Hi=
storia van der schönen Magelona. Aus hochdeut=
schen Werken ist auch die i. J. 1592 erschienene Schwank=
sammlung der Wegekörter zusammengestellt, in dem wir
manche noch heute lebende Geschichte antreffen, so das
Märchen vom Schneider, der „söwen in einem slage tho
dode geslagen."

Erst am Ausgang dieser Periode tritt uns wieder ein
Dichter entgegen, der auf Bedeutung berechtigten Anspruch
machen kann, nämlich Johann Wilhelm Lauremberg
(geb. 1590 in Rostock, 1618 Professor der Poesie daselbst,
1623 Professor der Mathematik in Soröe Dänemark, wo
er 1658 starb). Seine bedeutungslosen Zwischenspiele sind
bereits erwähnt worden. Laurembergs Stärke lag auf dem
Gebiet der Satire, und mit seinen Veer Schertz=Ge=
dichten stellt er sich in die erste Reihe der Satiriker. Den
Stoff zu den Gedichten lieferten ihm die Modetorheiten
seiner Zeit:

Wat vörm Jahr was Allemode
Und von jederm wurd geehrt,
Dat ys itzund nicht mehr werth,
Als dat Schimmel van dem Brode:
Nie wert old, und olt wert nie,
Kaken moet men frischen Brie.

Nicht mit Nadelstichen, sondern mit Keulenschlägen geht der Dichter dann den Sitten seiner Zeit zu Leibe, und zwar dem verdorbenen Wandel und den Manieren, der „allamodischen“ Kleidertracht, der vermengten Sprache und Titelsucht und schließlich der Dichtkunst, die damals unter dem Einfluß Opitzens stand. Laurembergs Satire ist derb und treffend, sie zeichnet sich durch eine zu jener Zeit unbekannte Frische und Volkstümlichkeit aus, und mag sie auch nach unseren Begriffen die Grenzen des Anstandes nicht immer wahren, so müssen wir dem Satiriker schon manches zugut halten, denn wer heilen will, muß die Schäden aufdecken, und zudem ist Lauremberg geistreich. Die Nachahmung französischen Wesens spottete damals jeder Beschreibung:

Wen averst einer de vermengde Sprake hört,
So werd he in synem Verstande gantz verstört.
He steit und gapet dar, und weet nicht im geringsten,
Offt men van Paschen sprecft, edder offt men sprecft van
Pingsten.

Dieser „vermengden“ Sprache gegenüber streicht er dann in markigen Worten seine Muttersprache heraus. Seine Satire paßt in mehr als einer Hinsicht auch noch in die Jetztzeit, so wenn er von der Barttracht der Männer und den neuen Kleidern der Frauen spricht:

De Mode-Krevet hefft all sytv üm sick gefreten,
Der Männer Underbahrt hefft he all wech gebeten,
Twe klene Knebelkens sitten noch under der Nesen,
Sünst wüste man nicht dat ydt ein Man scholde wesen.

\* \* \*

So kriegen alle beyd wornah en steit de Sinn,
Dat Frutvenvolk de Ehr, de Schnider den Gewin.

Daß Lauremberg seine Gedichte, wie er angibt, an drei freien Nachmittagen niedergeschrieben hat, merkt man der Form an, denn die Alexandriner sind alles andere eher als sauber gebaut. Trotz dieses Mangels ist das Büchlein oft aufgelegt worden, und bald sprach man von ihm als von den „veer olden berömeden Schertz-Gedichten." Ihr Erfolg mußte natürlich zur Nachahmung reizen, und so fühlte sich denn Joachim Rachel (1618—1669) berufen, auch seinerseits die Welt mit Satiren zu beglücken. Leider beging man die Unvorsichtigkeit, seine Verse i. J. 1700 mit denen Laurembergs vereinigt herauszugeben: „Mit eenem Anhange van etlicken in düssen Tyden nyen ingeschlekenen Mißbrücken." Rachel fehlte jedoch der Witz seines Vorbildes und so sind seine Verse denn nur ein Rahmen, der die Gedichte Laurembergs erst recht hervortreten läßt.

Am Schlusse dieser Periode tritt dann noch ein liebenswürdiger Lyriker auf, Simon Dach (1605—1659), von dem wir nur ein plattdeutsches Gedicht besitzen, das in hochdeutscher Fassung noch heute viel gesungen wird, das Hochzeitslied

> Anke van Tharau ös, de mi geföllt,
> Se ös min Lewen, min Goet un min Gölt.

> Anke van Tharau heft wedder eer Hart
> Op my geröchtet ön Löw' on ön Schmart.

> Anke van Tharau mihn Rihkdom, mihn Goet,
> Du mihne Seele, mihn Fleesch on mihn Bloet.

> Quöm allet Wedder glihk ön ons tho schlahn,
> Wy syn gesönnt by een anger tho stahn.

> Kranckheit, Verfälgung, Bedröfnös on Pihn
> Sal unsrer Löve Vernöttinge syn.

> Recht as een Palmen-Bohm äver söck stöcht,
> Je mehr en Hagel on Regen anföcht.

> So wardt de Löw' ön onß mächtig on groht,
> Dörch Krhytz, dörch Lyden, dörch allerley Noht.

> Anke van Tharau, myn Licht, myne Sönn,
> Myn Leven schluht öck ön dyhnet henönn.

Dit öß dat, Anke, Du föteste Ruh,
Een Lihf on Seele wart uht öck on Du.

Dit mahckt dat Leven tom Hämmlischen Riht,
Dörch Zancken wart et der Hellen gelïht.

(Verse 1 bis 7, 10, 16, 17 des 17 Verse langen Liedes.)

**3. Der Tiefstand der plattdeutschen Literatur (1650—1750).**

Hatte Lauremberg schon über die Vernachlässigung seiner
Muttersprache geklagt, so bietet die Periode nach dem dreißig=
jährigen Kriege erst recht ein trauriges Bild. Auf der einen
Seite ein Vordringen des Hochdeutschen in die niederdeut=
schen Kreise, auf der anderen Seite Gleichgiltigkeit und
mangelndes Verständnis für die Schönheiten und den Wert
der altangestammten Sprache. Das deutsche Volk war durch
den langen Krieg zerrüttet, nationales Empfinden war im
Bruderkampf gänzlich erstorben, schöne Landstriche Nieder=
deutschlands behielt das Ausland in seiner Gewalt. Das
deutsche Kaisertum war ein Schatten geworden, Schwert
und Pest hatten die Staaten entvölkert, und auf den Feldern,
die einst blühende Saaten getragen hatten, sproßte der
Wald. Nur langsam heilten die Wunden, die der Krieg
geschlagen hatte, und besaß das Volk schon nicht die Kraft,
eine nationale Literatur zu schaffen, so lag dem Zeitalter
ein Verständnis für das Volkstümliche erst recht fern. Nur
einzelne weiterblickende Männer traten für ihre Mutter=
sprache ein. So Raupach aus Tondern mit seiner Doktor=
dissertation „Von unbilliger Verachtung der plat=teutschen
Sprache" (Rostock 1704), so Abel in seinem Epos von der
hülflosen Saffine.

Als erster Dichter dieser Periode, der sich des Platt=
deutschen bediente, tritt uns der livländische Landrat
Gustav von Mengden (1625—1688) entgegen, der i. J.
1679 die mit vielem Humor geschriebene Satire auf die
Güterreduktions=Comission in Livland De fief Düwels=
kinder veröffentlichte. Herzlich unbedeutend ist dagegen
Baers Arctophonia h. e. Ursi Laus et Fraus,

Virtus et Virus (1696), in welcher der Verfasser die Tugenden seines vierfüßigen Namensvetters in lateinischen und plattdeutschen Versen aufzählt. Eine anmutige Idylle gab Joachim Beccau (1690—1755) im Oltfränkischen Schnickschnack twischen Hans un Grethe (1719).

Ein Dichter, wenn auch kein bedeutender, entstand dem Plattdeutschen dann in Caspar Abel (1676—1763). Er veröffentlichte 1729 und 1732 plattdeutsche Übertragungen des französischen Satirikers Boileau und der römischen Dichter Horaz und Virgil zugleich mit eigenen Gedichten. Außerdem fanden sich in seinem Nachlaß niederdeutsche Gedichte, von denen besonders die hülfflose Saffine bemerkenswert ist. In seinen eigenen Gedichten zeigt Abel wenig dichterische Begabung. Im mangelt es vor allem an einem wichtigen Erfordernis des Poeten, der Phantasie, so daß seine Gedichte den Leser nicht zu erwärmen vermögen. Ansprechender als seine eigenen Dichtungen sind seine Übertragungen, in denen er die fremden Stoffe deutscher Vorstellung und Landschaft geschickt anzupassen weiß, so daß sie uns wie Originale anmuten. Die ausländischen Eigennamen störten in seiner Zeit, die eine Vorliebe für die Chloen, Dafnen usw. hatte, nicht. Als kurze Probe möge ein Stück aus der neunten Ekloge des Virgil folgen:

> Galathea, kumm hieher, wat vor Lust iß in der See,
> Hier iß schöne Fröhlingstyt, hier sind Blomen, hier iß
> Klee,
> Hier sind Druven, hier iß Ovt, witte Pöppeln, gröne
> Linnen
> Kanst du an den Beken hier by den düstren Hölen finnen.
> Kum, un lat dat wöste Meer sick mit sinen Klippen slahn,
> Wi wilt davor in dat Feld, un int Holt, spazeren gahn.

Besonders bemerkenswert ist uns Abel jedoch durch die tiefe Liebe zu seiner Muttersprache, der er in dem in seinem Nachlaß aufgefundenen kleinen Epos von der hülfflosen Saffine Ausdruck gegeben hat. Er kündigt im Vorbericht zum zweiten Teil der satirischen Gedichte des Boileau ihr Erscheinen an und sagt von ihr: „Es ist ein weitläufftig Gedichte in Nieder=Sächsischer Sprache, darinnen ich alle

Fatalitäten, die derselben * begegnet, und wie die neidische Frankisse ** diese arme Prinzessin ins Elend gebracht, der Wahrheit nach beschreibe, dabey auch zuletzt eine ergebenste Bitte an alle gebohrne, und noch dazu in Nieder=Sachsen wohnende, weltberühmte Poeten ... mit anhänge, ihr den so sehnlich verlangten Beystand nicht zu versagen .... Da denn sich verhoffentlich das Blatt wieder wenden, und unsere Nieder=Sächsische die Hoch=Teutsche bald einholen soll, als welche von Natur viel lieblicher und fliessender ist als jene. Die ganze Sache kommt nur darauf an, daß man aus ihr auch so eine Sprache der Gelehrten mache, wie die Hoch=Teutsche ist, ... sich auch wegen einer rechten Schreibart vereinige ...“ In dem Gedicht selbst findet Abel warme Worte für seine Saffine:

> en Kind van Liebe schön, noch schöner van Gemöth,
> und eben as im May de kleine Lilge blöht,
> de in den Dählern wäßt, of gliek se kener wahret,
> so hatt by öhr Natur und Dugend sick gepaaret.

Wie eine Prophezeiung auf die neue Blütezeit der nieder= deutschen Literatur klingen die Verse:

> Gefft brave Dichter erst en betgen öhr Gehör,
> so werden sick wol mehr up öhre Siede slagen,
> de öhr behülplick sind den Krans davan to dragen.
> En frischer Anfang iß so gut as halff gedahn.

Es ist zu bedauern, daß dieses Gedicht damals nicht im Druck erschienen ist. Es hätte segensreich für das Platt= deutsche wirken können, wenn auch der Dichter insofern über das Ziel hinausschoß, als er das Plattdeutsche auch zu einer Gelehrtensprache machen wollte.

Andere Pfade als Abel schlug Kaspar Friedrich Renner (1692—1772) ein. Wenn man der Überlieferung trauen darf, so behauptete eines Tags ein Freund Renners ihm gegenüber, daß es unmöglich sei, noch etwas dem Reinke Vos ähnliches in plattdeutscher Sprache hervorzu= bringen. Darauf dichtete Renner in der Sprache des 15.

---

*) D. i. der Saffine, der plattd. Sprache.

⚜) Die fränkische, d. i. hochdeutsche Sprache.

Jahrhunderts sein Epos H e n n y n k  d e  H a n, das er unter
dem Pseudonym F r a n z  H e n r i ch  S p a r r e herausgab.
Das Epos ist eine Fortsetzung des Reinke Vos, erreicht das
Vorbild aber in keiner Weise. Renner erzählt, wie unter
der Kanzlerschaft Reinkes viele Tiere sich im Dienst des
Königs nicht mehr wohl fühlen. Zu diesen gehört auch
Hennink, und er beschließt daher, vom König Urlaub zu
erbitten. Auf dem Wege zum Königshof begegnet ihm
Reinke. Als es diesem nicht gelingt, Hennink das Genick
umzudrehen, eilt er zum König voraus und verleumdet
den Hahn, er hätte ihm ein Auge ausgehackt. Der König
spricht sofort das Urteil, der Falke solle dem Missetäter
das Gleiche tun. Doch Ryn, der Hund, legt sich ins Mittel,
und nach langem Hin= und Herreden wird Hennink in Un-
gnaden entlassen. Ryn begleitet ihn nach Hause, und sie
übernachten in einem Busch. Frühmorgens erscheint der
Fuchs und versucht, den Hahn mit süßen Worten vom Baum
herab zu locken. Da springt Ryn jedoch aus seinem Ver=
steck hervor und zerzaust Reinke dermaßen, daß er für tot
auf dem Platz liegen bleibt. Hennink findet zu Hause
vielen Schaden vor, den ihm Renardyn, des Fuchsen Sohn,
angetan hat. Da beschließt auch Ryn, dem Hof fern zu
bleiben, und er schickt den Täuber Unfalsch deswegen zum
König. Unfalsch kommt darüber hinzu, wie der König und
Reinkes Sippschaft, die ausgezogen sind, den Kanzler zu
suchen, ihn im Busch gefunden haben. Reinke belügt natürlich den König wieder, der ihn zu rächen verspricht. Renardyn hat sich auch eingestellt, und da er Appetit auf
Taubenfleisch verspürt, springt er plötzlich auf den Täuber
zu, der auf einer Eiche sitzt, fällt jedoch „bedützt" zurück.
Darüber erschrickt Reinke so, daß ihn der Schlag rührt.
Unfalsch kehrt sogleich um und bringt die Freudenmär
seinen Freunden.

De Hanen, Honre kleyn un groet,
Den dyt tor groten Brawde deende,
De jucheden, schreyeden, dat yd klönde:
Juch! hey! wat hebbe wy vor Not?
De ole Reynke Voß is dot!
Dyt repen se baken uth der Whse.
Ryn tuskde se, un sprak ganz lyse:

Is Reyneke doet de slimme Droch,
So levet Renardyn doch noch.

Wie der Reinke Vos einen Dichter fand, der ihn in hoch=
deutsche Hexameter kleidete, so hat auch Hennink in R.
Meyer einen Poeten gefunden, der ihm das Gleiche an=
tat und ihn in diesem „gefälligen Gewande", wenn auch
nicht der Nachwelt, so doch seiner Zeit überliefert hat.
(1813.)

Mit der niederdeutschen Lyrik war es traurig be=
stellt. Sie wurde ausschließlich zu Hochzeitsgedichten ver=
wendet und mußte in ihnen in derber Form vielfach zu
plumpen Anspiegelungen herhalten, so daß die Musen allen
Grund hatten, weinend ihr Haupt zu verhüllen. Das edle
Beispiel, das Dach in seiner Anke van Tharau gegeben
hatte, fand leider keine Nachahmung. Auch das plattdeutsche
Drama ging reißend schnell den Krebsgang. Um die
Wende des 18. Jahrhunderts finden wir vielfach platt=
deutsche Szenen in Opern, im Jahr 1709 gelangt in Ham=
burg sogar das plattdeutsche Singspiel Die lustige Hoch=
zeit zur Aufführung, dauernd festen Fuß vermochte das
Plattdeutsche aber nicht auf den Brettern zu fassen. Auch
die Erfolge, die Prätorius mit den Possen Hamburger
Jahrmarkt und Hamburger Schlachtfest (1725)
errang, waren nur vorübergehend.

Eine erfreuliche Erscheinung in dieser Periode ist Jobst
Sackmann (1643—1718), der Prediger in Limmer bei
Hannover, dem Brinckman in seinem „Uns' Herrgott up
Reisen" ein ehrendes Denkmal gesetzt hat. Zwar hat Sack=
man die schöne Literatur nicht durch Werke bereichert, er
hat sich aber durch seine kernigen, drastisch=humorvollen
Predigten einen Beifall errungen, der heute noch andauert.
Seine Leichenpredigt auf seinen Schulmeister Michael Wich=
mann ist ein Kabinetstück drastischen Humors, das den Ver=
gleich mit Abrahams a Santa Clara Leistungen nicht zu
scheuen braucht. Sackmanns Nachahmer, wie Bummel zu
Schöppau, konnten ihm allerdings das Wasser nicht reichen.

So ließ denn das Bild dieses Zeitalters wenig erfreu=
liche Ausblicke auf die Zukunft zu. Die edle Sassine war
hülflos geworden. Zur Gelehrtensprache eignete sie sich
nicht mehr, das öffentliche Leben verschmähte ihren Ge=

brauch, und die Dichter, die sich ihrer bedienten, ritten einen lendenlahmen Pegasus und wußten die matte Mähre nicht derart zu tummeln, daß sie mit ihr über die Grenzen ihres Heimatsortes hinaussprengen konnten. Noch mehr als ein volles Jahrhundert mußte ins Land gehen, bis die Männer kamen, die Abels Hoffen erfüllten, indem sie seinen Schützling in einem Glanz auferstehen ließen, den dieser brave Poet sich wohl nicht hat träumen lassen.

# Das Wiedererwachen der plattdeutschen Literatur (1750—1850).

Das 18. Jahrhundert war die traurigste Zeit für die plattdeutsche Dichtung. Abgesehen von den wenigen bereits erwähnten Werken herrschte fast bis zum Ende hin tiefes Schweigen im Dichterwalde. / So recht bezeichnend für diese Zeit war die erste niederdeutsche Wochenschrift die im Jahre 1772 in Berlin unter dem Titel „De Plattdütsche" herauskam. Ihr Inhalt setzte sich aus schlecht erzählten Geschichtchen mit pikanter Spitze, langweiligen Gesprächen und öden Betrachtungen über die Weltereignisse zusammen. Als sie ihr Erscheinen einstellte, hatte man keine Ursache, ihr eine Träne nachzuweinen. Nicht besser war die Wochen= schrift „Dei ohle plattdütsche Mann", die i. J. 1774 in Braunschweig und Wolfenbüttel herausgegeben wurde, aber in demselben Jahre auch wieder entschlief.] In diesen unruhigen Zeiten aber, in denen die Kriegsfackel so häufig ihren flackernden Schein lohen ließ, wurden die Keime ge= legt, aus denen die Dialektdichtung neu erstehen sollte. Ganz Deutschland hatte die Augen auf den Helden des siebenjährigen Krieges gerichtet, dessen Siege einen lange nicht mehr gekannten Stolz auf das Deutschtum, das Natio= nalgefühl allmählich weckten. Der Deutsche schielte weniger nach dem Auslande; er besann sich auf sich selbst und sah sich im eigenen Lande um. Wenn die erwachende National=

literatur auch an dem großen König keinen Beschützer fand,
so wurde sie doch aus eigener Kraft eine mächtige Förderin
des Deutschtums und des Volkstums, dem sie eine liebe=
volle Pflege angedeihen ließ. Justus Möser wies in
seinen Patriotischen Phantasien (1774) auf die
Schätze der Vorzeit hin, Herder deckte in seinen Volks=
liedern (1778) den Wert der Volkspoesie auf, Arnim
und Brentano schenkten den Deutschen in des Knaben
Wunderhorn (1806) ihre alten Volkslieder wieder,
Moritz Arndt erzählte Sagen seiner Heimat Rügen im
Dialekt (1817) und Uhland ließ die Volkslieder in ihrem
ursprünglichen Gewande auferstehen (1844). Mit Staunen
sah der Deutsche, welche Schätze an Poesie im Volkstum
verborgen lagen. Die Erkenntnis, welchen Wert die Er=
haltung eines gesunden Volkstums für die Nation hatte,
blieb allerdings erst einer späteren Zeit vorbehalten Neben
der Arbeit der Dichter ging das emsige Wirken der Sprach=
wissenschaftler und Literarhistoriker einher, die in Kinder=
ling, Adelung, Uhland, den Brüdern Grimm,
Scheller u. a. ihre Hauptvertreter fanden. Die ober=
deutschen Mundarten faßten durch Usteris de Vicari,
durch Grübels Gedichte in Nürnberger Mund=
art, besonders aber durch Hebels Allemannische Ge=
dichte (1803) wieder festen Fuß in der deutschen Literatur:
die plattdeutsche Dichtkunst mußte allerdings noch 50 Jahre
warten, bis ihr ein erster großer Dichter entstand.

Der erste Poet, der das Plattdeutsche wieder literatur=
fähig zu machen versuchte, war Johann Heinrich Voß
(1751—1826). Er verteidigte sein Unternehmen mit den
Worten: „Wird doch die dorische Sprache dem Dorier, denk
ich, erlaubt sein," bewies jedoch eine wenig glückliche
Hand, als er seine beiden Idyllen de Winterawend
(1776) und de Geldhapers in einem Mischmasch von
mecklenburgischem und holsteinschem Platt schrieb, wodurch
ihre Wirkung völlig verloren gegangen ist. In reinem
Platt, so wie er's im Leben sprach, sang dagegen der
Rostocker Diederich Georg Babst (1741—1800). Seinen
1788—1790 erschienenen Allerhand schnaksche Saken
tum Tiedverdriev ist vor allem ungekünstelte Sprache,
natürliches Empfinden und sogar Humor nachzurühmen. In
den Gedichten, die 1812 und 1843 im Auszuge neu heraus=

gegeben wurden, zeigt Babst sich als eine biedere, etwas philisterhafte Natur:

Ick söll beständig hüslich wesen,
Nicks dohn aß schriewen unn aß lesen?
Watt'ß dat för'n Schnack?
Ick magg towielen ok mal fieren
Unn gah' di vör dat Duhr spazieren;
Dat iß mien Fack!

Goethe zählt Babst zur Klasse der Naturdichter und sagt von ihm: „Ergötzlich ist es zu sehen, wie ein Mann, in dem bürgerlichen Wesen selbst befangen, sich durch geniale Betrachtung darüber erhebt, und dasjenige, was wir sonst als Philisterei, Bocksbeutel, Schlendrian und alberne Stockung zu verachten pflegen, in seiner natürlichen anmutigen Notwendigkeit sehen läßt und uns solche beschränkte Zustände dulden, schätzen und lieben lehrt."

Ein begeisterter Freund seiner Muttersprache war Christian Heinrich Wolke aus Jever (1741—1825). Zwar selbst kein Dichter, gab er i. J. 1804 heraus „Dübsge or Sassisge Singedichte, Grabgriften, Leder. singbare Bertelsels un wunderbare Eventüre sunst nömt Romansen un Balladen." Durch mehr als dreihundert ins Plattdeutsche übertragene Gedichte versuchte der Verfasser Interesse für seine Muttersprache zu erwecken. Er ist ein geschickter Übersetzer, hat aber der Verbreitung des Werkes durch seine selbst erfundene Schreibweise sicherlich sehr geschadet und damit seinen Zweck nicht erreicht. Zum größten Teil entstammen die übersetzten Gedichte dem Hochdeutschen (Lessing, Bürger, Klopstock, Goethe, Schiller, Schlegel u. a.), doch sind auch einige dem Dänischen entnommen. Als Probe der Geschicklichkeit Wolkes und seiner Schreibweise mögen die Anfänge zweier bekannten Gedichte dienen:

Ik will ju bertellen en Störken regt snurrig.
Da wer mal en Kaiser, mär lustig as gnurrig,
Ok wer do en Abt un en Höber bam Bë;
Man Sgabe, sin Sgäpfer wer klöker as he.

\* \* \*

Ins wër en Hüne Goliad,
En aisgen Bullerjan!
He hadde Treffen up dem Hod
Un enen Klunker dran,
Ol enen Rok van Sulvermor,
Den Rest dem lik dam Fot to'm Or.

Un finen Snurbart fëg men man
Mit Gräsen an der Snut.
Im Ganfen fëg de Urian
Pur as de Düvel ut.
Sin Sarras wër, hir sprikt nën Drom,
Der Gröte lik dam Weverbom.

Viel gelefen wurden die **Plattdeutschen Gedichte**
des **Altmärkers Bornemann** (1766—1851), die er in
den Jahren 1810, 1816 und 1820 veröffentlichte. Seine
Lyrik erhebt sich nicht über den Durchschnitt, einige Naturbilder mögen immerhin als nicht üble Versuche auf diesem
Gebiet genannt sein, so „Sommers Kräftgang" und „Herbst-
tieds Hergang":

Oeber Hoaberstoppeln weiht
Scharper Wind nu rüm,
Un de frostge Sommer dreiht
Sick doarby linksüm.
Sang un Klang is rings verstummt,
Voagelschlag verhallt,
Un keen flietig Immken summt
Noch dörch Feld un Wald.

Ein ausgesprochenes Talent zeigt Bornemann dagegen
für erzählende Dichtungen (Romanzen, Balladen u. dergl.),
die sich durch Anschaulichkeit und Frische auszeichnen. Von
ihnen sei neben „Thl Ulenspeegels letztet Stück" vor allem
„Junker Hans von Ploaten" genannt. Daneben gelang
ihm auch manches volkstümliche historische Lied, wie „De
olle Fritz", „De Schlacht bi Ballerdanz", „De olle Blücher"
Manche seiner Dichtungen, in denen er Erinnerungen aus
seiner Jugendzeit festgehalten oder Land und Leute geschildert hat, sind kulturhistorisch wertvoll. Mit Vorliebe
betätigt er sich auch als Läuschendichter, indem er Anek-

boten und Jagdgeschichten in Reime bringt. Alles in allem
spricht aus Bornemann eine kräftige, schlichte Natur. Seine
Gedichte bedeuten einen Gewinn für die plattdeutsche Lite=
ratur jener Zeit. Er ist der erste plattdeutsche Dichter,
dessen Werke über einen engeren Kreis hinaus Beifall
fanden, leider wird ihr Genuß durch das unreine Platt
und häufig durch Weitschweifigkeit beeinträchtigt.

Von dem Oldenburger Gramberg (1772—1816) haben
sich manche Gedichte voll zarten Empfindens bis in die Jetzt=
zeit erhalten, auch der Westpreuße Cornelius von
Almonde (1753—1844) verdient wegen des Humors, der
aus manchen seiner wenigen Gedichte hervorleuchtet, nicht
vergessen zu werden. Ein handwerksmäßiger Verseschmied
war F. W. Albrecht (1774—1840), ein Landsmann und
Nachahmer Bornemanns, den dessen Lorbeern nicht schlafen
ließen und ihn dazu trieben, Plattdeutsche Gedichte
von einem altmärkischen Landmann (1817) her=
auszugeben. Er gesteht aber ehrlich ein, wie er seine Verse
zuwege gebracht hat:

> If sett'te mi an minen Disch,
> Stoppt mi 'ne Piep un rookt
> Un dresselt' Versche, ümmer frisch,
> Dat mi de Kopp so schmookt.

Den Gebrauch dieses Rezeptes merkt man ihnen auch an.
Wertvoller als die „Versche" Albrechts sind die verein=
zelten Gedichte des Mecklenburgers Giesebrecht (1792
bis 1873), die einen talentvollen Lyriker verraten. Auf
niederdeutschem Gebiet versuchte sich auch sein Landsmann
Wille (1771—1814), unter dessen hochdeutschen Ge=
dichten (1812) sich drei frisch erzählte Läuschen und die
anmutige Idylle „De Undereerdschen" befinden.

Mit dem Hamburger Jürgen Niklaas Bärmann
(1785—1850) tritt dann ein vielseitiger Dichter auf den
Plan. In seinen Rhymels un Dichtels. En Höög=
un Häwelbook (1822), Dat grote Höög= un Häwel=
book (1827) und Dat sülwerne Book (1847), die von
seinen zahlreichen Werken besonders genannt seien, zeigt er
sich als ein talentvoller Lyriker. Mit Geschick pflegt er
das Liebeslied und das Idyll. In seine Verse bannt er

Anmut und Wohlklang, die seinen Vorgängern meistens fehlen, auch geht er einem schwierigeren Strophenbau (Triolett, Sonett) nicht aus dem Wege. In seinen Werken tritt er uns als eine liebenswürdige, heitere Natur entgegen:

### Kinderspill.

Blänkert Leev doch in dien'n klaren
  Ogen, un van dienen Lippen
  Mutt' nen ,öten Kuß ik nippen;
  Schallst niks Leegs dabi erfahren!
Bruukst di nich so lang to wahren,
  Nich so schelm'sch mi uuttowippen:
  Süh, ik hoold di fast bi'm Slippen,
  Denn Verstand kümmt nich vör Jahren.
Laat de Dolden bäden, gröölen,
  Schelden, brummen, locken, hissen
  Un sik hüüt üm morgen kwälen!
Hoold di an den Spruch, den wissen:
  „Kinnder sünd wi un mütt't spälen,
  Un de spälen deit, mütt küssen!"

Große Erfolge errang Bärmann auf der Bühne. Seine Volksstücke Kwatern (1821), Windmööl un Watermööl (1823), De drübbe Fyrdag (1847) und die nicht gedruckten Stadtminschen und Burenlüüd und Freud up un Trubr dahl wurden häufig aufgeführt. Damit war nach einer Pause von mehr als hundert Jahren dem Plattdeutschen die Bühne seiner Vaterstadt, wenn auch nur vorübergehend, wiedererobert. Aus Bärmanns anmutigen Versschauspielen spricht ein gesundes Empfinden, und so anspruchslos und bescheiden sie sich auch geben, so sind sie doch geschickt aufgebaut und verraten die Hand eines gewandten Bühnentechnikers, der tieferen Konflikten allerdings aus dem Wege geht. Im übrigen ist diese Periode arm an dramatischen Dichtern; zu nennen wäre noch der Oldenburger Cropp, der den Fastnachtsschwank „Hans Bolt" (1843) schrieb.

In starrem Gegensatz zu dem gemütvollen Bärmann steht der Mecklenburger Lessen (1780—1827). Lessen hatte mit Auszeichnung in den Freiheitskriegen gefochten, als ihn Begeisterung für den Freiheitskampf der Griechen gegen die Türken ergriff. Er wanderte i. J. 1822 zu Fuß nach Südfrankreich und schiffte sich von dort nach Griechenland ein. Im nächsten Jahre kehrte er jedoch, von den Nachkommen des alten Heldenvolkes gründlich enttäuscht, in die Heimat zurück. Seine Erlebnisse hat er in seiner H e l l e n i a (1824) in Versen besungen. Lessen besitzt eine plastische Gestaltungskraft und trockenen, doch zuweilen galligen Humor, und so ist denn das Werk recht ergötzlich zu lesen, besonders an den Stellen, wo er seiner Satire die Zügel schießen läßt. Seine ganze Verachtung der Griechen spricht aus der folgenden Strophe:

Kein Minsch het zwors de Türken nett
Bi uns in Bäuckern schillert;
Dei Uemgang mit dei Griechen het
Sei etwas wohl verwillert,
Doch stahn moralisch sei di doch
Vähl höger as dei Griechen noch.

Plattdeutsche Lyrik war auch vereinzelt in Zeitungen und Zeitschriften enthalten. Eine Sammlung von solchen Gedichten in ostfriesischer Mundart erschien i. J. 1828 unter dem Titel „S a n g h f o n a. Plattdütsk-Ostfreeske Rimen, Vertelsels un Döentjes." Die Nordsee hat dem Buch ihren Stempel aufgedrückt, und Schifferlieder sind die besten Stücke des Bändchens, wie das im Auszug folgende „Leed bi de Ofvaart der Büsen to singen" von J. L. L a n g e:

Hurreh! de Seils flink uutgespannt,
't Geit in de wide See!
Hurreh! de Dreibaß lößgebrannt —:
De König leev' un't Vaderland!
Leev' Emdens Bischeree!

Och, mien leef Wiefke! jamm're neet;
Weef' neet bedröeft mien Bruut!
't Word anders uns um't Hart so heet;
Het Scheiden deit uns nett so leed, —
't Geit doch de Welt neet uut.

Uns mahnt de traue Vaderplicht,
To sörgen vöer het Brood;
D'rum gaan wi vrölick, löß un licht
To seen't Gevaar in't Angesicht —:
Gott steit uns bi, in Nood.

Auch Woortmann hat neben anderen Gedichten als bestes das frische Schifferlied „'t Seilklare Schipp" beigesteuert, von dem zwei Verse hier gleichfalls Platz finden mögen:

Hurreh! hurreh! de Wind is good,
Kum Janmaat, holl man gooden Mood,
Wi will'n hum laten riten! —
As wi man eerst upp d' Rümte binn,
Dann krieg wi ook weer beter Sinn,
Un können de Tied wal sliten.

Hurreh! haal vöer de Topseilsschoot,
Haaluut Besaan= un Bramseilsschoot,
De Leeseils laat man bleegen!
Hurreh! hurreh! de Touwen löß!
Haalinn! haalinn! de schware Tröß,
Un laat hum noch reis wygen!

Ferner enthält das Buch einige Wiegen= und Liebeslieder, Läuschen und dergl. Von G. H. van Senden mag die Romanze „De Marienhaver Thoren" erwähnt sein. Die weiteren Dichter des Buches sind J. G. Gerdes, U. H. Lauts, G. H. Meentz und Gramberg. Schließlich sei auch J. L. Langes „Dörschleed" noch aufgeführt:

Jungens, de Vlegels her!
Dörscheltied is der weer.
Paßt upp den Takt bi't Slaan,
Tick, tack, — so moot het gaan.

Dörscheltied is der weer,
Segent het uns de Heer;
Singt hum een Loffgesang,
Tick, tack, bi Vlegelklang.

Paßt up den Takt bi't Slaan,
Dann is het ligt gedaan.
Laavt ju mit Garstensapp,
Tick, tack, un maakt een Grapp.

Tick, tack — so moot het gaan;
Hebben wi't Dörschen daan,
Spring' wi na't Meisje weer,
Tick, tack, un soonen öer.

Ein Prosawerk schenkte den Plattdeutschen dann Scheller (1773—1843), der i. J. 1829 Dat Sassische Döneken= Bok unter dem Pseudonym Arend Warmund herausgab. Scheller bietet in seinem Werk eine umfangreiche Sammlung Anekdoten, wie er sie aus dem Volksmund erlauscht hat. Er ist jedoch kein flotter Erzähler und erschwert den Genuß seines Buches zudem durch die von ihm erfundene, ge= künstelte Schreibweise.

Die folgenden Jahre bis zum Auftreten Klaus Groths brachten der plattdeutschen Literatur noch einige Lyriker. Der Mecklenburger Albert Reinhold (1805—1850) wagte seine Verse unter dem Titel Doktamedicus (1834) zu veröffentlichen, das albernste Zeug, was wohl je gedruckt worden ist. Besseres leisteten Lyra (1794—1848), Bueren (1771—1845), Friedrich Ernst († 1850) in seinen Plad= bütschen Gedichten (1847), Semrau (1816—1893; Plattdeutsche Gedichte 1845) und der Braunschweiger Schmelzkopf (1814—1896), dessen Immen (1846) zu den besten Leistungen dieser Zeit gehört. Das Plad= büütsch Konfekt (1848) des Mecklenburgers Dräger und die „Gedichte in plattdeutscher Mundart" von Jung, dem Schwiegersohn Bornemanns, sonst unbedeutende Bücher, sind nur bemerkenswert wegen ihrer Beiträge zur politischen Poesie des tollen Jahres. Einer feinsinnigen Lyrikerin von warmem Empfinden begegnen wir dann zum Schluß in Sophie Dethlefs (1809—1864), dem Schütz= ling Klaus Groths, die manche Gedichte voll zarter Empfin= dung und Stimmung (De ohle Jehann, De Ohlsche u. a.) ge= schaffen hat.

Die plattdeutsche Dichtkunst hatte in dieser Periode schon einen großen Schritt vorwärts getan. Nach Babst, dem Lokaldichter, hatte Bornemann die Romanze gepflegt und geschichtliche Ereignisse in den Kreis seiner Dichtung gezogen, Lessen war ihm gefolgt, Bärmann hatte sich der Lyrik zugewandt und gezeigt, welcher Wohlklang in der Muttersprache steckte; daneben hatte er sich die Bühne erobert, und schließlich war Sophie Dethlefs als beste Lyrikerin und unmittelbare Vorläuferin von Klaus Groth aufgetreten. So hatten denn Gelehrte und Dichter der Wiederanerkennung des Plattdeutschen vorgearbeitet, die Alemannischen Gedichte Hebels waren die glänzendste Verteidigung des Gebrauchs der Mundarten in der Literatur gewesen, und der Boden, dem die plattdeutsche Dichtung in nie geahnter Blüte entsprossen sollte, war bestellt.

# Die neuplattdeutsche Literatur.

## 1. Einleitung.

Als das Bächlein der plattdeutschen Literatur im 17. und zu Beginn des 18. Jahrhunderts allgemach versandete, ging dieses Ereignis spurlos an den Zeitgenossen vorüber. Die letzten Werke, die sie hervorgebracht hatte, waren nicht von solcher Bedeutung, daß sie die Augen der zünftigen Literaten auf sich gelenkt hätten. Als Voß und Babst dann am Ende des 18. Jahrhunderts ihre Stammessprache wieder in die Literatur einführten, knüpften sie nicht an dem Punkt an, an dem der Faden des Gewebes vor mehreren Menschenaltern gerissen war. Die deutsche Literatur hatte inzwischen eine große Strecke Weges zurückgelegt, Form und Inhalt waren erweitert, und es wäre kein glücklicher Griff gewesen, wenn die ersten Dichter des Wiedererwachens geflissentlich diesen Fortschritt übersehen hätten. Es mag auch fraglich sein, ob ihnen die Werke von Abel und Renner jemals in die Hände gefallen sind. In der Zeit des Wiedererwachens waren die plattdeutschen Dichter auch zu dünn gesät, als daß sie eine selbständige Literatur hätten schaffen können. Vor allem aber fehlte es an einem Talent, das sich machtvoll Bahn gebrochen und der plattdeutschen Dichtkunst die nötige Anerkennung verschafft hätte. Dies wurde mit den beiden Jahrzehnten von 1850 bis 1870 anders. Groth, Reuter, Brinckman, Meyer gaben der plattdeutschen Literatur einen neuen Inhalt, und auf ihren Schultern konnten die Nachfolger weiter-

bauen. Seitdem ist die niederdeutsche Dichtkunst nicht mehr
die Nachtreterin der hochdeutschen. Verkehrt aber wäre es,
die vielen Fäden zu übersehen, die zwischen den beiden
laufen und sie zur deutschen Nationalliteratur verknüpfen.
So gab die hochdeutsche Schwester der plattdeutschen den
Realismus und zog frische Kräfte aus der reichen Ernte,
welche diese in ihre Scheuern brachte; so gab die niederdeutsche, im Verein mit den anderen mundartlichen Lite-
raturen, der hochdeutschen die Grundlage für die Heimats-
kunst. Gar mannigfaltig laufen die Fäden ständig zwischen
den beiden, aber die Zeit, sie einzeln aufzudecken, ist noch
nicht gekommen. Noch stehen wir in der Bewegung mitten
drin, noch fehlt uns die Entfernung von der neuen Zeit,
die allein dem forschenden Blick die einzelnen Teile des
Gebäudes und ihre Verbindung hervortreten läßt. —

Um den Beifall zu verstehen, der den niederdeutschen
Dichtern jener Zeit in so reichem Maße zuteil wurde, ist
es nötig, einen kurzen Blick auf die hochdeutsche Literatur
um die Mitte des 19. Jahrhunderts zu werfen. Goethe
und Schiller hatten die klassische Poesie auf der antiken
Welt aufgebaut und ihre Werke mit deutschem Leben erfüllt; sie hatten Phantasie und Gemüt gegenüber der einseitigen Herrschaft der nüchternen Verstandesaufklärung
wieder zur Geltung gebracht. Diese Richtung hatte in der
Romantik dann zu einer einseitigen Betonung von Phantasie
und Gemüt gegenüber dem Verstand geführt, welche die
nationale Eigentümlichkeit im Gegensatz zur antiken Welt
hervorhob. Die Romantik, von unschätzbarem Wert in den
Sängern der Freiheitskriege, war eine Lobrednerin des
Mittelalters geworden und hatte bald die Fühlung mit
dem wirklichen Leben verloren. Gegen sie erfolgte dann
der Rückschlag einerseits in der politisch-satirischen Poesie
der vierziger Jahre, welche die alten Zustände verspottete,
andrerseits im Realismus, der seinen Blick wieder der
Gegenwart zuwandte und seine Aufgabe in der treuen
Schilderung der Wirklichkeit, besonders des Bürger- und
Bauernstandes suchte. Es war ein ähnlicher Rückschlag,
wie er im Mittelalter in der Poesie des Städters gegen
die höfisch-ritterliche Dichtkunst erfolgt war. Zunächst wandte
der Realismus sich der Dorfgeschichte zu. Hatten in Im-
mermanns Oberhof (1838) noch romantische Töne hin-

eingeklungen, so waren Auerbachs Dorfgeschichten (1843)
schon rein realistisch. Ihnen schloß sich eine ganze Reihe
Talente an, die das Leben des Landvolks und des Mittel-
standes zum Vorwurf ihrer Dichtungen nahmen. Der Be-
kannteste unter ihnen war Gustav Freytag, dessen
Romane „Soll und Haben“ (1855) und „Die verlorene
Handschrift“ den Bürger- und Gelehrtenstand in ihrer
Tätigkeit und Bedeutung für das deutsche Volk zeigten.
So geht denn von Möser und Herder über Hebel und
Auerbach eine Bewegung, die zuerst auf die Schätze der
Volkspoesie hinwies, dann das Leben des Volkes schilderte
und schließlich in den Werken der Diaelktdichter das Volk
auch in seiner Sprache reden ließ. Diese neue Literatur
fand damals um so mehr Anklang, als viele Kreise nach
den politischen Wirren und Enttäuschungen jener Zeit das
Bedürfnis empfanden, sich zum Ursprünglichen und Volkstümlichen zu flüchten, um sich in diesem lebendigen Quell
gesund zu baden und die graue Gegenwart zu vergessen.

## 2. Die klassische Periode

der niederdeutschen Literatur griff nicht auf das Alter-
tum zurück, wie es die hochdeutsche getan hatte; sie konnte
dies schon aus dem einfachen Grunde nicht, daß dem Handwerkszeug ihrer Dichter, der Sprache, die Kulturentwickelung
fehlte, die ihre jüngere Schwester durchgemacht hatte. Ihr
Feld war der Realismus. So bedeutet die klassische Periode
der plattdeutschen Dichtung innerhalb der deutschen Nationalliteratur einen Höhepunkt des Realismus, der besonders
durch Reuter eine kräftige Förderung erfuhr.
Eingeleitet wurde diese Periode durch Klaus Groth,
den Lyriker. Groth wurde am 24. April 1819 in Heide
geboren; er besuchte das Seminar in Tondern und wurde
dann Mädchenschullehrer in seiner Vaterstadt. Neben seiner
Berufstätigkeit arbeitete er mit ungeheurem Eifer ohne
Rücksicht auf seine Gesundheit an seiner Weiterbildung,
erkrankte jedoch infolgedessen und mußte sich zur Erholung
nach Fehmarn begeben. Schon lange hatter er sich mit

dem Gedanken getragen, der plattdeutschen Dichtkunst die ihr gebührende Stellung wieder zu verschaffen. Während seines Aufenthalts auf Fehmarn (1847—53) machte er sich an die Verwirklichung seines Plans und schuf den größten Teil des „Quickborn". Daneben arbeitete er emsig an seiner Ausbildung weiter. Im Jahre 1853 ging Groth nach Kiel, machte später Reisen durch Deutschland und die Schweiz, hielt sich zwei Jahre in Bonn auf und wohnte dann in Dresden, bis er im Jahre 1857 nach Kiel übersiedelte, wo er sich 1858 mit den „Briefen über Hochdeutsch und Plattdeutsch" als Dozent für deutsche Sprache und Literatur habilitierte. Im Jahre 1866 wurde er zum Professor ernannt und wirkte in dieser Stellung bis an sein Ende, eine rege Tätigkeit auf poetischem, literarhistorischen ud kritischem Gebiet entfaltend. Auf ihn als den Erwecker der plattdeutschen Dichtung waren die Augen von ganz Deutschland gerichtet, das seinen Tod (1. Juni 1899) tief betrauerte.

Der „Quickborn", zuerst i. J. 1853 erschienen, dann von Auflage zu Auflage vermehrt, ist das klassische Gedichtbuch der Niederdeutschen geworden und müßte das Hausbuch Niedersachsens sein. Viele Gedichte des Buches sind Gelegenheitsgedichte im Goetheschen Sinne. Tiefes Empfinden hat sich in ihnen mit schlichtem Ausdruck, poetischer Schilderung und Wohllaut der Sprache zu einem Klang verbunden, der den Dichter in die erste Reihe der deutschen Lyriker stellt. Groth ist Heimatdichter im besten Sinne des Wortes. In den Dithmarschen wurzelt seine Kraft, ihnen gehört seine Liebe, und was das Herz seiner Landsleute bewegt, das hat er in wunderbaren Tönen gesungen. Treu hat er das Dithmarsche Volkstum widergespiegelt, wie es ihm aus seiner Jugend bekannt war, in Sitten und Gebräuchen, den Kinderliedern, Sagen und stolzen Balladen und Familienbildern. Groth ist eine feine und zarte Natur; „man glaubt ihn, wenn man sich seine eigenste Lyrik vergegenwärtigt, in der Dämmerung über das Moor gehen zu sehen, während von ferne die Heimatglocken rufen. Doch fehlt auch die Heiterkeit nicht, das Behagen am Leben, eine starke Mannhaftigkeit, die freilich nie pathetisch wirkt. Man hat die Bemerkung gemacht, daß in jedem Volksstamm nicht bloß eine, sondern zwei sich ergänzende Typen

charakteristisch seien — dann vertritt Klaus Groth den
weicheren Typus, Hebbel den harten und herben —; aber
eine Persönlichkeit ist der jüngere Dichter auch." (Ad.
Bartels.) Trotz seiner weichen Natur aber, das ist zu be-
tonen, keine sentimentale, Gefühlsüberschwang liegt ihm
fern.

Der Dichter schrieb sein Buch fern von der Heimat
auf Fehmarn, und so läßt er es denn mit dem Anruf an
seine dithmarsische Muttersprache beginnen:

> Min Modersprak, wa klingst du schön!
> Wa büst du mi vertrut!
> Weer ok min Hart as Stahl un Steen,
> Du drevst den Stolt herut.

Diesem Gedicht schließt sich das Sehnsuchtslied nach der
Kinderzeit an („Ik wull, wi weern noch kleen, Jehann"),
und dann zaubert der Dichter uns das Land seiner Jugend
in bunten Bildern vor Augen. Ob er reine Gefühlslyrik
bringt, wie in „Hell int Finster", ob er uns das Liebes-
leben zart schildert oder die Dithmarschen im Werktagsgewand zeigt, immer spüren wir die Hand eines Meisters.
So schlicht seine Verse der Liebe auch scheinen, so tief sind
sie empfunden. Sie sind volkstümlich im besten Sinne des
Wortes, denn sie werden vom ganzen Volk, von Hoch und
Niedrig, verstanden und nachgefühlt. Es fällt schwer, dem
reichen Kranz einzelne Gedichte zu entnehmen und als
schönste Blüten seiner Lyrik hinzustellen. Man findet kein
Ende des Guten, und so sei denn nur an die wunderbaren
„He sä mi so vel" erinnert und an „Voer Doer":

> Lat mi gan, min Moder slöppt!
> Lat mi gan, de Wächter röppt!
> Hör! wa schallt dat still un schön!
> Ga un lat mi smuck alleen!
>
> Süh! dar liggt de Kark so grot!
> An de Mür dar slöppt de Dod.
> Slap du sund un denk an mi!
> Ik dröm de ganze Nacht vun di.

Moder lurt! se hört't gewis!
Nu's genog! — adüs! adüs!
Morgen Abend, wenn se slöppt,
Bliv it, bet de Wächter röppt.

Auch in der Naturlyrik des Buches paart sich tiefes
Empfinden mit feiner Beobachtung und schlichter Schilde=
rung, die mit wenigen Worten uns das Bild greifbar malt,
wie in „Dat Dörp in Snee“, „De Mael“, „Goldbarg“ und
den Abendliedern „De Welt is rein so sachen“ und „Dat
Moor“, dessen letzte Verse zeigen, wie sehr der Dichter
sich mit der Natur eins fühlt:

Du hörst din Schritt ni, wenn du geist,
Du hörst de Rüschen, wenn du steist,
Dat lebt un wevt int ganze Feld,
As weert bi Nacht en anner Welt.

Denn ward dat Moor so wit un grot,
Denn ward de Minsch so lütt to Moth:
Wull weet, wa lang he doer de Heid
Noch frisch un kräfti geit!

Viele Lieder des Quickborn haben ihren Weg zum Herzen
des Volkes gefunden, besonders sind dies die Liebeslieder
und der Liederkranz „Voer de Goern“, dem der viel ge=
sungene „Lütt Matten“ entstammt, der beim Fuchs in die
Tanzlehre ging. Aber auch auf dem Gebiet der Epik zeigt
Groth sich als ein Meister. In knapper, zuweilen auf
Kosten der Anschaulichkeit zu knapper Sprache zaubert der
Dichter uns in seinen Balladen die ruhmvolle Vergangen=
heit seiner Heimat vor Augen. Daneben pflegt er die
moderne Ballade und die Romanze. Ob er „Ut de oll
Krönk“ singt oder berichtet „Wat sik dat Volk vertellt“,
wir fühlen uns, von der beabsichtigten Stimmung gepackt,
bald in die alte Zeit, bald in die Gegenwart versetzt.
Es ist erstaunlich, wie er die Stimmung mit wenigen Worten
zu erreichen versteht. So wird das Grausige meisterhaft
kurz in der Ballade „He was“ zum Ausdruck gebracht:

Se keem ant Bett inn Dodenhemd un harr en Licht in
Hand,
Se weer noch witter as er Hemd un as de witte Wand.

So keem se langsam langs de Stuv un fat an de Gardin,
Se lücht un keek em int Gesicht un laehn sik aewerhin.

Doch harr se Mund un Ogen to, de Vossen stunn er still,
Se röhr keen Lid un seeg doch ut as Een de spreken will.

Datt Gresen krop em langs den Rügg un Schuder doer
    de Hut,
He meen he schreeg in Dodensangst, un broch keen Stimm
    herut.

He meen he greep mit beide Hann' un wehr sik voer
    den Dod,
Un föhl mank alle Schreckensangst, he röhr ni Hand noch
    Fot.

Doch as he endli to sik keem, do gung se jüs ut Doer,
As Krid so witt, in Dodenhemd, un lücht sik langsam
    voer.

Klaus Groths Quickborn war, wie Bismarck dem Dichter
schrieb, eine nationale Tat, indem er die deutschen Stämme
einander kennen und achten lehrte. Das Buch ist ein
Jungborn der niederdeutschen Sprache geworden. Die Anregung, die der Dichter durch sein Werk gegeben hatte,
war entscheidend. Hier sahen die plattdeutschen Dichter,
welche Musik und Kraft in ihrer Sprache lebte, an dem
Erfolge des Buches sahen sie, daß ihr Wirken ernst genommen
wurde. Die Niederdeutschen jubelten; war ihnen doch endlich ein Poet erstanden, der ihre Muttersprache wieder zu
Ehren gebracht hatte, den jeder unbefangene Beurteiler
als einen Dichter von Gottes Gnaden anerkennen mußte.
Die plattdeutsche Sprache war wieder literaturfähig geworden, und Karl Eggers konnte ihrem Dichter singen:

    Ne, as en lebich Born to Frühjorstit
Frisch an den Dach springt un dat Land erquickt,
So göt din Quickborn sik dörch Marsch un Geest,
Un all din Lannslüd nemen deepe Täg'
Ut dissen Born un starkten sik doran.
Uns güng'n de Ogen up; wer hadd dat glöwt!
So rik, so deep, so frisch, un sonn Musik
Wir in de Sprak, de wi dachdechlich spröken.

Groth hatte im Quickborn auch einige größere epische Erzählungen gebracht, unter denen „Hanne ut Frankrik" und „Rumpelkamer" herborragten. Diese Epen sind, der Natur des Dichters entsprechend, im wesentlichen lyrisch und teils mit feinem Humor geschrieben, wie z. B. „De Fischtog na Fiel." Zunächst wandte der Dichter sich nun der Prosaerzählung zu. Im Jahr 1855 schuf er „Wat en holsteenschen Jung drömt, dacht un belebt hett" und „De Waterbörs", 1856 „Trina", 1871 „Um de Heid", 1876 die Erzählungen „Ut min Jungsparadies", 1877 „Biten Slachters." Der Lyriker schaut Zustände, der Epiker Gestalten. Groth ist im Grunde Lyriker, und auch in seinen Erzählungen tritt dies deutlich herbor. Sie sind durchweg lyrisch, indem sie uns Zustände schildern. Das Bemühen des Dichters, auch die feinsten Seelenregungen seiner Helden zu offenbaren und zu begründen, läßt ihn Handlung und Gestalten seiner Erzählungen vernachlässigen, während er das Seelenleben bis ins feinste ausmalt. Dadurch erhalten die Erzählungen etwas idyllisches, und die Gestalten schreiten wie Schemen hindurch. Seine ganze Kunst der Seelenmalerei bewährt Groth in der Erzählung „Trina." Mit wunderbarer Feinheit schildert er den Werdegang der Bauerntochter, deren Jugendgespiele Peter Stamp, dem sie eine leise Neigung entgegenbringt, sich des Geldes wegen mit einer anderen verlobt. „Sik dulden, dat weer dat Wort, wat Trina rutfunn. Dat weer er, as entdeck se wat, as lös se en Räthsel. Se weer tofreden darmit, ja glückseli, denn nüms kunn er darin störn, nich mal Rü un Twifel, er Gedanken muchen ern Gank gan, wa rik weer se, dat Unglück kunn er ni faten, Geduld! predig se sik sülbn". Tiefer ist ihre Liebe zu Friedrich, und als dieser sich ihrer nicht wert zeigt, sieht sie, daß es mit Geduld allein nicht getan ist. „Awer se föhl, dat dat de Dod nich weer, dat de Welt stan un dat Hart gan bleb, un dat se nu tapfer wen muß un wennt ok ton Opschrigen weer." Und wie ihre Freundin Dübeken, ihr Gegenspiel, von dem Sekretär betrogen, ihren Tod im Wasser sucht, da hat Trina durch ihr Leid sich durchgerungen und findet ihre Zuflucht an der Brust des biederen Wulpert. „Trina" ist die beste Prosaerzählung Groths geblieben.

Einen Höhepunkt seines Schaffens aber sollte er wieder im Versepos erreichen. Der i. J. 1872 veröffentlichte zweite Teil des Quickborn steht hinsichtlich der Lyrik dem ersten Band nach, obgleich sich auch in ihm manches Gedicht findet, das den Vergleich mit den älteren Gedichten wohl aufnehmen kann. Das Beste des zweiten Teils aber sind die beiden Versepen „Rotgeter=Meister Lamp un sin Dochder", das schon 1862 erschienen war, und der „Heisterkrog". Im ersteren schuf der Dichter eine Idylle aus einer kleinen Stadt, über der eine tiefe Ruhe und Heiterkeit waltet. Der Höhepunkt des Werkes ist, für das lyrische Empfinden Groths bezeichnend, der Traum Annas, durch den sie ihre Ablehnung der Werbung gerechtfertigt findet. Man möchte das Epos ein idyllisches Seitenstück zu Goethes „Hermann und Dorothea" nennen. Bedeutender ist der ergreifende „Heisterkrog", in dem er die Höhe des Quickborn als Epiker erreicht. Diese epische Erzählung gehört zu den schönsten bürgerlichen Epen, welche die deutsche Dichtkunst hervor= gebracht hat. Als Auftakt das geräuschvolle Treiben des Bredsteder Marktes, dann die tiefe Stille der Marschen im Sonnenglanz als schroffer Gegensatz, aber schon ballt sich am Horizont wie eine düstere Wolke die Tragik, und aus der Ferne klingt es wie leiser Donner:

> Man kann wat hörn, as twischen Drom un Waken,
> Dat dringt Een dör bet an de deepste Stell,
> Doch ob dat Freud, ob Schrecken, weet man nich,
> Man hört, as horch man op en Klockenklang:
> Dat kann Gefahr bedüden oder 'n Fest,
> Dat kann to Gräfnis un to Hochtid lüden.
> Ja, wenn man wat! — doch schu't man sik to waken —
> Wat't ok bedüdt: de Klang is wunnerbar!

Und als dann der Frau van Harlem die Sterbeglocke geläutet hat und Maria wahnsinnig geworden ist, da steht Jan mit seiner Sehnsucht nach Liebe wieder vereinsamt da, und auf seiner Seele lasten zwei Menschenleben:

> Wa he't nu drog?
>            Wer wagt dat uttospreken?
> So lang dat Stimm hett, weer't ok man to schrigen,
> So lang't sik seggn lett, weer't ok ahn en Wort,

Krüger.                                              6

Mit Ween' un Klagen — is't noch recht keen Unglück.
Eerst wenn dat gänzli stumm ward, wenn keen Lut
Mehr dun de flaten Lippen, nich en Ton
Mehr ut de Bost, keen Tran mehr ut de Ogen
Sik drängt un Luft matt, ja, denn sprek derbun.
Wa wull de Welt ok fortgan, harr dat Ton
Un Stimm sik richti kund to maken?
Se muß ja still holn, horchen muß de Steen,
De Storm muß swigen gegen dissen Lut.
Dat geit ni, ne, dit Unglück ward begrabt,
Dat ward mit Eer bedeckt, mit Blöm beplant,
Dar ward — as op en Slachtfeld — sei't un ackert,
Darmit de Welt ni wis ward, wat der liggt.
Denn wenn't man Een begreep un kunn dat seggn,
Muß alle Freud verstumm' un Lebensluft,
De Welt muß still holn, bet se sik vernü,
Bet anners war, as nu, er lusti Lop.

Klaus Groth war von einem heiligen Feuer für seine
edle Sache erfüllt. Seine Begeisterung trieb ihn sogar
so weit, in den „Briefen über Hochdeutsch und Plattdeutsch"
die Ansicht zu vertreten, daß das Übergewicht des Hoch=
deutschen über das Niederdeutsche für die Entwickelung
unserer Literatur bedenklich gewesen sei. Gegen diese Be=
hauptung machte sich selbstverständlich und mit Recht Wider=
spruch geltend. Eine der deutschen Sprachen mußte ein
Übergewicht haben, damit das deutsche Volk nicht auf dem
Gebiet der Literatur derselben Zerfahrenheit wie auf politi=
schem Gebiet anheimfallen konnte, damit es doch ein eini=
gendes Band hatte. Innerhalb der Nationalliteratur aber
haben auch die Mundarten ihr Recht. Wesentlich gemäßigt
war schon Groths Schrift „Über Mundarten und mund=
artige Dichtungen," die noch mehrmals erwähnt werden wird.
Neben dieser Beschäftigung auf literarhistorischem und lingui=
stischem Gebiet entfaltete Groth noch eine reiche Tätigkeit
als Kritiker. Er nahm für die plattdeutsche Literatur eine
ähnlich hervorragende Stellung ein wie Goethe vor ihm
für die hochdeutsche. Auf sein Wort hörte man, war er
doch der Dichter, der mit seiner Wünschelrute den Quick=
born gefunden hatte.

Hatte Klaus Groth der plattdeutschen Dichtkunst ein

Heimrecht in der deutschen Literatur geschaffen, so schuf Fritz Reuter ihr ein Hausrecht beim deutschen Volk. Dieser Dichter, dessen Name bei Erwähnung der platt- deutschen Literatur jedem zuerst vorschwebt, wurde am 7. November 1810 in Stavenhagen, wo sein Vater Bürger- meister war, geboren. Nach dem Besuch der Gymnasien in Friedland und Parchim bezog er i. J. 1831 die Universität Rostock, um sich ohne eigene Neigung nach dem Willen seines Vaters dem Studium der Rechtswissenschaft zu widmen. Im nächsten Jahre vertauschte er dann Rostock mit Jena, wo er sich einer Burschenschaft anschloß, deren Bestrebungen damals wesentlich politischer Natur waren, sich auf die Einigung Deutschlands richteten und deshalb von den Bundesregierungen argwöhnisch beobachtet wurden. Infolge seines leichtsinnigen Lebenswandels rief ihn der mißtrauische Vater nach Hause zurück (1833), erklärte sich aber damit einverstanden, daß Fritz sich zur Fortsetzung seiner Studien nach Berlin oder Leipzig begab. Inzwischen hatten die Bundesregierungen eine Zentraluntersuchungskommission zur Verfolgung der burschenschaftlichen Bestrebungen ein- gesetzt, und als Reuter in Berlin hörte, daß befreundete Burschenschafter verhaftet seien, reiste er nach Leipzig weiter. Da man ihm hier als ehemaligem Jenaer Burschenschafter jedoch die Immatrikulation verweigerte, wollte er über Berlin nach Hause zurückkehren. In Berlin ereilte ihn jedoch sein Schicksal. Er wurde als Demagog verhaftet (Oktober 1833) und nach einjähriger Untersuchungshaft nach der Festung Silberberg gebracht. Dort verblieb er bis zum Jahre 1837, dann wurde ihm endlich nach drei- jähriger Haft das Urteil des Kammergerichts verkündet, das besagte, daß er wegen seiner Zugehörigkeit zu den hochverräterischen burschenschaftlichen Verbindungen in Jena und wegen Majestätsbeleidigung mit der Konfiskation seines Vermögens zu bestrafen und mit dem Beile vom Leben zum Tode zu bringen sei. Diese Strafe war jedoch schon vor Verkündung des Urteils vom König in eine dreißig- jährige Festungshaft umgewandelt worden. Nach der Urteils- verkündigung wurde Reuter nach Glogau und von dort einen Monat später nach Magdeburg überführt, wo er ein Jahr verblieb. Dann ging es nach Graudenz (März 1838), und im Jahre 1839 wurde er auf Betreiben seines Vaters

an die mecklenburgische Regierung ausgeliefert zur weiteren
Fortsetzung der Festungshaft in Dömitz. Anläßlich der
Thronbesteigung Friedrich Wilhelms IV. wurde der Volks=
verführer dann i. J. 1840 begnadigt. Zwar nahm er in
Heidelberg seine Studien wieder auf, seine Krankheit, eine
Folge der während der Festungshaft erlittenen Entbehrun=
gen, veranlaßte seinen Vater jedoch, ihn bald in die Heimat
zurückholen zu lassen und ihn als Volontär in den Stromer=
littel zu stecken (1841). In diesem Beruf hat er dann 10
Jahre zugebracht, bis die Notwendigkeit, sich eine sichere
Existenz zu schaffen, damit er seine Braut Luise Kuntze,
seinen guten Engel, heimführen konnte, ihn bewog, sich
als Privatlehrer in Treptow an der Tollense niederzulassen
(1850). Nach einjähriger Tätigkeit verdiente er durch
Stundengeben und Porträtmalen soviel, daß er seinen Haus=
stand gründen konnte. Nun hatte er ein Heim, und nun
begann die für sein Lebensalter fast beispiellose Ent=
wickelung.

Schon in den vierziger Jahren hatte er ein plattdeutsches
Läuschen veröffentlicht; jetzt arbeitete er in seinen Muße=
stunden auf diesem Gebiet weiter, und als er i. J. 1853
den ersten Band seiner „Läuschen un Rimels" herausgab
und den ihm so notwendigen klingenden Erfolg einheimste,
war ihm sein Weg vorgezeichnet. In Treptow schuf er
noch die Versnovelle „De Reis' nah Belligen", dann
siedelte er nach Neubrandenburg über (1856). Hier ent=
standen „Kein Hüsung", die Lustspiele „Onkel Johann und
Onkel Jochen", „Blücher in Teterow" und „Die drei Lang=
hänse", ferner „Ut de Franzosentid", „Hanne Nüte", „Ut
mine Festungstid" und der erste Teil von „Ut mine Strom=
tid". Im Jahre 1863 verlegte der Dichter dann seinen
Wohnsitz nach Eisenach und veröffentlichte den Rest
der Stromtid, „Dörchläuchting" und „De Reis' nah Kon=
stantinopel." Als gefeiertster Dichter seiner Zeit starb er
am 12. Juli 1874 in seiner Villa am Fuß der Wartburg.
Das Fazit dieses reichbewegten Dichterlebens faßt sein
Biograph Paul Warncke kurz in die Verse zusammen:

Vel harte Last
Un wenig Rast,

Bel Hen un Her
Un Krüz un Quer,
Bel tau Bergewen,
Bel Glück, bel Nod —
Ach Gott, wo swer
Un doch — wo grot,
Wo schön so'n Lewen!

Reuter begann seine dichterische Laufbahn mit den
Läuschen un Rimels". Auch sein glühendster Bewunderer
muß ohne weiteres zugeben, daß diese gereimten Anekdoten,
mögen sie sich auch durch plastische Gestaltung und wirksam
herausgearbeitete Pointen auszeichnen, keine dichterische Tat
waren. Höher steht schon die epische „Reis' nah Belligen."
Zwar macht sich in ihr die burleske Komik noch reichlich
breit, daneben aber findet der Dichter schon Töne, die von
seinem eigentlichen Gebiet künden, der tiefen Erfassung
und Schilderung des Gemütslebens. In seinem nächsten
Werk „Kein Hüsung" dann ein düsteres Bild, ein un=
vermittelter Übergang vom Lachen zum Weinen. Das Epos
bedeutet wieder einen Aufstieg, gemütvolle Töne herrschen
in vielen Teilen vor, die Handlung ist straff aufgebaut,
die Sprache markig. Es war und blieb Reuters Lieblings=
werk, „sin Best", das er mit seinem Herzblut geschrieben
hatte. Am reichsten und reinsten strahlt das Können des
Dichters aus den lyrischen Teilen der Dichtung, die sich
wie bunte Blumen unter einem düsteren Gewitterhimmel
ausnehmen und die Tragik desto schärfer hervortreten lassen.
Mit bewußter Kunst hat der Dichter sie oft unvermittelt
vor den dunklen Hintergrund treten lassen, wie in dem
Gesang „De Haß", der dadurch einer der packendsten Teile
des Werks geworden ist. Tief ergreifende Töne sind es,
die Reuter in dieser Tendenzdichtung für die jammervolle
Lage der mecklenburgischen Landarbeiter gefunden hat,
deren ganzes Elend aus den letzten Worten des sterbenden
Daniel hervorklingt:

Jug einzigst Arwdeil is de Not,
Jug einzigst Lohn dat däglich Brod;
De Arbeit is Jug einzigst Freud,
Ji sid Jug einzigst Ogenweid;

De heilig Schrift is, richtig lesen,
Hir unn'n Jug einzigst Stütt un Staf,
Un wenn Ji nah ehr Börschrift wesen,
Denn is Jug einzigst Trost dat Graf.
Koent Ji nich an Jug sülwst Jug freu'n,
Nich Dag för Dag mit Armaut ringen,
Ahn Afgunst Macht un Nidbaum seihn,
Koent Ji dat troß'ge Hart nich dwingen,
Nich jede Arbeit still verrichten
Ahn Wedderwürd' un bös' Gedanken
För jeden Herrn, ok för den slichten;
Koent Ji nich jeden Abend danken
Uprichtig för Jug sures Brod,
Denn wir't am Besten, Ji wir't dod,
Un dat Ji legt an mine Städ'.

Der tragische Ausgang des Werkes ist allerdings nicht
gerechtfertigt. Die Schuld Johanns, die er durch den Tot-
schlag auf sich lädt, wird zu sehr gemildert durch die auf-
reizende Behandlung, die er von dem erbärmlichen Herrn
zu erdulden hat, und deshalb müssen die Folgen dieser Handlung, der Wahnsinn und der Selbstmord Marikens, als zu
schwer und ungerecht erscheinen. Mariken, ohne Schuld,
wird von den Rädern des Schicksals blind zermalmt, und
den Helden selbst trifft seine Wucht nicht in gleichem Maße.
Über diesen Mangel aber trägt den Leser, wie Adolf Wilbrandt sagt, die „starke Melodie" hinweg, des Dichters
„poetische, fortreißende Gewalt, mit der sein Herzblut sich
ausströmt", und die kein Werk Reuters in ähnlicher Weise
durchklingt.

Nachdem Reuter i. J. 1858 den zweiten Band der
„Läuschen un Rimels" veröffentlicht hatte, trat er i. J.
1859 mit dem ersten Band „Olle Kamellen" herbor,
der neben der kleineren Erzählung „Woans ick tau 'ne
Fru kam" den Roman „Ut de Franzosentid" enthält. Hatte
der Dichter in den Läuschen seine Lehrzeit, in den Vers-
erzählungen seine Gesellenzeit durchgemacht, so folgt jetzt
die Meisterzeit, die ihn als den Fürsten des humoristischen
Romans zeigt. In die Gesellenzeit aber gehört noch die
schon 1858 begonnene Dichtung „Hanne Nüte un de lütte
Pudel", die 1860 im Druck erschien. Diese Vogel- und

Menſchengeſchichte gehört in ihrem erſten Teil mit zum
Schönſten, was Reuter geſchaffen hat. „Hier zeigt Friß
Reuter noch einmal ſeine eigentümliche, aus der Welle
des Epiſchen emportauchende lyriſche Kraft; zum leßten Mal.
Denn er war fortan der Proſadichtung verfallen. Er
hatte zu viel zu ſagen, das nur in der geſchmeidigſten
aller Formen, in der einfachen Erzählung, im Roman ganz
zu ſagen iſt." (Wilbrandt.) Die wunderbare Frühlings=
ſzene mit den Dorfkindern gibt dem Werk einen friſchen
Auftakt:

> Dor ſpaddelt dat Allens von Gören un Gören,
> De ſpringen un wöltern in't gräune Gras;
> Dat ein', dat liggt langs, un dat anner verdwas;
> Kein Müß un kein Bür,
> Kein Strümp un kein Stäwel,
> Kein Rock un kein Nicks,
> Blot Beinen un Knaewel;
> So ſpaddelt dat 'rümmer in'n Sünnenſchin. —
> Kann't ſichtens up Irden woll beter ſin?

Dann folgen die prächtigen Abſchiedsſzenen und die Tier=
ſzenen, und dann erlahmt das Intereſſe des Leſers an der
dürftigen Detektivgeſchichte, die ſich ſo garnicht in den
Rahmen des Frühlingswerkes fügen will. Und wenn „Hanne
Nüte" noch immer viel gerühmt wird, ſo iſt der erſte Teil
des Werkes gemeint, in dem der Dichter uns unwider=
ſtehlich bezaubert.

Das Lachen der Läuſchen, der Reiſ' nah Belligen und
Hanne Nütes und die Tragik von Kein Hüſung war in
der Bruſt des reifenden Dichters inzwiſchen zum Humor
verſchmolzen. In der Proſa haben wir erſt den echten
Reuter, den großen Humoriſten, der aus Tränen mit=
fühlend lächelt. Als ſolcher tritt er uns zuerſt in dem
Roman „Ut de Franzoſentid" entgegen. Es iſt bewunderns=
wert, wie fein der Dichter das Leben beobachtet hat, und
wie draſtiſch er ſeine Perſonen mit wenigen Strichen zeichnet.
Und welch ein Reichtum an Gemüt liegt vor uns ausge=
breitet da! Mit welch klaſſiſchem Behagen iſt alles er=
zählt! Wir meinen den Leuten ſchon begegnet zu ſein,
nach wenigen Seiten kennen wir ſie und begrüßen ſie als

alte, liebe Bekannte. Unmittelbar neben dem Weinen liegt das frohe, herzbefreiende Lachen. Die Stimmung jener großen Zeit ist prachtvoll getroffen, wo die tüchtigsten und edelsten Eigenschaften der Deutschen erwachten, wenn dieses Erwachen des deutschen Michels auch nicht ohne Komik geschah. Reuter hatte den Gipfel erreicht und blieb zunächst auf dieser Höhe. Auf die in „Schurr=Murr" vereinigten kleineren Erzählungen (1861) folgte „Ut mine Festungs=tid" (1862), eine fast beispiellos dastehende Verklärung von sieben Leidensjahren, die ihn als großen Menschen zeigt. Und dann kam „Ut mine Stromtid", einer der deutschesten aller Romane. Zwar fehlt ihm die rüstig fortschreitende Handlung der Franzosentid, Personen und Begebenheiten haben's garnicht eilig, gern spinnt der Dichter ihm zusagende Szenen breit aus, aber wir fühlen dies nicht als einen Mangel, denn gerade im liebevollen Erfassen des Kleinen, im behaglichen Ausmalen der Charaktere, die dadurch eine bezwingende Lebenswahrheit erhalten, liegt die Stärke des Dichters. Die Menschen stehen im Mittelpunkt unseres Interesses, nicht die Handlung, und Braesig ist die Seele des Ganzen, der Brennpunkt, in dem sich alles sammelt. Nichts geschieht ohne sein Zutun und seinen Rat. In ihm hat Reuter eine Gestalt geschaffen, die nicht nur in der Literatur, sondern im Volk weiter leben wird als „Typus des naiv=sicheren, herzensguten Humoristen, denen der angeborene Mutterwitz manches Rätsel der Verständigen enthüllt, und dem aus seiner inneren Grundveranlagung ein goldener Humor erblüht." (Borchling.)

Nach dem historischen und dem sozialen Zeitroman machte Reuter in „Dörchläuchting" (1866) einen lustigen Abstecher an den kleinen Fürstenhof Adolf Friedrichs von Mecklenburg=Strelitz, den er nicht auf einsamem Thron sitzen, sondern sich wie einen Bürger unter seinesgleichen bewegen ließ, doch verfiel er in den Fehler, seinen Helden zu karrikieren. Man spürt schon, wie dem Dichter die Hand erlahmt. Eigene Erlebnisse verwertete er dann in der „Reis' nah Constantinopel" (1868), doch fehlt diesen letzten beiden Erzählungen trotz mancher schönen Einzelheiten jener große Zug seiner besten Prosawerke. Der Dichter fühlte selbst das Abnehmen seiner Kraft und ließ die Feder ruhen, da er das Publikum nicht „mit überreifen Birnen trak=

tieren" wollte. Vor seinem Tode aber griff er im großen Jahre noch einmal in die Saiten und veröffentlichte „Ol 'ne lütte Gaw för Dütschland" und das ergreifende „Großmutting, hei is dod." Erst aus seinem Nachlaß wurde dann die unvollendete „Urgeschicht von Meckelborg" herausgegeben, in der Reuter eine Satire auf die politischen Zustände seines Heimatlandes versuchte. Die Selbsterkenntnis, daß dieses Gebiet ihm nicht lag, hat ihn wohl von der Vollendung des Werkes abgehalten.

Man hat Fritz Reuter oft den Vorwurf gemacht, daß er seine Werke zu sorglos aufgebaut habe, unbekümmert um jede technische Bildung. Wer sich der Mühe unterzieht, das Büchlein von Dr. Vogel „Fritz Reuter, Ut mine Stromtid" durchzulesen, wird bald anderer Meinung sein. Und wem dieses Urteil noch nicht genügt, dem wird doch wohl zu denken geben, was Gustav Freytag, selbst ein Könner, in seinem Nachruf über ihn sagt:

„Auch als Dichter schuf er nicht wie ein Sorgloser, der nur lustigen Einfällen folgt, die wie ein nicht zu erschöpfender Born aus seiner Seele quollen. Er war Künstler im höchsten Sinne des Wortes; wenn er auch einmal einer lustigen Schnurre bereitwillig nachgab, er verstand doch sehr gut, wo und wie er die schönen Wirkungen zu verteilen hatte, er wog ernsthaft den Bau und die Komposition seiner Erzählungen und war sich auch, wie der Künstler soll, seiner technischen Bildung bewußt. Und es war eine Freude, ihm zuzuhören, wenn er einmal von der Arbeit an seinen Poesien sprach. Gerade daran muß hier erinnert werden, denn es fehlt noch nicht ganz an ungerechten Beurteilern, welche in seinen Geschichten nur eine Reihe zusammengereihter drolliger Einfälle und Situationen finden. Diese mögen die technische Arbeit doch näher prüfen, und sie werden finden, daß er auch da, wo er sich die Sache einmal leicht macht, nur als ein sorgloser Meister schafft und nicht als ein unbewanderter Naturalist. Ja, der feine Künstlertakt, mit welchem er seine Charaktere in Haupt- und Nebenfiguren abstuft, die Färbung einer Gestalt durch die kontrastierende der anderen ergänzt und hebt, ist geradezu bewundernswert, und ebenso bewundernswert ist die sichere Hand, mit welcher er jeden einzelnen Teilnehmer an seinen epischen Handlungen zu seinem Ziele führt.

Schnell freilich empfindet der Leser den Zauber, welcher fast alle Charaktere seiner Erzählungen umgibt. Auch diese Wirkung verdankt der Dichter zum Teil der kunstvollen Weise, in welcher er idealisiert, d. h. künstlerisch zubereitet, denn jede seiner Gestalten erscheint wie aus der Wirklichkeit abgeschrieben, und doch sind sie sämtlich Idealgebilde; in allen pulsiert das Leben reich und voll, und doch ist jede ihrer Lebensäußerungen zweckbewußt nach der Gesamtidee der Erzählung gerichtet. Wenn ihm einmal begegnet, daß er in sittlichem Eifer die Wirklichkeit kopiert — Familie Pomuchelskopp — oder daß er lachend einer geschichtlichen Anekdote folgt — die Durchlaucht von Strelitz —, so stechen solche Gestalten von den übrigen, welche völliger künstlerisch gebildet sind, so scharf ab, daß sie als Karikaturen erscheinen, was sie in der Tat nicht sind."

Es wird wohl niemanden einfallen, Reuter in eine Linie mit den Größten unserer Literatur zu stellen. „Man findet bei ihm keine wuchtigen Probleme, keine tiefen Konflikte, er kennt nicht die letzten Geheimnisse des Seelenlebens und nicht die verzehrenden Kämpfe der Weltanschauung. . . . Seine Stärke ist das herzhafte Mitleben mit seinen Menschen und durch sie mit den Menschen überhaupt." (Düsel.) Reuter wandelt nicht einsam wie ein Olympier auf der Höhe, mitten unter uns geht er und faßt uns wie ein Freund traulich bei der Hand, er führt uns in seine frohe Welt ein und lehrt uns die Welt mit seinen sonnigen Augen betrachten. Den Humor Jean Pauls, der sich im Phantastischen zu verlieren drohte, packt er herzhaft bei den Rockzipfeln und stellt ihn wieder fest auf die Beine. Mit vollem Recht verdiente er, daß Bismarck ihn als den „auserwählten Volksdichter" begrüßte, denn wohl niemand sei er hoch oder niedrig, reich oder arm, scheidet von ihm, dem er nicht Freude auf seinen Lebensweg mitgegeben hätte. Er war eine Persönlichkeit im Goetheschen Sinne und ein Spender tiefer Freude.

Während Reuter in ganz Deutschland gefeiert und in allen Ständen gelesen wurde, blieb der Name seines Landsmannes John Brinckman ziemlich unbekannt, und nur in einem kleineren Kreise schätzte man ihn als einen Reuter durchaus ebenbürtigen Dichter. „Es scheint fast, daß Mecklenburg damals nicht Raum hatte für zwei Klassiker solchen

Schlages. John Brinckman wurde bei Lebzeiten, und noch
sehr lange nachher, erdrückt von der Volkstümlichkeit seines
troß aller Bitterniffe schließlich doch glücklicheren Genoffen:
das Licht des einen stellte den anderen in den Schatten."
(A. Römer.)

John Brinckman wurde am 3. Juli 1814 in Rostock
als Sohn eines Kapitäns geboren, der i. J. 1824 beim
Untergang seines Schiffes den Tod in den Wellen fand.
Im Jahre 1834 bezog Brinckman die Universität seiner
Heimatstadt, um sich dem Studium der Rechtswissenschaft
zu widmen. Aber ebenso wenig wie Reuter vermochte er
ihr Geschmack abzugewinnen, und er wandte sein Inter-
effe der Philosophie, der Geschichte und den lebenden
Sprachen zu. Auch unter der studierenden Jugend Rostocks
machte sich damals das Streben nach der Einheit Deutschlands bemerkbar. John Brinckman hatte in den Kreisen
der Schwärmer verkehrt, und das genügte der Zentral-
unterfuchungskommiffion, gegen ihn und einige andere die
Unterfuchung einzuleiten. Im Jahre 1838 wurde er zu
dreimonatiger Kerkerhaft verurteilt. Zwar wurde ihm die
Strafe vom Großherzog Paul Friedrich erlaffen, das
Studium war ihm jedoch verleidet, und so folgte er denn
einer Einladung seines älteren Bruders Michael in Neu-
York, der dort als Kaufmann lebte (1839). Dort verbrachte
er 3 Jahre als Journalist, Überseßer und Sekretär bei
Gefandschaften und Konsulaten, bis Kränklichkeit und Heim-
weh ihn in sein Vaterland zurücktrieben (1842). Nach
kurzem Aufenthalt bei einem Freunde nahm er eine Haus-
lehrerstelle auf einem Gut an, die er i. J. 1844 mit einer
solchen in Dobbertin vertauschte. Zwei Jahre später
gründete er in Goldberg eine Privatschule, wo er auch seine
Lebensgefährtin fand. Da ihn die kleinstädtischen Verhält-
niffe jedoch zu sehr beengten, bewarb er sich um eine Lehrerstelle an der Güstrower Schule, die er auch erhielt (1849).
In dieser Stellung ist er bis zu seinem Tode am 20.
September 1870 in vielseitiger Tätigkeit für städtische An-
gelegenheiten und auf dichterischem Gebiet geblieben, durch
Privatstunden das verdienend, was er über sein schmales
Gehalt von zuerst 300 und zuletzt 700 Talern hinaus für
den Unterhalt seiner zahlreichen Familie bedurfte.

Schon als Student hatte Brinckman sich als hoch-

deutscher Dichter verfucht; sein erstes plattdeutsches Werk
war die i. J. 1854 erschienene launige Geschichte vom
„Voß un Swinegel oder dat Brüden geiht üm." Angeregt
wurde der Dichter zu diesem Werk durch Wilh. Schröders
1841 veröffentlichten „Wettlop twischen den Voß un den
Swinegel"; er erhob sich mit seiner Schilderung jedoch weit
über seinen Vorgänger. „Der Übertölpelung des Hasen
durch das falsche Spiel des Igels stellt er einen gerechteren
Kampf gegenüber und macht den Sieg des Schwächeren
über den bösartigen Fuchs damit zu einem sittlichen."
(Römer.) Das kleine Tiermärchen, in den prächtigen Rahmen
einer Austköst eingespannt, zählt zu den besten Tierdich-
tungen der deutschen Literatur. Schon im nächsten Jahr
veröffentlichte Brinckman dann sein Hauptprosawerk
„Kasper=Ohm un ick." Damals war es allerdings nicht
so umfangreich, wie wir es heute kennen. Dieses „Dree-
duhwelt Maat" gab der Dichter ihm erst in der zweiten
Auflage (1868). Der Kasper=Ohm hat Brinckmans Namen
zuerst in weitere Kreise getragen. Nicht eine straff aufgebaute Erzählung gibt uns der Dichter in diesen Erinnerungen aus seiner Jugendzeit; es sind nur lose an-
einander gereihte Stückchen, die durch die Person des Keppen
Pött zusammengehalten werden. Erst am Schluß tritt eine
durchlaufende Handlung ein, und dieser ernste Teil steht
dem Ganzen gar wohl zu Gesicht. Die kleinen Bilder aber
sind mit großer Meisterschaft und feinem, etwas barockem
Humor gezeichnet, nicht mit dem Reuterschen Humor, der
alles zum Lachen hinreißt, nein, mit jenem trockenen Humor,
welcher das fröhliche Behagen des Feinschmeckers und das
Schmunzeln des Kenners auslöst. Kasper=Ohm mit dem
feinen Taktus ist ein würdiges Seitenstück zu Onkel Braesig,
beides sind knorrige Kernmenschen, die mit ihrem guten
Herzen unter dem wunderlichen Rock gar schnell unsere
Freunde werden. Einen großen Erfolg wie sein Landsmann errang der Dichter allerdings nicht mit dem Buch.
Ihn mußte der Beifall des kleinen Kreises der Kenner ent-
schädigen.

Das nächste Werk des Dichters war der Lyrikband „Vagel
Grip" (1859), neben Groths Quickborn das beste Gedichtbuch in niederdeutscher Sprache, das es zu Lebzeiten Brinckmans nicht zu einer zweiten Auflage brachte und ihm

keinen Pfennig Honorar eintrug. Wenn das Buch auch unter der Rostocker Greifenflagge segelt, so singt es doch nicht von der Stadt, sondern vom Dorf, und ich stehe nicht an, zu behaupten, daß das, was das Herz des Dorf= bewohners bewegt, weder vorher noch nachher in so vollen, tiefen und reichen Tönen gesungen ist wie von Brinckman. Groths Gedichte klingen aus der Seele des ganzen dith= marsischen Volkes, ob städtisch oder ländlich, heraus; Brinck= man singt vom mecklenburgischen Dorf. „An Zartheit und Tiefe der Empfindung wird Brinckman von keinem nieder= deutschen Lyriker übertroffen, von nur wenigen erreicht: dabei versteht er es meisterhaft, seine Sprache dem Denken und Fühlen des plattdeutschen Volkes anzupassen, alles ist bei ihm wahr und schlicht und natürlich, niemals begeg= nen Worte oder Redewendungen, die den Eindruck machen, als seien sie eigentlich hochdeutsch empfunden und erst nach= träglich in das Niederdeutsche übertragen, nirgends ver= fällt Brinckman der weichen Rührseligkeit, die ja in Wahr= heit dem Geiste des niederdeutschen Volkes so fremd ist und doch in der Dialektdichtung so überreichlich angetroffen wird." (C. Schröder.) Trotzdem sich mancher frohe Vers in dem Buch findet, ist die Grundstimmung doch ernst. Für jeden Zeitabschnitt des Lebens weiß der Dichter ge= mütvolle Töne zu treffen, und mühelos reihen seine Lieder sich zu einem Kranz um das Leben des Dorfbewohners. Die Jugendzeit hallt aus „Areboar", „Twäschens", „Hassel= stöck", „Grot Wasch" und „In'n Dik" wider. Diesen schließen sich die Lieder an, die das zarte Knospen der ersten Liebe schildern, wie „Maien", „Ick men man so", „Hartspann" und „Wenn Rümms dat nich süt":


Se stroepten un söchten in't Holt sick tosam
Blagoeschen, Maesch, Neste und Naet;
De Slapps as sonn Rebuck so oarig un fram,
Grar as sonn Kattele de Kraet.


Dat würr ni nich nog er, dat wad ni nich all,
So blew dat, so is dat noch hüt;
Nu drap de twe beir sick hir achte in'n Stall
Un küß' sick, wenn Rümms dat nich süt.

In „Wat mag ic̕ di girn" jubelt die Liebe noch, „Nu lat mi los" ist ein Seitenstüc̕ zu Groths „Voer Doer", doch in dem zarten „Bigoeschen" pocht schon die Tragik der Liebe an die Tür:

> Du wist mi man bigoeschen
> Un menst dat doch nich so;
> As Immen bi de Roeschen
> Stellst du un singst doato.
>
> Min blanke Kron de lat mi
> Un grip nich na min Kranz,
> Du söchst man foer de Strat mi,
> Nich foer din Hus mi, Hans!

An „More schelt" und „More schellt all werre" schließen sich dann die schönsten Blüten des Kranzes an:

> Wat wist du't noch besteken,
> Wenn't di nich mir geföllt?
> Lat riten, Hans, lat breken,
> Wat doch nich länge höllt!

und das ergreifende Lied der Verlassenen „Er is as mücht se wenen":

> Wu oft nich nagan büst mi, —
> Wat kekst mi an so soet!
> In Schummern hest du küßt mi, —
> Min Hart dat würr so het.
>
> Nu seggst, ic̕ schall man lopen,
> Du harrst mi jo man narrt;
> Nu lach se alltohopen, —
> Mi aewest blött dat Hart.
>
> Nu trug ic̕ werre Kenen, —
> Wen wet, wat he nich lüggt!
> Nu is mi, as ob't wenen,
> Dot — dot mi wenen mücht.

Ein zweiter Kranz umfaßt die Ehe mit ihren Freuden, besonders aber mit den Sorgen. Behagliche Zufriedenheit klingt aus „Eng un woll" und „Wat hett sonn Junke mir." Doch schon melden sich Sorgen („Dat kümmt mit Hupen")

und Krankheit („Koll Febe"; „De krank Saen"), und der
Tod des Kindes reißt eine tiefe Wunde:

> Nu, Meiste, schruw He to dat Sark!
> Nu, More, More, mak di stark
> Un droeg di aw din Tran!
> De Wag de für nu voer Johann
> Un Schritt foer Schritt lettst du din Spann
> Hen na den Kirchhoff gan.

Aber stark und glücklich bleiben die Eheleute in ihrer Liebe
zu einander („Un schüll ik ire bun di gan"), bis „De
voernem Gast" kommt und die Ehe trennt. Neben diesen
rein lyrischen Gedichten enthält das Werk Naturbilder, die
den Dichter gleichfalls als Meister zeigen („Snedrewel"
„Ruklas", „De oll El"; die epischen „Firabend", „De
Kronen", „Regenwere"), und auch humoristische Stückchen
wie „Stutenollsch", „Oll Bare Knak", „Förste Knop" u. a.
Einige Lieder („Bim=bam=beie", „Pöppedeiken", „Doenken",
„Dat Led bun dat Pack" 2) hat der Dichter unmittelbar
aus dem Munde des Volkes genommen, und es mag für
den echten Ton seiner Dorfpoesie sprechen, daß sie sich
zwanglos den übrigen Gedichten einfügen ließen.

Als nächstes Werk veröffentlichte Brinkman die Ge=
schichte von dem Aufschneider „Peter Lurenz bi Abukir"
(1868). In diesem Buch verewigte er eine Gestalt seiner
Vaterstadt, die ihm aus seiner Jugend noch bekannt war,
den Rostocker Kaufmann Peter Lorenz. Dieser hatte sich
an der Politik jener bewegten Zeit übernommen, die größten
Haupt= und Staatsaktionen behandelte er als Kleinig=
keiten und stellte sich als den eigentlichen Macher in die
Mitte. Es wirkt grotesk=komisch, wie er, ein Seitenstück
zum Don Quixote, dem einfältigen Gastwirt Block die un=
glaublichsten Geschichten vorlügt und ihm weismacht, daß
er, Peter Lurenz „van dei horizontale Peilung", die Schlacht
bei Abukir für seinen Duzfreund Nelson gewonnen habe.
Ein Kabinettstück voll übermütigen Humors! Im Jahre
1870 ließ Brinkman dann das Stippstürken „Uns' Herr=
gott up Reisen" erscheinen. Wie der „Kasper=Ohm" durch
die Person des Bataviafahrers Kasper Pött zusammen=
gehalten wird, so ist diese Aufgabe in letzterem Werk dem

Herrgott zugefallen, der sich sein liebes Land Mecklenburg mal wieder ansehen will und nach einem Besuch beim Pastor Jobst Sackmann in Limmer und bei Eulenspiegel in Mölln denn auch dorthin gelangt. In diesen Rahmen hat der Dichter zwei Erzählungen hineingeflochten, die lustige von den Handwerksgesellen, die den Teterowern einen echten Eulenspiegelstreich spielen und dann zu seinem Grabe wallfahrten, und die rührende von den vermückerten Twäschens. Großzügig in der Anlage, sorgfältig ausgemalt in den Einzelheiten, voll drastischen Humors und zarter Klänge, entbehrt das Werk doch wie alle derartigen Erzählungen der Einheitlichkeit. Über diesen Mangel aber täuschen die Schönheiten, die der Dichter mit reicher Hand in ihm ausgestreut hat, leicht hinweg. Es ist kein falscher Ton in der reichen Sinfonie.

Im Nachlaß des Dichters fanden sich noch Werke, welche die Bewunderung vor seinem Können nur steigern konnten. Im Jahre 1886 wurden zunächst die Erzählungen „Mottche Spinkus un dei Pelz", „Dei General-Reeder" und „Höger up" veröffentlicht. Das erste mit seiner derbkomischen Mischung von Plattdeutsch und Judendeutsch zeigt sich dem Reuterschen Läuschen „En Schmuh", das denselben Stoff behandelt, weit überlegen. Von packender Wirkung ist der „General-Reeder." Auf dem Fundament eines tiefen Gottvertrauens baut der prächtige Kapitän Heuer, in dem Brinckman seinem Vater ein schönes Denkmal gesetzt hat, sein Leben auf und verläßt sich in allen Nöten auf den General-Reeder, „de baben in de Mars van de Welt sitt un en widen Kikut hett." „Die Perle in diesem Trio ist „Höger up", ein Meisterwerk in Erfindung, Komposition und Darstellung, wunderbar fesselnd auch in Zeit- und Lokalkolorit." (Römer.) In dieser Märchennovelle erzählt der Dichter von einem Findelkinde, das es vom Hütejungen bis zum Junker von Voß bringt. „Höger up! All wat nich is, is nich, kann aewersten noch warden; an Kaenen is't gelegen." Aus dem weiteren von Römer i. J. 1904 veröffentlichten Nachlaß ragt der unvollendete Roman „Von Anno Toback un dat oll Jhrgistern" herbor. Den Stoff kennen wir schon, es ist der im „General-Reeder" bearbeitete. Den Personen dieser Novelle sind aber neue Züge hinzugelegt, die alten sind schärfer herborgehoben, flüchtig angedeutete Vorkommnisse sind breit ausgebaut, und die kurze Novelle ist zu einem „Schiemannsgoarn" ausgesponnen, zu dem Seeroman, um dessen Vollendung der frühe Tod des Dichters uns betrogen hat. In der vorliegenden Form ist das Werk allerdings nicht für die Veröffentlichung bestimmt gewesen; vieles ist zu breit ausgesponnen, manches nicht ausgefeilt. Hätte der Dichter das Werk vollenden dürfen, so wäre es für die Seekante das geworden, was Reuters „Stromtid" für die Landbevölkerung ist. Ein Trost mag es immerhin sein, daß wir den Schluß aus dem „General=Reeder" kennen, und daß somit der Genuß des Werkes für die, welche Bruchstücken abhold sind, kaum gestört wird.

Man hat oft nach den Gründen dafür gefragt, daß Brinckman nicht denselben Erfolg errungen hat wie sein Landsmann Fritz Reuter. Ein Grund wird wohl in der lautgetreuen Schreibweise zu suchen sein, die das Lesen der Werke erschwert, weil unser Auge an die hochdeutsche Schreibweise gewöhnt ist. Dann fehlten ihm aber auch die Rezitatoren, die Reuters Namen in alle Welt trugen. Vor allem aber fehlte ihm der alles bezwingende, sonnige Humor Reuters. Brinckman ist in seiner Entwickelung durch die Sorge um das tägliche Brot gehemmt worden. Er konnte sich nicht frei entfalten, und sein Dichten ist ein Suchen nach dem Gebiet, auf dem er Erfolg ernten konnte. Vom skizzenhaften „Kasper=Ohm" wandte er sich der Lyrik zu, dann versuchte er sich im „Peter Lurenz" auf dem Gebiet des grotesken Humors, daneben arbeitete er an Novellen und dem großen Roman, auch ein hochdeutsches Lustspiel und Epos verfaßte er, und als er in „Uns' Herrgott up Reisen" auf dem Wege zum sonnigen Humor war, rief der Tod ihn ab. Seine Natur blieb zu ernst, zu schwer und zu tief. Seine Muse konnte sich nicht in lichte Höhen aufschwingen; sie ging zu den Leuten und belauschte ihr Herz, und wenn sie dann von ihnen erzählte, konnte sie die Runen, die ihnen die Bitternisse des Lebens ins Gesicht geschrieben hatte, nicht vergessen. Reuter wird durch Bräsig charakterisiert, Brinckman weniger durch den Kasper=Ohm als durch „Vagel Grip". Die Anerkennung, die ihm bei Lebzeiten versagt blieb, ist ihm erst in neuerer Zeit zuteil geworden, jetzt erst erkennt man die Wahrheit dessen,

was Klaus Groth über ihn schrieb: „John Brinckman ge=
hört unter die plattdeutschen Schriftsteller ersten Ranges.
In seinem Vagel Grip finden sich Lieder und Romanzen
voll Reiz und Schönheit, sein Kasper=Ohm un ick ist ein
Roman von einer Vollendung, daß man prophezeien darf:
Man wird ihn lesen, so lange man plattdeutsch liest, und
die Zahl seiner Freunde und Verehrer wird wachsen mit
den Jahren.“

Als vierter Klassiker trat Johann Meyer in den
Kreis der neuplattdeutschen Literatur. Er wurde als Sohn
eines Landwirts am 5. Januar 1829 in Wilster geboren.
Sein Vater verzog später nach Schafftedt und übernahm
dann, als der Knabe zehn Jahre alt war, in Sollerup bei
Schleswig eine Wassermühle. Nachdem Johann Meyer, dem
bald die Kenntnisse, die ihm die Dorfschulen übermitteln
konnten, nicht mehr genügten, Privatschulen in Lunden
und Schleswig besucht hatte, erlernte er im elterlichen Hause
die Müllerei und zugleich das Zimmerhandwerk, wie es
dort üblich war. Daneben aber arbeitete er eifrig an
seiner Weiterbildung. Während des Freiheitskampfes der
meerumschlungenen Provinzen gegen die Dänen wurde er
zu den Waffen einberufen, erkrankte jedoch und wurde nach
seiner Genesung als Pfleger an das Lazaret in Altona
kommandiert. Nach Beendigung des Krieges besuchte er
das Gymnasium in Meldorf (1850). Er bestand die Auf=
nahmeprüfung als Schüler der Tertia, legte schon i. J.
1854 die Reifeprüfung ab und bezog dann die Universität
Kiel, um Theologie zu studieren. Als ihn diese Disziplin
auf die Dauer jedoch nicht zu fesseln vermochte, lag er
eifrig philosophischen, literarischen, ästhetischen und ge=
schichtlichen Studien ob. Im Jahre 1858 trat er als Lehrer
in eine Altonaer Privatschule ein, und kaum ein Jahr
später nahm er eine Stelle als Redakteur der Itzehoer
Nachrichten an. In dieser Stellung wirkte er über zwei
Jahre. Sein weiches Gemüt paßte jedoch wenig in die
Arena der politischen Kämpfe. Nach kurzem Aufenthalt
im Elternhause gründete er dann die Idiotenanstalt in Kiel
(1862), als deren Leiter er bis zu seinem Tode am 15.
Oktober 1904 segensreich gewirkt hat.

Johann Meyer fühlte sich schon als Kind zur Poesie
hingezogen, und bald spürte er in sich den Trieb, sich

selbst poetisch zu betätigen. Viele plattdeutsche Lieder und Balladen schrieb der Dichter, der später auch auf hoch= deutschem Gebiet ein achtungswertes Talent zeigte, in seiner Sekundanerzeit. Im Jahre 1858 erschienen dann seine „Dithmarschen Gedichte", und im folgenden Jahre gab er den „Plattdeutschen Hebel" heraus. Aus diesen Jahren stammen auch seine kleinen Erzählungen „De Konterlör un sin Dochder" und „Cassen mit de Hummel." Nun tritt eine längere Pause im Schaffen des Dichters ein, bis er i. J. 1873 seine epische Dichtung „Gröndunnersdag bi Eckern= för" veröffentlichte. Wieder folgt eine Pause bis zum Jahre 1879, mit dem dann die dramatische Periode des Dichters beginnt.

Johann Meyer ist als Dichter eine durchaus selbständige Persönlichkeit. Mit Groth, Reuter und Brinckman hat er die Gemütstiefe gemeinsam, ist jedoch weicher als diese drei. Wenn bei ihm zuweilen ähnliche Töne erklingen wie bei Groth, so ist dies darauf zurückzuführen, daß beide aus derselben Landschaft stammen. Meyer ist kein Nachahmer Groths, er hat völlig aus Eigenem geschaffen. Seine Lyrik reizt in ihrer Zartheit der Empfindung und ihrer Glätte unwillkürlich zum Vergleich mit Geibel. Tief sieht er in die Volksseele hinein; bald innig und rührend, bald schalk= haft, leicht und graziös entströmen seiner Laute die Lieder, die selbst den Beifall eines Hebbel fanden, der nach dem Erscheinen der „Dithmarschen Gedichte" schrieb: „Vom hellen sangbaren Liede an, durch das saftige frische Idyll bis zum historischen Genrebild hinauf, klingen uns aus der Sammlung alle Töne wieder entgegen, die Klaus Groth den verdienten Beifall gewannen, einige schwächer und matter, wie das sich bei zwei verschiedenen Individuen von selbst versteht, andere in gleicher Stärke und einer mit viel größerer Gewalt. Findet sich kein Stück, wie: „Rumpel= kab'n" oder „Matten Has", die ich an die Spitze des Quick= born stelle, so kann „Anna" es kühn mit „Hanne ut Frank= rik" und mit „De Bullmach" aufnehmen, und „De Slach bi Hemmingstedt" überragt die gleichnamige Ballade bei Groth um vieles; ebenso „De letzte Fehde" . . . ." Wie sich bei Groth Form und Gedanke aufs innigste vermählen, so sind sie auch in einer großen Zahl der Gedichte Meyers eine harmonische Verbindung eingegangen. Zu diesen

Perlen der Literatur zählen „In de Schummern“, „Regen,
Regen, rusch“, „Gude Nacht“, „Abendleed“, „Bi de Weeg“,
„De Scheper op de Heiloh“, aus dem Meyers liebenswürdiger
Optimismus hell hervorstrahlt:

> De schöne Welt? — — ach, ja! — so schön!
> So sünnschienhell, so blau un grön!
> Un weer’t ock man op’t Heilohfeld,
> Se’s dochen schön, de schöne Welt!
> Kumm mit herut un freu di man
> Un bed’ den leewen Herrgott an!
> He hett sin Pracht, he hett sin Flor
> Ock buten öber’t brune Moor,
> Bi’n Scheper op de Heiloh.

In anderen Gedichten waltet ein liebenswürdiger Humor,
so in „Schreeg öwer“, „Snider“, „Hans Narr“, „Günd achter
de Blompütt“ und manchen der unter dem Titel „Lüttjen
Kram“ stehenden Reime. Ein besonderes Reis in Meyers
Dichterkranz bilden seine kräftigen, formvollendeten und
von Pathos erfüllten Balladen, in denen er vielfach dieselben Stoffe aus der Dithmarschen Vergangen-
heit behandelt hat wie Groth. Es sind anschauliche Bilder,
die der Dichter vor uns entrollt und mit denen er uns
packt; neben den von Hebbel genannten Balladen ist es
besonders „De Lehnseed“, die für des Dichters Art und
Weise bezeichnend ist:

> Se leegn dar to slapen so still un so bleek
> Ober’t Feld, as de dalhauten Böm;
> Un de Lurken de sungn ehr den Graffgesang, —
> Un de Summer de streu ehr de Blöm.
>
> Dat Land weer erobert; — in Trümmer leeg Heid;
> Un de dar an’t Leben noch weern,
> Bi Loh op de Koppel, dar dreebn se se hin, —
> Veer dusend, — un leeten se swer’n.
>
> Se weern so ruhig, — se sä’n keen Wort;
> Un doch so bull Kummer un Weh!
> Un as de Prester dat Teeken ehr geev,
> Dar sacken se All in de Knee.

Dar gung wul de Bosten, — dar flog wul dat Hart,
Dar stundn wul de Ogen vull Tran!
Dar wünsch sick wul mennig Een nix, as den Dod
Un nümmermehr optostahn!

Un se wanken na Hus hin, — so still, as se keemn;
So still, as se kneet harrn bi Loh; —
Un se bröchen ehr doden Bröders to Eer'
Un de Frieheit, — de Frieheit darto!!

Meyers Stärke war die Kunst der Schilderung, von der
er in den kleineren erzählenden Dichtungen „Anna" und
„Dat Gewitter", vor allem aber in dem Epos „Grön=
dunnersdag bi Eckernför" die schönsten Beweise seines
Könnens geliefert hat. Dieses Epos ist das Meisterstück des
Dichters. Mit sicherer Hand malt er den Kampf der Schanzen
gegen die dänische Flotte in prächtiger Steigerung, Ernst
des Krieges und Humor des Kriegers bringen Schatten
und Licht in das Gemälde, und in den Donner der Ge=
schütze rauscht leise eine Welle hinein, klingt zart die
rührende Liebesepisode von der jungen Witwe, in deren
Herz die Liebe zu ihrem Quartiersmann aufkeimt:
„Kummt so de Leevd'? ick meen de keem mit Rosen
Un gung dar, as en Engel, dör' de Blom,
De paß nich in de Slacht bi Mord un Dod.
Un dochen, wenn se kummt, wer kann se möten?
Wer mött en Steern, de jüst bun'n Himmel fallt?
He fallt, un weer de Nacht ock noch so düster."
Hier ist die gleiche aus der Woge des Epischen empor=
tauchende lyrische Kraft, die Reuters „Hanne Nüte" ihr
Gepräge gibt. —
Dank müssen die Plattdeutschen Meyer auch dafür
wissen, daß er durch den „Plattdeutschen Hebel" ihre
Literatur um ein Werk bereichert hat, das die größte Volks=
tümlichkeit verdient. Wie ein Kritiker sagt, hat er das
Hebelsche Werk wie auf einem Zaubermantel aufgenommen
und unvermerkt im Norden niedergesetzt, „ohne bei der
vollkommenen Einheimelung auch nur im geringsten die
Integrität des Volkslebens hier und dort zu trüben."
Über Meyers dramatische Tätigkeit wird bei Besprechung
des plattdeutschen Dramas besonders berichtet werden, an
dieser Stelle aber mögen noch die Worte seines Biographen

Joh. Heinemann Platz finden, die den liebenswürdigen Dichter treffend charakterisieren: „Seine hohe Begeisterung für alles Edle und Schöne, die sittliche Reinheit seiner Gedanken und sein frommer Glaube, sein Mitleid mit der Armut und sein offenes Auge für die Gebrechen und die Not der Menschenbrüder, sein empfänglicher kindlicher Sinn für das um ihn wirkende und schaffende Leben in der Natur und seine optimistische Weltanschauung — das alles entstammt dem Urquell und der Grundrichtung seines Herzens und Gemütes: Dem Idealismus." —

Es wäre ein müßiges Unterfangen, die vier Klassiker der neuplattdeutschen Literatur an einander zu messen und den einen auf Kosten des anderen herauszustreichen. Mag Meyer auch etwas hinter die anderen zurücktreten, ein Dichter war auch er. Sie waren alle vier Vollmenschen. jeder von ausgeprägter Eigenart, und wir wollen uns freuen, daß die junge Literatur vier bedeutende Bannerträger hatte.

### 3. Neben den Klassikern (1850—1870).

Die allgemeine Anerkennung, die zuerst der Quickborn und dann die Werke Reuters gefunden hatten, ermutigte manchen Niederdeutschen, nun auch sein Scherflein zur plattdeutschen Literatur beizutragen, und so begann denn schon in den fünfziger und sechziger Jahren des vorigen Jahrhunderts ein vielstimmiges Singen im plattdeutschen Dichterwald. Fehlte es auch an Nachtigallen, so barg der Wald doch andere Vöglein genug, und im allgemeinen klang das Frühlingskonzert der jungen Literatur harmonisch, wenn auch einige Sänger ihre Noten vom hochdeutschen Blatt gelesen hatten und Töne erschallen ließen, die besser in einen Salon als in den grünen Wald paßten. Der Westfale Zumbroof (geb. 1816 in Münster, gest. 1890) hatte den ersten Band seiner „Poetischen Versuche in westfälischer Mundart" schon in den vierziger Jahren erscheinen lassen. Die humoristischen Gedichte und Läuschen dieses und der folgenden vier Bände trugen dem Verfasser mit Recht vielen Beifall ein, und er blieb auf lange Zeit der gelesenste Dichter seiner Heimat. Kräftige, ostfriesische Eigenart sprüht aus den „Döntjes un Vertellfels" von F o o k e H o i s s e n M ü l l e r (geb. 1798 in Aurich, gest. 1856), die erst nach seinem Tode veröffentlicht wurden. In den „Döntjes un Leedjes" des Buches findet sich manches Gedicht, das noch heute fortlebt und wohl noch lange fortleben wird, wie „Schwaalkes, leev' Schwaalkes," „Bi't Melken" und die Romanze „Könk Helgo's Dog". Den größten Teil des Buches nimmt das Epos „Tiark Allena" ein, und da es eins der besten niederdeutschen Epen und im Buchhandel nicht wieder erschienen ist, wird eine ausführliche Inhalts= angabe dem Leser willkommen sein.

Auf seiner Warf* lebt der ostfriesische Bauer Tiark Allena in stetem Kampf mit den anstürmenden Wogen der Nordsee. Sein ganzes Sinnen und Trachten richtet er darauf, seine Deiche zu verstärken, um das Meer von seinem Besitztum fern zu halten.. Seine Frau ist tot, sein Sohn Otto lebt bei ihm. Otto knüpft ein Liebesverhältnis mit der armen Stientje an, doch als er den Vater bittet, sie freien zu dürfen, schlägt dieser ihm die Bitte ab. Da Tiark Allen unter den Bauerntöchtern, wo er auch an= klopft, für seinen Sohn keine Frau findet, holt er ihm eine Frau aus der Stadt. Am Abend des Hochzeitstages — Stientje ist ins Wasser gegangen und wird an diesem Tag begraben — pocht das Meer wieder ungestüm an die Deiche, die Männer eilen hinaus, und Otto wird bei den Dichtungsarbeiten fortgerissen:

> De Bulgen slaan to Hope,
> Un spüddern Schuum un Sand.
> Baas Allen wöhlt in't Water,
> Un klautert wer an't Land:
> „Mien Otto! — Giff en Teeken! —
> Lüh! still ins mit jo Kär'n! —
> — „Och Stientje, Stientje!" wimmert
> En braaken Stimm van Fern. — ...

---

\* Künstlicher Erdhügel als Siedelstätte.

He hört dat Water blubbern,
    He hört de Winde weihn,
He hört de Tüüten\* piepen,
    He hört de Mewen schrein,
He hört in dusend Stimmen,
    Wat lewt un wewt wietuut. —
He hört sien eegen Hartslag, —
    Van Otto nich en Luut.

As Koppelhunde stoltern
    Strandup ballstür'ge Seen!
He mug hör gruuf befehlen,
    Hör bidden up sien Kneen:
„Bringt mi mien Kind!" — Se targen
    Hum man mit Brüh un Turt.
Elk smit hüm vör sien Footen
    En Drachtje Schill un Wurt! —

Un mit Gelachter flüchten
    Se in hör seker Riek:
„Bast holl wi unse Fangsten. —
    „Baas Tiark! Wahr Du dien Diek!
„Süttst Du? Daar buten rieden
    „Wittkoppde Jungens Wacht! —
„Kumm mit! — Daar's Ottos Bruutbedd!" —
    Dat was de Hochtiednacht.

Tiark ist zuerst gebrochen, zwingt sich aber wieder hoch.
Die junge Witwe schickt er in die Stadt zurück, und er
selbst geht auf den Rat eines Arztes auf Reisen. Als er
nach längerer Zeit zurückkehrt, findet er in seinem Heim
alles verändert vor, seine Schwiegertochter hat sich auf
der Warf eingenistet, seine Knechte und Mägde sind durch
fremde ersetzt, nur die Mareemöh, mit der er in seiner
Jugend getändelt hat, ist noch da und erzählt ihm von
allem und daß die Frau in wenigen Tagen wieder heiraten
wolle. Die Frau übersendet ihm dann den Schlüssel zu
einem Gelaß, das in dem für ihn hergerichteten Zimmer
steht, und da findet Tiark den Heiratskontrakt seines Sohnes,
der ihn jetzt um sein Besitztum bringt:

---

\*) Strandläufer.

„Ja dwingen! — dwingen wull if't,
  „Un as't nich gung mit Geld,
  „Do hung if, blind bör Yfer,
  „Mien Polder* hier, mien Welt
  „An'n enkelt Minskenleben,
  „En naare swacke Draad.
  „If Narr, if was der stolt up,
  „As up en Heldenbaad.

  „Pfui! up en Minskenleben
  „Sien Alles setten! — Door!
  „Nu kummt an Dag, mien Okko,
  „Wat if mit Di verloor!" —
Sien Ellbaag up de Tafel,
  Sien Hande bör't Gesicht
Sunk Baas in sück tosamen,
  As by sück sülbst to Bicht.

Wenn seine Schwiegertochter wieder heiratet, hat Tiark alles
verloren. In einem prächtigen Traumbild zieht seine
Jugendliebe zu Mareemöh und sein Leben an ihm vorüber. Als Mareemöh das Zimmer betritt, läßt Tiark aus
der Unterhaltung schon seinen Entschluß ahnen. Sie verläßt ihn, um ihm eine Mahlzeit zu bereiten; als sie wieder-
kommt, ist der Baas fort, und auf einem Zettel steht, daß
er noch eine große Reise machen müsse. Da stürzt sie ihm
nach, auf den Deich hinaus, in die düstere Nacht hinein.
Der Sturm braust ums Haus, die Mägde sind schon zur
Ruhe gegangen, da klopft es ans Fenster, der Polder stände
voll Wasser. Sie eilen hinaus:

Un — flupps! — Daar flammt en Schien up,
  En Weerlücht uut de Grund,
In d' Feren, waar Tiark Allen
  Sien Seediek steit — of stund. —
'T wurd Nacht wer — dann en Dönner,
  Dat Lucht un Erdriek bevt.
Verbaast un stumm steit alles, —
  So wat het Nümms belevt!

---

*) Eingedeichtes Marschland.

Tiark Allena hat den Deich gesprengt; was er in harter Arbeit dem Meer abgetrotzt hat, will er sich nicht nehmen lassen, lieber gibt er's dem Meer wieder. Brausend schwemmt die See den Deich fort. Nach langen Jahren hören die Leute von einem Matrosen, daß Tiark Allen sich mit seiner Mareemöh in Amerika ein neues Heim geschaffen hat. — Die Sprache des Epos ist von kerniger Kraft, Bilder und Personen treten plastisch vor uns hin, besonders aber ist der Held in seiner Urwüchsigkeit prächtig gezeichnet, so daß man dem Dichter das Schlußwort glaubt:

Tiark Allens Saak is: 'T Ganze dwingen!

Ein ganz vergessener Lyriker ist J. D. Plate (Pseudonym Lüder Woort: geb. 1816 in Masen in Hannover, gest. 1902), der weniger in seinem Epos „Dietrich un Meta" als in seinen „Plattdeutschen Dichtungen" manche Töne anschlug, die sich auch bei Groth fanden, und der deshalb für einen bedingungslosen Nachahmer dieses Dichters verschrien wurde. Eine häufig hervortretende Unbeholfenheit im Ausdruck stört den Genuß seiner Gedichte und läßt bedauern, daß der Dichter durch eifriges Nachfeilen diesen Mangel nicht überwunden hat. Eine Lyrikerin von echtem Empfinden entstand der niederdeutschen Literatur dann in Alwine Wuthenow (geb. 1820 in Neuenkirchen bei Greifswald, gest. 1908). In ihren Gedichtbänden „En poar Blomen ut Annemariek Schulten ehren Goarn" und „Nige Blomen" zeigte sie, daß ihr in ihrer tief aus dem Herzen quillenden Poesie alle Töne von der leidenschaftlichen Bewegung bis zum behaglichen Humor zur Verfügung standen. Zu ihren besten Gedichten zählen das frische „Dei Schippsjung" und das in der Nervenheilanstalt gedichtete „Ick möt furt", in dessen Schlußvers die Verzweiflung der unglücklichen Dichterin und ihre Sehnsucht nach der Freiheit einen erschütternden Ausdruck finden:

Doch nu ward't tau dull mi, nu packt mi dat an!
Möt beger. oder breken, ick riet wat ick kann!
Ut Ost un ut West un ut Süd un ut Nurd
Blöst't luder un luder: Ick möt furt! Ick möt furt!
Herrgott in den Hewen! O, hür mi dit Mal!
Heft Du denn kein Mitleid mit so veele Qual!

Du kannst ja doch Allens! Mak apen min Þurt!
O help doch nah Huus mi!
Ick möt furt! Ick möt furt!

Ihr Landsmann Berling (geb. 1817 Altenkirchen Rügen,
gest. 1873) gehört dagegen zu jenen Dichterlingen, deren
Verse als abschreckendes Beispiel dienen mögen. Gut ge=
wählt ist nur der Titel seines Buches „Lustig un trurig“,
denn man möchte lachen und weinen über Verse wie die
folgenden:

För den Hierd tau fallen,
Is dat höchste Glück,
Wenn de Fahnen wallen,
Nümmer Mißgeschick!

Als Berling seine Gedichte an Reuter zur Begutachtung
übersandte, entledigte dieser sich des peinlichen Auftrags
mit Humor, indem er ihm schrieb:

Ein jeder Vagel singt sin Leid,
De Draußel singt un ok de Sparling,
Dat singt, as em de Snabel steiht;
Sing du man lustig, Doktor Barling!

Eine ähnliche Erscheinung wie Berling war der Mecklen=
burger Wilhelm Heyse (geb. 1825 in Leussow b. Mirow.
gest. 1911), der die plattdeutsche Literatur mit Lyrik und
Epik in den Büchern „Punschendörp“, „Mecklenborger Bur=
hochtid un Rosmarin un Ringelblomen“ und „Frische Kar=
miten“ beglückte. Als Lyriker war er rettungslos Heinrich
Heine verfallen und strebte anscheinend danach, ein platt=
deutscher Heine zu werden. Wie weit er es in sinnloser
Nachahmung seines Vorbildes gebracht hat, möge der Leser
aus den folgenden Reimen ersehen:

De Stirnings an den Häwn,
De lewn sik fürig un het
Un flämern un blänkern un lüchten
Un kiken sik an so söt. —

Se wannern all dusend van Johren
So still äöwer Land un See
Un lachen sik an — un starwn
Toletst vör Lew un Weh.

Die epische Burhochtid ist immerhin besser, hat aber nur kulturhistorischen Wert. Mehr Eigenart als Hehse zeigte Marie Mindermann (geb. 1808 in Bremen, gest. 1882) in ihren „Plattdeutschen Gedichten", in denen sich mancher anmutige Vers findet. An Groth schloß sich der Holsteiner Ferdinand Weber (geb. 1812 in Oldesloe, gest. 1860) an, dem besonders die Wiedergabe zarter Naturstimmungen gelang. Als Nachdichter machte sich der Schweriner Eduard Hobein (1817—1882) durch seine „Blömings un Blomen ut frömden Gor'n" einen Namen, während seine eigene Lyrik („Feldflüchters") mit wenigen Ausnahmen an Mangel an Stimmung krankt und auch sein Epos „De Groffsmidt" sich nicht über den Durchschnitt heraushebt. Patriotische Töne klingen vor allem aus „Düt un dat" von Adolf Schirmer (geb. 1821 in Hamburg, gest. 1886) wieder und finden sich auch in „Kuddelmuddel" von Palleske (geb. 1830 in Wutzig, Pomm.), dem es im übrigen in seiner Lyrik nicht gelang, seinem Empfinden den rechten Ausdruck zu geben. Die ihm fehlende Unmittelbarkeit besaß dagegen in vollem Maße Robert Dorr (geb. 1836 in Fürstenau bei Elbing), dessen Buch „Twüschen Wiessel on Noacht" gefällige Gedichte von erfreulicher Frische enthält. Ein Lyriker, der tief aus Eigenem schöpfte und dem sein Reichtum an Bildern erlaubte, in den sattesten Farben zu malen, war Bohsen (geb. 1834 in Neuenkirchen, Holst., gefallen 1870). In seinen „Leeder un Stückschen" singt und klingt das dithmarscher Leben wie in den Versen seines großen Landsmannes, dessen Vollendung der Form und inniges Empfinden ihm allerdings fehlen. Am wenigsten sprechen seine Balladen an, während seine Kinderlieder anmutig und seine Naturbilder häufig farbenprächtig sind:

> Nu sackt de Sünn hendal un dippt
> In't Haff un glittert roth as Glöd,
> De Bülgen blenkert, as bedrippt
> Mit smölten Gold, de wiis se flödt.

In der Prosa fand der große Roman in der ersten Zeit neben Reuter wenig Pflege. Wenn auch manches Gute an Prosawerken geschaffen wurde, für den großen Roman, der das ganze Leben und Schicksal des Helden in allen seinen Verzweigungen darstellen soll, fehlte es an

Talenten. So begnügten die Schriftsteller sich denn mit der einfachen, nur Unterhaltung bezweckenden Erzählung, oder sie pflegten, indem sie lediglich eine Episode aus dem Leben ihres Helden darstellten, die Novelle. Schon vor dem Auftreten Reuters hatte Wilhelm Schröder (geb. 1808 in Oldendorf bei Stade, gest. 1878) sein berühmtes Märchen „De Wettlop twischen den Hasen un den Swinegel up de Buxtehuder Haide" geschrieben. Diese Geschichte mit der köstlichen Moral, wenn einer freit, soll er sich eine Frau aus seinem Stande nehmen, „wer also en Swinegel is, de mutt tosehn, dat siene Froo ook en Swinegel is: un so wieder" ist sein bestes Werk geblieben und hat ihm einen Platz in der Literatur gesichert. Lugt aus diesem Ge= schichtchen schon der Satiriker hervor, so ist ganz politisch= sozial=satirisch die Geschichte von dem zweibeinigen Swinegel „Swinegels Lebensloop un Enne in'n Staate Muffrika." Mit drolligem Humor berichtet der Dichter von seinem Helden, wie er, der Sohn des Häuslers, von der Konfir= mation wegen Mangels an Kenntnissen zurückgestellt wird, später Soldat, Reitknecht beim Oberst, handgreiflicher Friedensrichter und Amtsvogt, Abgeordneter und schließlich Minister wird. Auf diesem Posten stirbt er, und sein Fürst widmet ihm in einem ehrenvollen Nachruf die Worte: „Ja so ist es — Swinegel sind sie alle, alle, alle! Die meisten von ihnen aber, die meine Diener, sind heimliche Swinegel. und das sind die gefährlichsten für Fürst und Volk, für die Menschheit. Mein Swinegel aber war der beste, denn er „wagte zu scheinen, was er war," er war ein ehrlicher Swinegel". Schröders weitere Werke „Swinegels Reis' nah Paris", „Bismarck", „Haideland un Waterkant", darin „De Tambour von Waterloo", „Kasper Wullkopp" u. a., und die „Riemels un Döntjes" haben sich trotz mancher drolligen Einfälle auf die Dauer nicht behaupten können, da der Dichter in ihnen sein eigentliches Gebiet, die Satire, nicht pflegte. Zu unrecht vergessen ist des Aacheners Heinr. J. H. Müller (1802—72) „Ofen ärme Bastian", in dem der Verfasser Leben, Meinungen und Taten eines Mutter= söhnchens mit viel Humor, Witz und Satire schildert. Auch Ferdinand Westhoffs (geb. 1812 in Rotteln, Westf., gest. 1870) „Twee Geschichten in Mönsters Platt", welche die Abenteuer von Ollmanns Jans enthalten, sind voll derber Komik und verdienen mehr Leser, als sie heute noch haben. Eine ganze Reihe hauptsächlich schnurriger Erzählungen und Gedichte schrieb in lebendiger Darstellung F. W. Grimme (geb. 1827 in Assinghausen, Westf., gest. 1887). Harmloser Humor, tiefes Mitgefühl und scharfer Blick für die Schwächen seiner Mitmenschen sind seinen Werken durchweg eigen, von denen „Sprikkeln und Spöne", „Spargitzen", „Grain Tüge", „Lank un wiäß düär't Land" genannt seien. Herzlich unbedeutend ist dagegen Franz Bockels (geb. 1798 in Klostersande bei Elmshorn, gest. 1879) Sammlung kleiner Erzählungen „Instippen"; besser sind seine ausgewählten Gedichte, die ihn als schalkhaften Humoristen zeigen, der allerdings tiefere Wirkungen nicht erstrebt. Von den zahlreichen Werken Theodor Pienings (geb. 1831 in Meldorf, gest. 1905), die voll toller Laune stecken, aus den Helden jedoch zumeist Karrikaturen machen, seien „De Reis nah'n Hamborger Dom" und „Hans un Grethe" erwähnt. Vorwiegend für das Komische begabt war auch Karl Valentin Immanuel Löffler (Pseud. de olle Nümärker; geb. 1821 in Berlin, gest. 1874), von dessen Werken „Lustige Vertellungen", „De Theerschwöäler" und „Ut min Dischlad" genannt seien. Erwähnt werden möge auch Enno Hector (geb. 1821 in Dornum, Ostfriesland, gest. 1874; „Harm Düllwuttel", „Harm up't Dorn'mer Markt" u. a.), dem auch manches volksliedartige Gedicht gelang. Ein echter Humorist war der Mecklenburger Sibeth (1793—1880), der sich nicht ohne Geschick mit „Dumm Hans" und „De Geschicht von den rieken Hamborger Kopmann Stahl" in der gereimten Erzählung versuchte, sein Bestes aber in der prächtigen „Geschicht von de gollen Weig" gab, einem schlichten Märchen in dem breiten Rahmen humoristischer Begebnisse, die den Märchenerzähler in der Fortsetzung seiner Erzählungen stören.

Neben diesen Humoristen treten in den sechziger Jahren schon einige Dichter auf, welche die ernste Erzählung pflegten. So Karl Bornewiek, der in seinem kleinen Roman „Tau Hus un in de Frömm'" anscheinend Wahrheit und Dichtung mischte und mit schlichter Form des Erzählens lebenswahre Darstellung verbindet. Ein bedeutendes Talent erstand der plattdeutschen Literatur dann in Joachim Mähl (geb. 1827 in Niendorf bei

Pinneberg, gest. 1909). So schlicht und kunstlos seine Novellen auch anmuten, so straff sind sie gebaut, von so
reifer Kunst und tiefem Gemüt zeugen sie. In „Tater-
Mariken" (1868) schuf Mähl eine prächtige Dorfgeschichte,
besonders ließ er in dem Lehrer und seiner Wirtschafterin,
die sich im Alter die Hände zum Ehebund reichen, um
dem Findelkind Eltern sein zu können, zwei kernige Gestalten erstehen. Nach der Dorfgeschichte „Jean" erklomm er
dann in der ergreifenden „Fanny" (1870) die Höhe seiner
Kunst. Wie ein lieblicher Traum zieht die Handlung an
unserem Auge vorüber, bis der Tod den Helden im Kampf
fürs Vaterland auf dem Schlachtfeld ereilt und die Harmonie
fast zu guter Menschen jäh ein trauriges Ende erfährt.
Auf dem Hintergrund des Freiheitskampfes der Schleswig-
Holsteiner gegen die Dänen spielt auch „Lütj Anna" (1871),
die eine längere Pause im Schaffen des Dichters einleitet,
der erst nach 25 Jahren eine köstliche Nachlese in den „Geschichten frisch ut Leben un deep ut Hart" veranstaltete,
die sich den größeren Werken würdig anreihen. Zwischen-
durch hatte er den „Reinke Vos" ohne Kenntnis des alten
Epos neu gedichtet und damit die niederdeutsche Literatur
um ein wertvolles Werk bereichert. Die Satire ist in seinem
Epos ausgeschaltet und dafür die humoristische Seite des
Erzschelms desto stärker betont, dem vom Bösewicht nur
noch wenig anhaftet, denn Bösewichter lagen dem opti-
mistischen Dichter nicht. Weniger geglückt ist ihm sein Ver-
such, den edlen Ritter von der traurigen Gestalt Don
Quixote der niederdeutschen Literatur zu gewinnen (1910).
Schon der Umstand, daß er das Original bedeutend kürzte,
läßt erkennen, daß der Dichter vieles nicht für geeignet
zur Übertragung hielt. So gibt denn die Bearbeitung weder
den Geist des Originals wieder, noch ist es Mähl gelungen,
den Ritter einzuplattdeutschen. Die feine, tiefe Tragik, der
ständige Gegensatz zwischen der Traumwelt der Romantik
und der nüchternen Wirklichkeit, die das Werk des Cervantes
durchzieht, ist verloren gegangen, dafür ist die derbe Komik
stark herausgearbeitet, so daß der Ritter eine bedenkliche
Ähnlichkeit mit einem dummen, weltfremden Tölpel erhalten hat.

Mähl war aber auch ein feinsinniger Lyriker, und es
möge den Niederdeutschen eine Ehrenpflicht sein, seine zer-

streuten Gedichte zu sammeln. In der Lyrik spiegelt sich Mähls ganze Zartheit der Empfindung wider, dazu klingt in den Gedichten dann noch eine Saite, der wir in seiner Prosa nicht häufig begegnen, die Naturempfindung, wie sie uns z. B. in dem Gedicht „Harwstdagg" entgegentritt (Schreibweise der „Nedderdüütsh Sellshopp".):

> Dat rëgent liis von'n Himmel,
> Un ünner Tranen lacht
> De Sünn' un malt ein'n Bagen
> An'n Hewen fuller Pracht.
>
> Ein egen Oort von Harwstdagg
> Halv düüster un halv klor,
> Full Sünnenschin un Rëgen,
> Un stimmt ein'n sünnerbor.
>
> Full Sünnenschin un Rëgen
> Un Rëgenbagenpracht,
> As wen'n Por Minschenoogen
> Still ünner Tranen lacht. —

Als Erzähler, der ernste und schalkhafte Töne gleich geschickt zu greifen wußte, bewährte sich der Oldenburger Theodor Dirks, der als einer jener dem deutschen Hause so vertrauten Kalendermänner Ende der sechziger Jahre seine Kunst leider nur auf kleine Erzählungen beschränkte, die erst 1901 in Buchform erschienen sind. Seine gemüts= tiefen Geschichten sind in Form und Inhalt gleich vollen= det und rechnen zu den besten Erzeugnissen der plattdeutschen Literatur, besonders ist die ergreifende Novelle „Trientje Stelken" ein kleines Meisterwerk. Als Kuriosum mögen dann noch die „Neun plattdeutschen Göttergespräche" von Ludwig Reinhard (geb. 1815 in Mustin, Lauenburg. gest. 1880), dem Freunde Reuters, erwähnt werden. Die Gespräche sind zwar flott und drollig geschrieben, erinnern aber doch zu sehr an die Blumauersche Behandlung der alten Welt und hinterlassen den Eindruck, daß die platt= deutsche Sprache nicht das richtige Gewand für den Ge= danken ist. Hauptsache sind dem Verfasser übrigens die hochdeutschen Einleitungen zu den einzelnen Gesprächen, in denen er seiner Satire auf mecklenburgische Zustände frei die Zügel schießen läßt.

## 4. Die patriotische Dichtung.

Die Ereignisse der großen Jahre 1870 und 1871 haben in der niederdeutschen Literatur nur einen schwachen Wider= hall gefunden. Reuter verjüngte sich jubelnd und begrüßte die Erfüllung des Traums seiner Jugend mit „Of 'ne lütt Gaw för Dütschland" und „Großmutting, hei is dod". Groth dichtete „An uns Kronprinz in Frankrik" und Meher „Na, Jungens, denn man los". Nur ganz vereinzelt finden sich vaterländische Gedichte in den Büchern jener Zeit, wie „De Fähnrich" in den „Feldblomen" des Hol= steiners J. Fr. Ahrens (geb. 1834), aus denen ein fester, männlicher Charakter spricht. Von erzählenden Werken über den Krieg sei Daniel Zanders aus Stargard in Mecklen= burg derb=humoristischer „Franzosenkrieg 1870/71" genannt. In dem Epos „Kaiser Wilhelm" bewies er jedoch keine glückliche Hand. Seine Verse sind zwar glatt, es gelingt ihm jedoch nicht, die Begeisterung, die ihm die Feder in die Hand gedrückt hatte, auf den Leser zu übertragen. Sein Bestes blieb sein Erstlingswerk „Bunte Biller ut min Kinnerschren", in denen er das Leben und Treiben einer Kleinstadt mit breitem Pinsel behaglich malte. Immerhin steht sein Epos hoch über den „Biller ut de Kriegstid" des Schleswig=Holsteiners Pollitz, über Josephhs (geb. 1821 in Parchim, gest. 1885) „Uns' Krieg mit den Franzos" und über des Hannoveraners Rehbding „De Franzosenkrieg 1870", der wie G. F. W. Heinemanns (geb. 1825 in Stöcken, Hann., gest. 1899) „De dütsch=französische Krieg" auch den mäßigsten Ansprüchen nicht genügen kann. Zu den besten Werken, die durch jene Zeit angeregt sind, gehören die Kriegserinnerungen „Ut uns' le Bourget=Tid" und be= sonders „Erlewnisse ut 1870 un 71" des Arztes H. Bre= kenfeld, in denen uns die hohe Begeisterung jener Zeit, aber auch der ganze Jammer des Krieges lebendig vor Augen treten. So ist die Schilderung seiner Tätigkeit auf dem Schlachtfeld bei St. Privat tief ergreifend, doch wie weiß er die Tragik zu mildern und zu verklären durch die Retraite der Kaballerie „Ich bete an die Macht der Liebe", wie fein läßt er die Liebe eine Brücke bauen vom sterbenden Krieger hin zur Heimat, auf der sich die Gedanken begegnen! „Un dei Leiw tau de Heimat, dei Leiw tau Fru un Kinner

dei bugt' 'ne Brügg so schön as'n Regenbagen man sin
kann un dei spannt sik ut von't Schlachtfeld bet deip in
Dütschland herin, un midden up des' Brügg, dor begegen
sik dei Gedanken von hier un dor un manches true Mudder=
hart is hier mit ehren leiwen Söhn tau'n letzten Mal tau=
samendrapen, so lang em dei leiw Gottessünn noch beschient,
un hadd em liesing einen Kuß up den Mund gewen, dat
hei den Döst nich mihr fäuhlt, un einen Kuß up jedes Og,
dormit sei sik för ümmer schluten kännen; morgen kann
de Sünnstrahl den Gruß nich mihr äwerbringen, morgen
is dei Brügg affbraken un dei Regenbagen verschwunn'n,
morgen hewwen sei em in sinen Mantel inwickelt, dat
Snuwdauk äwer't Gesicht deckt, morgen hett hei mit all
dei hunnerte Kameraden sin letzt Quartier betagen up dat
Schlachtfeld von St. Privat." Auch in den Werken späterer
Dichter finden wir noch Episoden aus der Kriegszeit ver=
arbeitet, so bei Knoche, Schwarz, Sander, Quitzow u. a.

### 5. Die humoristische Dichtung.

Auch nach Reuters Tode blieb die plattdeutsche Literatur
im Zeichen des Realismus. Im Gegensatz dazu machten
sich in der hochdeutschen Dichtung bis zur Jahrhundertwende
noch mannigfache Strömungen geltend. Neben dem Realismus
erklangen romantische Töne; in den achtziger Jahren machte
dann eine Reihe Schriftsteller gegen Realismus und Ro=
mantik Front und verkündeten den Naturalismus, die nackte,
naturgetreue Wiedergabe des Lebens, als die allein selig=
machende Wahrheit. Diese Richtung hatte das Gute im
Gefolge, daß sie die Dichter scharf beobachten lehrte; zu
einer herrschenden Stellung hat sie es trotz mancher Er=
folge jedoch nicht gebracht. Der einzige plattdeutsche Dichter,
auf dessen Entwickelung sie einen tiefgehenden Einfluß aus=
geübt hat, ist der Dramatiker Fritz Stavenhagen. Gegen
den Naturalismus erfolgte dann der Rückschlag in der
Heimatkunst, die auch in der niederdeutschen Dichtung eine
große Rolle spielt.

Auch der Stoffkreis der plattdeutschen Literatur blieb im wesentlichen auf das Dorf und die Kleinstadt beschränkt. Es ist bezeichnend, daß in der hochdeutschen Literatur die Dorfgeschichte eine besondere Gattung bildet, während die plattdeutsche zum größten Teil aus Dorfgeschichten besteht, neben denen sie dann noch die Kleinstadt in den Kreis ihrer Darstellung zieht. Kleinstadt und Dorf aber wurden von dem Strom der Zeit nicht so gewaltig wie die Groß= stadt durchbraust. Die auf die Wiedergabe des wirklichen Lebens gerichtete plattdeutsche Dichtkunst ging daher an den großen geistigen und sozialen Kämpfen der Jahrzehnte nach der Gründung des deutschen Reiches achtlos vorüber. Die Gründerzeit, die Kämpfe auf naturwissenschaftlichem und religiösem Gebiet, Darwinismus und Kulturkampf, nationale und Rassenprobleme, das Hervortreten und die wirtschaftlichen Kämpfe des Arbeiterstandes, sie fanden keinen Platz in der niederdeutschen Dichtung, die überhaupt wenig zur Tendenzdichtung neigte und die Darstellung des Einzelnen vor der Schilderung abstrakter Verhältnisse be= vorzugte. So ist denn Reuters „Kein Hüsung“ fast die einzige soziale Dichtung geblieben, die einzige Dichtung mit der ausgesprochenen Tendenz der Forderung von Menschenrechten für eine Volksklasse. Sie ist aber schon im Beginn der sozialistischen Bewegung aus liberalen Ideen entstanden und hat keine Nachfolger gefunden. Dagegen konnte der humoristische Roman, dem Reuter seine Be= liebtheit und die plattdeutsche Literatur ihren großen Auf= schwung verdankte, nicht ohne Einfluß bleiben. Der von Reuter und Brinckman gezeigte Weg mußte vielen als der für die Dialektliteratur allein richtige erscheinen, und so traten denn zunächst eine Anzahl Humoristen auf, die sich zum Teil sogar, ohne Mecklenburger zu sein, der Reuterschen Mundart bedienten. Allerdings gilt von manchen dieser Humoristen das Wort Vischers:

Mancher kursiert als Humorist,
der nichts weiter als Spaßmacher ist,
nichts ahnt von dem innern Widerspruch,
von dem Zickzack, dem tiefen Bruch,
der durch das ganze Weltall dringt.

Ein Humorist, der an diesen inneren Widerspruch nicht rührte, war R i c h a r d  K n o c h e (geb. 1822 in Brakel, gest.

1892), der in seinen drei Bänden „Niu lustert mol" flott
zu erzählen weiß, besonders von den Erlebnissen des Train=
soldaten Pappstoffel im großen Kriege. Mit einem echt
humoristischen Werk, dem „Frans Essink", trat Franz
Giese (geb. 1845 in Münster) in den Kreis der Humoristen.
Giese schildert in seinem Roman das Münster aus der Mitte
des 19. Jahrhunderts mit lachendem Humor, und sein Frans
Essink, der sparsame, auf seinen Vorteil erpichte Spieß=
bürger, ist eine gar ergötzliche Gestalt. Die Höhe seines
ersten Werkes erreichte der Dichter in seinen kleineren
münsterschen Erzählungen und dem „förstbischöflik Mon=
sterske Hauptmann Franz Miquel un sine Familje" nicht
wieder, obgleich auch sie manches Gute enthalten. War
Gieses Frans Essink eine humoristische Gestalt, so hat das
gleichnamige Seitenstück mit seinen Fortsetzungen „Nao
sienen Daud", „Up de Tuckesburg", „Up de Seelenwande=
rung" von Landois (geb. 1835 in Münster, gest. 1905)
einen stark satirischen Einschlag. Landois gab seinem Humor
einen barocken Anstrich und räumte besonders in den Fort=
setzungen der Satire einen breiten Raum ein. „Es ist ein
ewiges Buch, ein unvergängliches Buch, diese Schilderung
des münsterschen Kleinbürgerlebens, von dem wir heute
nur noch Reste finden in den engen Straßen der Altstadt
und in einigen versteckten Altbierwirtschaften. Mit einer
unheimlichen Greifbarkeit, einer verblüffenden Deutlichkeit
sind hier alle Personen herausgemeißelt, und um all die
kleinen Vorkommnisse schlingt sich als goldenes Band der
echt niedersächsische Humor, es dadurch zu einem der Haupt=
werke der mundartlichen Literatur unserer niedersächsischen
Heimat machend." (Löns.) Neben dem ersten Teil des
Werkes, das seinen Höhepunkt wohl in dem Kapitel „De
Huldigunk" erreicht, treten die anderen Teile zwar zurück,
aber auch in ihnen herrscht das befreiende Lachen. So
sind des Helden Erlebnisse nach seinem Tode, wie er als
ehemaliger Gelbgießer die Sonne putzen muß und dann
seinen Einzug in den Himmel hält, von einer urwüchsigen
Komik. Und dann diese Satire! Mehr drollig als ätzend
und beißend, aber stets ins Schwarze treffend. Besonders
in dem Band „Nao sienen Daud" hat Landois, der unter
dem Decknamen Iselmott schrieb, sich als meisterhaften
Satiriker gezeigt. Der Dichter hat in seinem Frans Essink

eine Prachtgestalt der niederdeutschen Literatur geschaffen, die sich zwar an Tiefe mit Braesig und Kasper-Ohm nicht messen kann, aber doch aus demselben Kernholz geschnitzt ist.

Ist Frans Essink in erster Linie ein Verwandter von Kasper-Ohm, so wandelte Karl van der Boeck (geb. 1832 in Münster, gest. 1892; Pseudonym Derboeck) ganz auf Reuters Spuren, dessen Mundart er sich sogar bediente. Mit behaglicher Breite erzählt er in seinem Roman „Spledder un Spöhn" eine Geschichte aus dem mecklenburgischen Landleben. Wenn die Erzählung sich auch häufig sprunghaft fortbewegt und nicht zur Sache gehörende Anekdoten den Gang der Handlung verzögern, so bieten dafür Gestalten wie der Leutnant Grollmann, der Lehrer und spätere Nachtburmeister Peperkorn und Dull Lotting Entschädigung. Als begabter Erzähler tat sich auch Otto Kuß (geb. 1848 in Schroda) hervor, der gleichfalls in mecklenburgischem Platt schrieb. Wußte er schon in „Ut mine Ferientid" und „De Witwerfind" den Leser durch spannende Handlung zu fesseln, so zeigte er in der Erzählung „De Stadthauptmann von Fredenhagen", in der neben feinen Zügen ein übermütiger Humor das Szepter schwingt, seine Begabung von der stärksten Seite. Wesentlich anders geartet war Karl Prümer (geb. 1846 in Dortmund), ein liebenswürdiger Spötter, als der er besonders in seinem „Westfälischen Ulenspiegel" auftritt. Der sicheren Charakterzeichnung und dem liebenswürdigen Humor dieses Werkes begegnen wir auch in seinen „Geschichten un Gestalten ut Westfalen", dem „Westfälischen Husfründ" und „Jup un Jan", die weniger ein lautes Lachen als eine behagliche Freude an den kräftigen Gestalten auslösen. Ihm verwandt ist Wilhelm Koch (geb. 1845 in Köln, gest. 1891), dessen „Kölsche Scheldereien" und „Ommerjöncher" voll derberen Humors stecken wie die Werke feines Landsmannes Wilhelm Schneider (Pseudonym Wilh. Clauß; geb. 1862 in Köln), der sich mit „Seilspenner", „Et Kreegsjohr", „Ming eerste Liebschaff", „Kölsch Gemööt", „Alaaf Kölle" u. a. vielen Beifall errang.

Einen festen Platz in der Literatur erwarb Karl Tiburtius (geb. 1834 in Bisdamitz auf Rügen, gest. 1910) sich durch seinen Roman „Kandidat Bangbür". Mit köstlichem Humor schildert er darin die Erziehung zweier

Menschen zu brauchbaren Gliedern der menschlichen Gesell=
schaft. Der Gutsbesitzer Wulf erzieht den Kandidaten der
Theologie, der einen Grugel vorm Predigen hat, zur Selb=
ständigkeit, und ihm selbst, den herzensguten, doch leicht=
sinnigen Menschen bringt das Schicksal zur Vernunft, indem
es ihm das Messer an die Kehle setzt. Um diese beiden
schart sich ein Kreis köstlicher Gestalten: Der alte Pastor,
des Kandidaten Gegenfüßler Fips, Wulfs in anderen Regi=
onen schwebende heiratstolle Schwägerin, sein vorlauter
Sohn Karl Gustav und der Dremmler Peter Bahls. Die
Vorzüge dieses Werkes, lebenswahre und =warme Ge=
staltung, weiß der Dichter in seinen kleineren, unter dem
Namen „Hackels" bereinigten Erzählungen voll zu be=
haupten. Voll prächtigen Humors sind auch die „Feld=
blaumen" von Karl Müller (geb. 1838 in Kakelbütt,
Mecklb.) und Friese (geb. 1848 in Königsberg, Preußen),
lustige Geschichten, die nach C. Schröders Urteil „durch und
durch echt und voll ausgelassenen Humors" sind.

Eine im ganzen unerquickliche Erscheinung war dagegen
Max Blum (geb. 1846 in Wokuhl bei Neustrelitz, gest.
1902). Zwar fehlte es ihm nicht an Phantasie, doch ver=
zettelte er seine Begabung planlos in seinen Werken, in
denen man nach einem Faden der Erzählungen vergeblich
sucht. Die Personen handeln häufig gänzlich unbegründet
wie Tolle, unglaubhafte Situationen sollen komisch wirken,
rufen aber nur ein Schütteln des Kopfes hervor. Von
seinen Werken seien nur „Vossen sin Pulterawend" und
„De Puppenspäler" als Beispiele des Gesagten erwähnt.
Am tollsten und zerfahrensten aber ist „De dulle Prinz".
in dem die Mängel der übrigen Werke noch verstärkt er=
scheinen. Erquicklich wirkt dagegen Max Sander (geb.
1848 in Treptow, Toll.), ein Schüler Reuters, der im
„Untroffzier Schult in'n französchen Krieg" behaglich zu
erzählen weiß und dessen Novelle „De Burmeister" trotz
einer leichten Neigung zur Karrikatur voll drolligen Humors
steckt. Nur unterhalten will Otto Thyen (geb. 1866 in
Neuenburg, Oldenb.), der in seinen „Plattdeutschen Volks=
erzählungen" und den „Lüttgen Geschichten ut min Heimat"
manche komischen Gestalten und Situationen schildert, da=
neben aber auch, wie in „Sloß Steenfeld", dem zweiten
Band der Volkserzählungen, wärmere Töne anschlägt. Nur

unterhalten will auch Dufahel (geb. 1856 in Neuftreliß,
geft. 1906), der in „Durch Eilboten" einige Poftgefchichten
aus alter Zeit flott erzählt. Auch Heinrich Jürs (geb.
1844 in Altona) ift ein liebenswürdiger Erzähler, der in
feinen „Spaßigen Rimels", „Plattdeutfchen Humoresken" u.
a. eine tiefere Wirkung nicht erftrebt. Ein liebenswürdiger
Plauderer ift auch Heinrich Bandlow (geb. 1855 in
Tribfees). In feinen größeren Erzählungen „Naturdokter
Stremel", „Ferdinand Schult", „Ernft Spillbom" und „In'n
Pofthus" gelingt ihm zwar eine ftraffe Durchführung der
Handlung nicht, fo daß fie fich in eine lofe Reihe von
Einzelepifoden auflöft. Seine Begabung verweift ihn auf
die Skizze, das Feuilleton. Auf diefem Gebiet leiftet er
Gutes, befonders in den „Stratenfegels" und in „Luftig
Tügs." So ftecken die Skizzen von Krifchan, dem Doktor=
kutfcher, und die Schnurre von den geftohlenen Galofchen
voll herzhaften Humors. Ein prächtiges Werk find die
„Hamborger Schippergefchichten", die Otto Ernft (geb.
1862 in Ottenfen) nach Holger Drachmann in einem klaffi=
fchen Platt meifterhaft nachdichtete. Auch Alfred Eh=
manns (geb. 1861 in Ankum) Dorfgefchichte „Adam fin
Adämken" fteckt voll feinen Humors, ebenfo wie einige der
fchlichten Gefchichten „Wohr is't" von Marie Petri
(geb. 1856 in Elberfeld).

Als feinfinniger Poet und Schüler Jean Pauls zeigte
fich Otto Vogel (geb. 1838 in Greifswald) im „Pom=
mernfpeegel" und in feiner ergreifenden Erzählung „Ruffel=
bläder". Die träumerifch=verfonnene Stimmung des Buches
läßt das fchwere Herzeleid, von dem der Dichter berichtet,
in einem milden Licht erfcheinen. „Glück un Unglück is tau
fine Tid gaud, un de grellen un fwarten Stripen, ut de
dat Leven tausammenwevt is, geven ein ganz genehm Mufter
af." Vom Helden des Buches, dem Küfter Fritz Abel Dünn=
bier, bis zu Tante Jette, dem Geizhals Onkel Reepfläger,
der den Magen für den größten Feind des Menfchenge=
fchlechtes hält, und Wife Lewing, des Küfters Jugendliebe,
ift jede Geftalt meifterhaft gezeichnet. Der Höhepunkt des
Werkes ift der Abfchied der beiden Liebenden, der mit zum
Erfchütterndften gehört, was in plattdeutfcher Sprache ge=
fchrieben worden ift. Vogel verwandt ift Otto Piper
(geb. 1841 in Röckwitz bei Stavenhagen). Hatte er fchon

in der Kleinstadtgeschichte „Ut 'ne lütt Stadt" seine Fähig-
keit für Charakterschilderung und scharfe Beobachtung be-
wiesen, so schuf er in der Erzählung „In'n Middelkraug"
eins der besten Werke der neuplattdeutschen Literatur, in dem
Raabescher Geist weht. Es ist ergreifend zu lesen, wie
Baron Nante, der Almosenempfänger, und der frühere cand.
theol. und Hauslehrer, der es bis zum Chausseegeldein-
nehmer gebracht hat, sich im Middelkraug kennen lernen
und dort eine eigenartige Freundschaft mit einander
schließen, wie sie einander verschweigen, daß ihr Lebens-
schiff gescheitert ist, und doch ihre Verhältnisse genau
kennen, und wie dann der Baron stirbt und begraben wird,
der Exkandidat für seine letzte Fahrt das Chausseegeld ein-
nimmt und dem Freund in seiner Stube eine rührende
Leichenpredigt hält. Wie in den „Russelblädern" so webt
auch in dieser Erzählung jener echter Humor, der den tiefen
Riß der Welt erkannt hat und gütig lächelt.

Zum Schluß sei dann noch zweier Humoristen gedacht,
welche die Tiererzählung pflegten. F. A. Ackermann
(geb. 1837 in Bützow, gest. 1903), schuf in seiner „Vageldeputatschon bi Bismarck" ein anmutiges Sachsenwaldidyll,
dem es an satirischen Seitenhieben auf politische Verhältnisse
nicht fehlte, und Karl Beyer (geb. 1847 in Schwerin,
Mecklb.) ließ in seinen „Swinegel-Geschichten" den stach-
ligen Vierfüßler drollige Abenteuer bestehen, die der Dichter
mit lachendem Humor erzählt.

### 6. Die Realisten.

Eine weit größere Pflege als der Humor fand die
ernste realistische Erzählung in der niederdeutschen
Prosa. Zwar nimmt auch in vielen dieser Werke der Humor
einen mehr oder minder breiten Raum ein, ihre Grundstimmung aber ist ernst. Den Übergang zu dieser Gruppe
bildet Quitzow (geb. 1812 in Wismar, gest. 1896), der
im ersten Teil seiner „Mecklenborger Geschichten" mit behaglicher Breite und vielem Humor erzählt „As Wisme
wedder mecklenborgsch würd". Im zweiten Teil berichtet er

von „Hanne Möller un fin Mudder", wie der Held, ein Tagelöhner vom Lande, ein Leben voll Mühsal, Elend und Arbeit lebt. Es liegt etwas von der düsteren Stimmung von „Kein Hüfung" über dem ersten Bande des schlichten Werkes, das der Wirklichkeit abgelauscht zu sein scheint, während der zweite Band hauptsächlich Hanne Möllers Erlebnisse in den Jahren 1870/1 erzählt. Wahrheit und Dichtung enthält auch nach Buckow s (geb. 1819 in Neuenkirchen, Dithm.) Angabe feine Erzählung „Friß", deren sorgfältiger Stil nur schlecht über den Mangel an Gefühlswärme hinwegtäuscht. Wärmer geschildert und spannend erzählt find der „Wihnachter Abend" und die „Söß plattdütschen Geschichten von den ollen Radmaker Martin" von Ludwig Wiedow (geb. 1830 in Kirch Mulsow i. Mecklb.), der dann besonders in den „Dörpgeschichten" und „Anning un Mriken" eine gesunde Kost bot, während sein Landsmann Dahl in den „Holthäger Geschichten" sich als Schwarzseher zeigte und die Landbewohner nur von der Schattenseite zeichnete. Humoristische Töne klingen dann wieder in die „Ollen Scharteken" von Wilhelmine Wehergang (geb. 1840 in Greifswald) hinein, die von dem Lavendelduft der Biedermeierzeit umschwebt find. Auch Karl Tannen (geb. 1827 in Leer, gest. 1904) versuchte sich in den kleinen Erzählungen „Uut'n Flickenbüdel" nicht ohne Erfolg als Schriftsteller, sein Hauptwerk bleiben aber doch die prächtigen Neudichtungen des Reinke Vos und Till Ulenspeigel.

Der große Roman fand dann in Edmund Höfer (geb. 1819 in Greifswald, gest. 1882) einen berufenen Vertreter. Im „Pap Kuhn" zeichnet der Verfasser Luft und Leid seines ewigen Kandidaten mit sicheren Strichen, und wie ein goldenes Licht läßt er den Humor seine Strahlen dazwischen werfen. Die abgerundete Gestalt seines Helden, der im Herzen kein Theologe ist, aber, einmal auf diesen Weg geschoben, ihn auch weitergeht, bis die Liebe ihn zur Selbständigkeit erweckt, ist fein durchgeführt und vertieft. Mit den lyrischen Gedichten „Ott un dat in Hadler Platt" trat Franz Grabe (geb. 1843 in Altenbruch, Hadeln) in den Kreis der Dichtung. Seine Begabung verwies ihn jedoch mehr auf das Gebiet der Erzählung, auf dem er in den Werken „Bon de Elwkant ut Hadelnland", „Ut ole

un nee Tiden", „Ut'n Volksleven" u. a. humoristische und
ernste Situationen trefflich zur Darstellung brachte.

Ein feinsinniger Dichter war inzwischen in P a u l
T r e d e (geb. 1829 in Brochdorf, Holstein, gest. 1908)
herangereift. Schon im Jahre 1856 hatte er Erzählungen
unter dem Titel „Klaas bun Brochdörp" veröffentlicht, die
er später selbst nicht für voll ansah. Nach langer Pause
trat er dann i. J. 1880 mit der Novelle „Abel" hervor,
die ihn schon als Meister der Dorfgeschichte zeigte. In
der wilden Abel und ihrem Widerspiel, dem biederen Jochen,
verkörperte er Prachtgestalten des Marschlandes. Sein
nächstes Werk waren die „Grünen Blätter", eine Sammlung hoch- und plattdeutscher Gedichte, die sich den wohl-
verdienten Beifall von Groth und Meyer errangen. Besonders seine plattdeutschen Lieder sind dem unmittelbarsten
Leben einer feinen und warmherzigen Natur entsprungen.
Die Höhe seines Könnens erreichte er dann in der ergreifenden Novelle „Lena Ellerbrok", die von Stormschem
Geist erfüllt ist und zum bleibenden Besitz der plattdeutschen
Dichtung gehört. Mit zarten Strichen hat er die Heldin
gezeichnet und ihre Handlungsweise, die so garnicht von
den Dörflern verstanden wird und sie in den Geruch einer
Hexe bringt, psychologisch begründet. Voller Lebensglut
birgt diese Novelle im engsten Rahmen gewaltige Leiden-
schaft und bewegte Handlung und weckt durch ihren
Stimmungszauber den wärmsten Anteil. Bewunderns-
würdig weiß der Dichter seine Muttersprache zu handhaben
und ihr die feinsten und zartesten Töne zu entlocken. Sein
letztes Werk, die Sammlung kleinerer Erzählungen „Brochdörper Lüd", zeigt Trede dann als liebenswürdigen Humoristen. Er war einer der begabtesten Novellendichter der
plattdeutschen Literatur, gleich groß als Dichter wie als
Sprachkünstler, und nicht zum wenigsten hat ihm die sorg-
fältige Ausfeilung seiner Werke seinen Erfolg verbürgt.

Der große Roman hat vor der Jahrhundertwende noch
eifrige Pflege gefunden. W i l h e l m  R o c c o (geb. 1819
in Bremen, gest. 1897) war zwar hauptsächlich Unter-
haltungsschriftsteller, der tiefere Wirkungen nicht erstrebte.
Immerhin ist seinen Romanen „Vor veertig Jahr", „Scheermann und Compagnie", „Kinner un ole Lüde" und „Bi
Grotmudder Lürssen" nachzurühmen, daß sie spannend er-

zählt und gemütswarm sind, sich von allen Trivialitäten frei halten und auch frischen Humor besitzen, Vorzüge, die besonders in seinem letzten Werk „De Komödjantenmudder" hervortreten. Einen höheren Flug versuchte H e i n r i ch B u r m e st e r (geb. 1839 in Niendorf, Lauenb., gest. 1889) zu nehmen. Es gelang ihm aber weder in seinen epischen Gedichten „Schaulmeister Klein" und „Ohmvetter" noch in der Erzählung „Arm un Rief" die Kluft zwischen Wollen und Können zu überbrücken. Auch seinen Gedichten „Land=stimmen" haftet etwas Unausgeglichenes an. Erst in „Harten Leina", „Nahwerslüd" und besonders in „Hans Höltig" glückte es ihm, seine Gestalten mit Leben zu erfüllen. Den Vorzug einer scharfen Charakterzeichnung und einer spannenden Fabel beeinträchtigt er indes durch seine Nei=gung, von der Sache abzuschweifen und Dinge, die mit der Erzählung wenig oder gar keinen Zusammenhang haben, in den Kreis seiner Darstellung zu ziehen. Ihm verwandt ist A d o l f H i n r i ch s e n (geb. 1859 in Bützow), der in den „Wohren Geschichten", „Twei Leiwsgeschichten" und dem Roman „De Evers" spannend zu erzählen weiß. Im letzten versucht er ein weiteres Weltbild zu entrollen, führt die Handlung jedoch sprunghaft vorwärts zum Schaden der psychologischen Entwickelung seiner Charaktere. Übrigens schreibt er ein schlechtes Plattdeutsch, und bei jedem Satz fühlt man durch, daß der Verfasser hochdeutsch gedacht hat. Im Gegensatz zu ihm weiß A n g e l i u s B e u t h i n (geb. 1834 in Neukoppel, Holstein) seine Muttersprache geschickt zu handhaben. Hatte er schon in „Klas Hinnerk" und „De latinsch Buer un sin Nabers" sich als flotten, spannenden Erzähler gezeigt, so traten diese Vorzüge in seinem Roman „Halfblod", dessen Technik an Spielhagen erinnert, be=sonders hervor. Die interessante Verwickelung und Lösung des Knotens täuschen den Leser leicht darüber hinweg, daß der Held einseitig gut dargestellt ist und zur Klasse jener Musterknaben gehört, die von Edelmut triefen und die es nur in Büchern gibt. Neben der lebendigen Darstellung ist jedoch auch die gute Charakterzeichnung hervorzuheben, wenn die Farben hier und dort auch zu stark aufgetragen sind.

Eine dichterische Vollnatur trat dann mit F e r d i n a n d K r ü g e r (geb. 1843 in Beckum) auf. In „Rugge Wiäge"

(1882) greift er mit fester Hand ins Leben der westfälischen
Bauern hinein und schildert den ergreifenden Kampf dieses
hartnäckig am Alten hängenden Standes gegen die in ihr
Gebiet eindringende Industrie. Eine Menge feiner Einzel=
züge die von scharfer Beobachtung des Lebens zeugen,
plastische Gestaltung und die klassisch zu nennende markige
Sprache lassen diesen und den groß angelegten Roman
„Hempelmanns Smiede" (1893) als Meisterwerke der platt=
deutschen Literatur erscheinen. „Lyrischer Stimmungszauber
liegt wie Sommerrauch über manchem Kapitel; in anderen
lächelt der köstliche, der echte Humor, der tief im Gemüt
wurzelt, unter Tränen. Er ist ein Schöpfer großer Romane,
ein Menschen= und Sittenschilderer voll kraftvoller Eigen=
art; westfälische Männer und Frauen mit all ihrer Art
und Unart treten uns fast greifbar entgegen." (L. Schröder).
Alle Vorzüge der älteren Werke finden sich dann in den
nach langer Pause erschienenen „Witte Liljen und andere
Erzählungen" wieder, in denen zum Teil ein köstlicher Humor
sein Szepter schwingt. Nur drei Werke hat uns der Dichter
geschenkt, diese aber lassen es bedauern, daß er so selten zur
Feder greift. Aus seinen Werken spricht eine ganze Persön=
lichkeit, die hellen Auges ins Leben schaut und das Ge=
schaute mitfühlenden Herzens berichtet, der nichts Mensch=
liches fremd ist und der auch jener göttliche Humor, der
die Erdenlast leicht macht, zu Gebot steht.

Soziale Fragen klingen im „Göderschlächter" von
Julius Dörr (geb. 1850 in Prenzlau) an. Es ist ein
düsteres Bild, das uns der Dichter in seinem ergreifenden
Roman entrollt, rücksichtslos deckt er eine Fülle von Elend
auf, doch auch ihn bewahrt der Humor vor dem krassen
Naturalismus. Auch die Erzählungen von A. Schetelig
(geb. 1846 in Friedrichstadt), „Lieschen Ströh un ehr Söhn"
und „Sin Eenzigst" neigen zur Schattenseite des Lebens. Sie
besitzen die Vorzüge tiefer Wahrheit, lebendiger Anschaulich=
keit und feiner Charakteristik, und der gewandte Stil des
Dichters gereicht ihnen besonders zum Vorteil. Auch Hein=
rich Kloth (geb. 1848 in Bockholt bei Eutin) ist ein Er=
zähler, bei dem man gern Einkehr hält. Hatte er sich schon
in dem Roman „De Landratsdochder" als ein Könner er=
wiesen, so konnte dieser Eindruck durch „Sliperlisch'n" nur
verstärkt werden. Ein straffer Aufbau, Züge feinen Humors.

Gestalten wie Nachbar Buck, Frie Gulpert, Jochen Ebento und die Heldin rechtfertigen die Beliebtheit des Romans durchaus. Wenn Kloth sich auch Reuter zum Vorbild genommen hat, so steht er doch selbständig da und schöpft nur aus Eigenem. Von ähnlicher Art ist Adolf Holm (geb. 1858 in Mucheln, Kr. Plön), der in den kleinen Erzählungen „Holsteinische Gewächse" und „Köst un Kinnerbeer", besonders aber in dem Roman „Rugnbarg" sich als feinsinniger Erzähler erwies. Gildemeister (geb. 1857 in Vorwendorf bei Wismar) überhäufte dagegen seine Dorfszen „Jochen Franck" und „Fiken Bolt" mit Handlung, so daß ihm für das Innenleben seiner Personen kein Raum mehr blieb. Höher steht sein Lyrikband „Ketelbeuters", in dem sich manches ansprechende Gedicht findet. Sein großer Roman „Dörpschult un Senater", der bunte Bilder aus dem Bauernleben bietet, leidet an vielen unnötigen Längen und besonders an einseitiger Darstellung der Charaktere. Die kurze Erzählung pflegte Erichson (geb. 1852 in Beelböken, Mecklb., gest. 1911), dessen „Hütt un Mütt" manche prächtige kleine Erzählung, vor allem die düstere, ergreifende Novelle „Grumcrow" enthielt. Die Erwartungen, die man hiernach auf ihn setzen konnte, erfüllte er in seinem Roman „Ut Kraug un Katen", der in lose Bilder zerflattert, jedoch in keiner Weise. Frisch und echt wirken dagegen seine „Kinnerriemels". Ein guter, gern gelesener Erzähler war Ferdinand Hanßen (geb. 1851 in Baalter-Altendeich, Dithm.). Seinen Erzählungen „Perfetter sin Hannis", „De Brodermord to Rantzau" und „Profiser Möller", einer köstlichen Humoreske, möchte man wegen ihrer gesunden Empfindung recht weite Verbreitung im Volk wünschen. Ein fruchtbarer Schriftsteller ist Fritz Worm (geb. 1863 in Barth, Pomm.). Von seinen gut erzählten Werken ragen die auch kulturhistorisch wichtigen „För Old un Jung", „Mönchgauder Spaukgeschichten", „Ut de mönchgauder Spinnstuw", „In letzte Stunn" herbor.

Für den historischen Roman fand sich kein Raum in der plattdeutschen Literatur. Zwar werfen historische Ereignisse ihre Schatten in die Werke mancher Dichter hinein und geben ihnen den Hintergrund. Es sei nur an Reuters „Franzosentid", an Mähl und Quitzow erinnert. Die Weltgeschichte selbst aber fand keine Bearbeiter, die, wie

Meyer in seinem „Gröndunnersdag bi Eckernför", wenn auch im engsten Kreise geschichtliche Tatsachen nachgedichtet hätten. Auch Heinrich Rickers (geb. 1864 in Ivenfleth bei Glückstadt), der in „Ut sware Tiden" die Belagerung Glückstadts zur Franzosenzeit anschaulich schilderte, war es weniger um die Weltgeschichte als um ein Liebesidyll zu tun, zu dem die schwere Zeit nur den Hintergrund lieferte. Der Abenteurerroman fand dagegen einen befähigten Vertreter in Segebarth (geb. 1833 in Wieck, Fischland), der in den „Darßer Schmugglern" spannende Abenteuer erzählt, deren Helden anschaulich gezeichnet sind. Auch seine „Demokratentid" und „Up Friegensfäut" zeigen ihn als phantasievollen Erzähler, während die gereimte Novelle „Dat Strafgericht" die Wirkung seiner Prosaerzählungen nicht erreicht. Wenig Pflege fand auch das Märchen. Zu erwähnen ist Abbenseth aus Bremervörde, dessen Feder die beiden schlicht erzählten Märchen „Bur un König" und „De Wunschring" entstammen.

## 7. Lyriker.

Neben diesen Prosaisten, deren Bedeutung hauptsächlich auf dem Gebiet der Erzählung lag, betätigten manche Dichter sich fast nur als Lyriker. So beschenkten die Brüder Friedrich (geb. 1819 in Rostock, gest. 1872) und Karl Eggers (geb. 1826 in Rostock, gest. 1900) die Plattdeutschen mit einer prächtigen Gabe in ihren „Tremsen". Das naive Empfinden von Karl Eggers ließ ihn besonders glücklich den Ton des Volksliedes treffen, so daß seine Übersetzungen aus Burns wie Originaldichtungen anmuten. Unter den eigenen Dichtungen der beiden ragen vor allem die Idyllen hervor. So ist der „Bloomen-Johann" ein Meisterstück von Friedrich Eggers, dessen Feder auch die Balladen „Dat Bleekermeten" und „De Gast" entstammen. Auch Wolf Graf Baudissin (geb. 1812 in Tharand) wußte in seinen „Vertellen un Rimels" den Ton des Volksliedes zu treffen. Burns und Hebel wurden von Joh. Ehlers (geb. 1837 in Hillerwettern Dithmarschen) in seinem „Mi-

krofosmus" gewandt bearbeitet, daneben zeigt er sich als
als geistreicher Spruchdichter. Mit scharfer Klinge trat der
in Amerika lebende Ostfriese Harm in „De Upstalsbom in
Amerika" gegen die plattdeutsche Bewegung Deutschlands
auf. Er warf den Niederdeutschen vor, daß sie die alten,
stolzen Worte „Lywer dood as Slave" und „Wahr di Gard,
de Buren kamt" vergessen und sich zu Sklaven hätten machen
lassen: die alte Sprache könne nicht durch Vereine erhalten
werden, sondern nur bei ihnen in Amerikas freier Luft
gedeihen:

> Wi plant de Frieheit wul op dat Graf,
> Wo de Doden er Doden begraven.
> Wi fünd Uncle Sam fin lebennige Staff,
> Keen duddige düfche Slaven.

Auch der rührige Reuterforscher und =biograph Gae=
bertz (geb. 1855 in Lübeck, gest. 1912) versuchte sich in
„Julklapp" auf dem Gebiet der Lyrik, brachte es jedoch nur
zu Durchschnittsversen. Er war keine schöpferische Natur,
und die Glätte mancher Verse kann nicht darüber hinweg=
täuschen, daß sie nur anempfunden sind. Ein liebens=
würdiger Poet und Idealist ist dagegen Fritz Storck (geb.
1838 in Elberfeld), der die plattdeutsche Literatur mit
einer ganzen Reihe von Werken beschenkte, von denen
„Jelänger jeleewer", „Kalloroden", „Ommergrön" und
„Spreu" genannt seien. In ihnen spiegelt sich die sonnige
Natur des Dichters rein wider, dem die Poesie tief aus
dem Herzen quillt. Zarte und kräftige Töne stehen ihm
ebenso zu Gebot wie ein lachender Humor und leiser Spott.
Mag er von der bergischen Kirmes singen oder von dem
Franzmann, der nach dem Rhein schielt wie der Fuchs nach
den Trauben, mag er dem Wald lauschen oder launige Töne
anschlagen, in allem tritt uns ein reiches, warmes und
lebensfreudiges Gemüt entgegen. Tiefe Heimatliebe spricht
aus den Gedichten „Von de Nordseestrand" von Emanuel
Gurlitt (geb. 1826 in Altona, gest. 1896), der in „De
Slacht bi de Kohstieg" eine Episode aus der Erhebung der
Herzogtümer humorvoll verklärte. Ergreifende Töne schlug
Wilh. Oesterhaus (geb. 1840 in Detmold) in „Juse
Platt" an. Gute lyrische Stimmung findet sich auch in
Schmachtenbergs (geb. 1848 in Heegenbruch i. Bergi=

ſchen) „En Freud on Leid" und „Mengelblumen". Von einem
feſten männlichen Charakter zeugt Harbert Harberts
(geb. 1846 in Emden, geſt. 1895) „An de Waterkant",
aus dem tiefe Heimatliebe klingt. Der Priegnitz entſtand
ein Sänger in Hermann Graeble (geb. 1833 in
Lenzen, geſt. 1909), deſſen „Priegnitzer Kamellen un Hunnen=
blömer" und „Priegnitzer Vogelſtimmen" neben Unreifem
Gutes enthalten. Auch Julius Stinde (geb. 1841 in
Kirchnüchel b. Eutin, geſt. 1905) verſuchte ſich in ſeiner
Mutterſprache und zeigte ſich in dem Lyrik, Proſa und
Dramatiſches enthaltenden „Ut'n Knick" als Dichter heiterer
und ſangbarer Verſe. Heinrich Teut (geb. 1868 in
Oſterbruch, Hadeln) vermochte dagegen in ſeinem „Krut"
den lyriſchen Ton nur ganz vereinzelt zu treffen.

Auch manche hochdeutſche Dichter grüßten das Hand=
werk auf plattdeutſch, wie Fontane, Seidel und
Liliencron. Vor allem aber Theodor Storm, deſſen
„Gaude Nacht" eine Perle plattdeutſcher Lyrik iſt:

Aewer dei ſtillen Straten
Geiht klar dei Klockenſlag;
Gaud Nacht! Din Hart will ſlapen,
Un morgen is ok en Dag.
    Din Kind liggt in dei Weigen,
    Un ik bünn ok bi di;
    Din Sorgen un din Leiwen
    Is allens üm un bi.
Noch einmal lat uns ſpreken:
Gauden Abend, gaude Nacht!
Dei Mand ſchint up dei Däken,
Unſ' Herrgott hölt dei Wacht.

Hier möge auch des Mecklenburgers Auguſt Dühr
(geb. 1841 in Friedland, geſt. 1907) gedacht werden, der
das Wagnis unternahm, Homers Ilias und Odyſſee platt=
deutſch zu bearbeiten. Er verſuchte dieſes Unterfangen im
Vorwort zur Ilias mit den Worten zu rechtfertigen: „Das
Hochdeutſche beſitzt nicht die Gabe, neben dem feinen, kon=
ventionellen, modernen Tone auch noch den urſprünglichen,
epiſchen, patriarchaliſchen, herzhaft derben Typus auszu=
geſtalten. Das Hochdeutſche iſt zu modern für den alten

Homer..... Homer hätte in der feinen attischen Sprache auch keinen Eindruck gemacht. So mußte es denn kommen, daß der volkstümliche epische Ton, den wir für Homer fordern und erwarten, in hochdeutschen Übersetzungen unterging." Dühr ist an seiner Aufgabe gescheitert. Wenn man auch zugibt, daß die kräftige plattdeutsche Sprache das heroische Pathos Homers sehr wohl treffen kann, so muß doch berücksichtigt werden, daß sie die Elemente der griechischen Bildung nicht in sich aufgenommen hat und daß die hellenische Vorstellungswelt ihr fremd geblieben ist. Dühr war auch zu wenig nachschaffender Dichter, als daß es ihm gelungen wäre, die griechischen Helden soweit als möglich einzuplattdeutschen und mit Leben zu erfüllen. Außerdem wählte er für die Übersetzung den Alexandriner als Vers, der wegen seiner Eintönigkeit wenig geeignet ist, den lebendigen Hexameter zu ersetzen. Felix Stillfried, von dem wir in seinem Büchlein „In Lust un Leed" gleichfalls Nachdichtungen aus Homer besitzen, bewies eine glücklichere Hand als Dühr, indem er sich auf solche Szenen beschränkte. in denen das Gemüt zu Wort kommt. Ein Vergleich möge die Kunst beider zeigen. Aus dem Abschied Hektors von Andromache im 6. Gesang der Ilias übersetzt Dühr:

> Dunn in bulle Rüstung Hektor hen nah sinen Jungen langte,
> Doch dat Kind bi desen Anblick för sin'n leewen Vadder bangte,
> Und mit eenen Upschrie fohrt' de Lütt an'n Bussen von de Amm,
> Denn he schreckt' för't blanke Isen un den Helmbusch, de em kam
> Nehger, den he von de Helmspitz furchtbor runnernicken sach,
> Dat sin Vadder un sin Mudder schlögen up 'ne helle Lach.

Dieselbe Stelle lautet bei Stillfried:

> So sprök de Held un reckte ut den Arm
> Nah sinen lütten Sähn. De schriegte up
> Un bögte sick taurügg un läd den Kopp
> An'n Bussen von de Amm'; denn hei würd bang

Vör sines Vadders Blick un vör den Helm
Un vör den groten Helmbusch up den Kamm,
Wo fürchterlich de weihn un nicken ded.
Dunn lacht’ sin Vadder, lacht’ sin Mudder ok....

## 8. Die Heimatkunst.

Gegen Ende des 19. Jahrhunderts traten in der hoch=
deutschen Literatur eine Reihe Dichter auf, die man als
Heimatkünstler zu bezeichnen pflegt. Adolf Bartels weist
darauf hin, daß schon auf früheren Entwickelungsstufen der
deutschen Literatur die Heimatkunst mehrmals Vertreter ge=
funden hat, zuerst in Hebel, J. H. Voß und Usteri, später
in Groth, Reuter, Keller u. a., und fährt dann fort, „Von
der alten Volksliteratur unterscheidet sich die neue Heimat=
kunst dadurch, daß sie sich nicht herabläßt, nicht belehren
oder gar aufklären will, von der früheren Dorfgeschichte
dadurch, daß sie nicht eine interessante Geschichte, sondern
das Leben selbst zu geben strebt und sich viel inniger an
den Boden mit seiner Atmosphäre und dem charakteristischen
Milieu anschließt. Dilettantische örtliche Kunst ist sie durch=
aus nicht, sie wendet sich an das ganze deutsche Volk und
strebt den strengsten ästhetischen Anforderungen Genüge zu
leisten. Vom Naturalismus aber trennt sie sich insofern,
als sie Natur und Leben nicht mit bloßem Respekt, gleich=
sam wissenschaftlich gegenübersteht, sondern aufs neue in der
dichterischen Liebe ihr Grundprinzip gefunden hat. Heimat=
kunst ist die Kunst der vollsten Hingabe, des innigsten An=
schmiegens an die Heimat und ihr eigentümliches Leben,
Natur= und Menschenleben, aber dabei eine Kunst, die
offene Augen hat, die weiß, daß Wahrheit und Treue der
Darstellung unumgänglich, der Würde der Kunst allein ent=
sprechend sind, daß nicht die blinde, sondern die sehende
Liebe das Höchste ist.“ Schon die Darstellung im Dialekt
gibt schärfere Bilder, als das gleichmachende Hochdeutsch
zu bieten vermag, und legt es dem Dichter nahe, auch den
Schauplatz der Handlung nicht nur durch den Dialekt zu
charakterisieren, sondern ihn intim zu schildern, ihn zu

eigenem Leben zu erwecken. So sind neben Groth und
Reuter auch Brinckman und F. H. Müller Heimatkünstler,
vor allem aber ist es Paul Trede. Im letzten Jahrzehnt
des Jahrhunderts fand die Richtung dann einige Vertreter,
die zu den besten Dichtern der plattdeutschen Literatur gehören.

Einer der berufensten Nachfolger Reuters auf dem Gebiet des Romans war der Mecklenburger Adolf Brandt
(Pseud. Felix Stillfried; geb. 1851 in Fahrbinde b. Schwerin,
gest. 1910). Schon in seinem Erstlingswerk, dem großen
Roman „De Wilhelmshäger Kösterlüd" treten die Vorzüge
des Dichters — scharfe Charakterzeichnung, spannende Handlung, die Fülle seiner Einzelzüge, die Mischung von Ernst
und schalkhaftem Humor und gemütvolle Darstellung —
voll zu Tage. Mag die Handlung auch zuweilen durch
die Fülle von Nebenpersonen etwas beeinträchtigt werden,
so entschädigt doch die Lebenswahrheit des Werkes den Leser
reichlich. Stillfried hat in dem Roman seine eigene Jugend
geschildert und läßt uns einen tiefen Blick in das Leben
des Lehrerstandes tun. In drei Generationen treten sie vor
uns hin: Der alte Gothmann hat seine Fachkenntnisse als
Bedienter beim Superintendenten erworben, sein Schwiegersohn hat schon das Seminar besucht und dessen Sohn bringt
es zum Universitätsprofessor. So stellen die drei eine
Stufenleiter des Aufwärtsstrebens dar. Den Höhepunkt von Stillfrieds Schaffen bildet dann der nächste
Roman „Ut Sloß un Katen", später „Dürten Bland" genannt. Mehr noch als in den Kösterlüd liegt ein prächtiger
Humor wie warmer Sonnenschein über dem Werk. Jede
Gestalt, vom alten Schäfer Kempk bis zum Baron, der in
seinem Stammbaum und demjenigen seiner Gutsleute herum-
klettert, bis er eine ihm peinliche nahe Verwandschaft
zwischen sich und Kempk entdeckt, hebt sich scharf umrissen ab. In der Titelheldin aber ist dem Dichter eine
Gestalt gelungen, die in ihrer herzgewinnenden Schlichtheit,
Treuherzigkeit und Hilfsbereitschaft an Goethes Dorothea
gemahnt. Eine treue Schilderung kleinbürgerlichen Lebens
ist der letzte Roman des Dichters „De unverhoffte Arwschaft." Auch in den Mittelpunkt dieses Werkes hat Stillfried eine sympathische Mädchengestalt gestellt, die frische
Anna Warncke, der allerdings der stille Zauber, der Dürten

Bland umwebt, fehlt. Die Vorzüge der Romane zeigen auch die unter dem Titel „Hack un Plück" erschienenen kleineren Geschichten, von denen „Fritz Stoppsack" und „De Hex von Moitin" besonders hervorgehoben sein mögen. Im Gegensatz zu Reuter, der dazu neigt, seine Gestalten zu idealisieren, hebt Stillfried auch ihre Schattenseiten hervor und erzeugt so realistischere Lebensbilder. Der Gesamteindruck, den der Leser von den Erzählungen des Dichters gewinnt, läßt sich am besten mit seinen Versen wiedergeben:

> O wunnerbor,
> Wo leg dat vor,
> Wo seg min Og dat all so klor!
> De Seen, dat Holt, dat gräune Feld,
> In'n Sünnenschin de wide Welt!

Neben dem Erzähler aber darf der Lyriker nicht vergessen werden. Im Gegensatz zu den Romanen liegt über der Lyrik „In Lust un Leed" eine elegische Stimmung. Tief empfundene Verse sind es, in denen der Dichter seiner Jugend und seiner Heimat gedenkt, jenes stillen Dorfes und des uns aus den Köfterlüd bekannten Katens:

> Doch denk ick an den Katen —
> Ick weit nich, wo mi ward!
> Wo kannst du mi so faten,
> Min Vaders Hus, an't Hart!

Aber der Humor kommt in dem Buch auch zur Geltung, besonders in der feinen Idylle „Steinbeck". Neben der schon erwähnten Übersetzung aus der Ilias enthält der Band dann noch eine prächtige Nachdichtung der Nausikaaepisode der Odyssee und mit reifer Kunst eingeplattdeutschte Bearbeitungen aus Horaz.

Während Stillfrieds Bedeutung auf der Erzählung beruhte, lag das poetische Schwergewicht seines Landsmannes Helmut Schröder (geb. 1842 in Spornitz bei Parchim, gest. 1909) auf der Lyrik. Drei Bände Gedichte hat er uns beschert: „As't de Garw giwwt" (1880), „Kräns' un Strüz" (1899) und „Ut minen lütten Gorden" (1909). Mit Lyrik begann und schloß er seine dichterische Laufbahn, und diese drei Jahrzehnte umfassen ein stilles, aber reiches

Dichterleben. Die Welt seiner Gedichte ist eng begrenzt.
er ist Dorflyriker wie Brinckman, die bei diesem fehlende
subjektive Lyrik tritt bei Schröder aber stark hervor. Mag
er in der Anschaulichkeit seinem großen Vorgänger auch nicht
gleichstehen, vermag seine Lyrik auch nicht so zu erschüttern
wie diejenige Brinckmans, in einem erreicht er ihn fast, in
der Musik der Sprache. Schröder ist ein Sprachpfleger
und =künstler, wie die niedersächsische Literatur sie nur
wenige aufzuweisen hat. Trefflich weiß er in vielen seiner
Gedichte den Ton des Volksliedes zu treffen („Dor güng
en Jäger" u. a.), tief empfunden ist seine Liebeslyrik in
den „Möllerleidern", Perlen der plattdeutschen Dichtung
sind seine „Nachtwächterleider". Am stärksten aber tönt
uns aus Schröders Versen sein tiefer, das Mystische be=
rührender Glaube entgegen. Seine Lyrik wird durch=
klungen von dem Ton, daß er Gottes Kind ist, daß Gott
ihm in jeder Stunde zur Seite steht. Er findet für sein
Gefühl starke und reine Töne:

> De Nacht ahn Lut —
> Un baben di de Heben
> Bull Steern un heimlich Leben, —
> Un du allein, —
> Minsch, kannst em seihn
> Ahn soll'te Hännen,
> In't Hart kein Brennen:
> Denn gah un wein!

Ihm war ein Herz gegeben, das sich in Gott freuen konnte,
und so blüht in seinen Gedichten denn ein Stückchen Eden.
In seinen Psalmen zieht er alle Register, so daß sie wie
Orgelklang einherbrausen. Aus Schröders Lyrik klingt eine
seltene Harmonie. Das Bild einer einfachen, geraden und
männlichen Natur tritt uns aus den Gedichten so heiter
und rein entgegen, und das prächtige, an älteren Aus=
drücken reiche Platt tönt in den sorgfältig gefeilten Versen
so voll, daß er sich leicht einen dauernden Platz in der
niederdeutschen Literatur erobert hat. Am bezeichnendsten
für ihn ist der Vers:

> Holl di Kopp un Nacken stief!
> Flenn nich, as en hülplos Wief,

Liggt de Pott in Schören.
Gnaegeln is tau nicks nich nütt;
Nimm, wat di de Herrgott bütt,
Lachend, as de Gören.

Neben den lyrischen gehören aber auch die erzählenden Werke Schröders zum festen Bestand der plattdeutschen Literatur. Auch ihr Schauplatz ist das Dorf, und zwar das Bauerndorf, das der Dichter mit allen Licht= und Schatten= seiten schildert. Gleich Felix Stillfried ist auch Helmut Schröder realistischer als Reuter. Schon „Holzen Rike“ zeigt des Dichters Können von der besten Seite, wenn auch die Lösung des Knotens durch die breit ausgesponnene Texas= episode unnötig verzögert wird. Groß angelegt und durch= geführt und voller Züge feinsten Seelenlebens ist dann der ergreifende Roman „Bi Kräuger Volts“. Der Dichter hat das Wort, daß unrecht Gut nicht gedeiht, zur Grund= idee genommen und läßt an der Sünde des Vaters diesen und seinen Sohn zugrunde gehen. In die Erzählung ist, ein echt Schröderscher mystischer Zug, eine Gespensterfabel verwoben, die dichterische Verkörperung der Schuld. Neben diesen beiden Werken ragen noch zwei kurze Erzählungen aus „Veer Vertellen“ hervor, die erschütternde „Hartnack“ und die heitere „Fritz Röblins Brutfohrt.“ Jenes schildert uns, wie ein Bauernsohn, als sein Vater gegen seine Heirat mit der armen Rike ist und diese auf Zureden ihrer Mutter ihm sein Wort zurückgibt, zur Flasche greift und sich an Rikes Hochzeitstage erhängt. Durch die Brutfahrt aber klingt, besonders im Anfang, leise ein romantischer Ton, der ihr gar wohl zu Gesicht steht, bald aber einem heiteren Realismus weicht.

Echte Dorfstimmung webt in Minna Schraders (geb. 1850 in Hörste, Westf., gest. 1902) kleineren Erzählungen „Wat se sik in en Ramskenbrinker Duorp vertellt“, die bald humorvoll, bald in ernster Schilderung das westfälische Dorf lebendig vor uns erstehen lassen. Fest im Boden seiner Heimat wurzelt mit seinen Werken August Freu= benthal (geb. 1851 in Fallingbostel, gest. 1898). In seinen Gedichten spiegelt sich die Heide und ihre Bewohner treu wieder. Daneben zeigt er sich als talentvoller Er= zähler in dem Sammelband „Heidekörn“, der treffliche

Bearbeitungen ausländischer Dichter (Smit, Kielland) und eigene Erzählungen voll schalkhaften Humors enthält. Von größerer Bedeutung ist sein Bruder Friedrich Freuden= thal (geb. 1849 in Fallingbostel). In seinen kleinen Er= zählungen und Skizzen, die in den Bänden „Bi'n Füer", „In de Fierabendstied", „Lienhop un anner Geschichten", „Unnern Strohdack" und „Wied un sied" vereinigt sind, mischen Humor und Ernst sich zu einem harmonischen Ge= samtbild. Von Band zu Band aufwärts steigend, bald schlichte Anekdoten bietend, wie sie im Volk umlaufen, bald zarte Naturstimmung, bald feine Seelenmalerei seiner origi= nellen Gestalten, verwebt er alles so mit der Heide, daß sie selbst lebendig wird und bei uns einkehrt. Höher steht jedoch seine Lyrik. In seinen Gedichten „In Lust un Leed" trifft er vielfach den naiven Ton des Volksliedes, der Burns berühmt gemacht hat, so in

> Du bist so jung, du bist so schön,
> Unschüllig as en Kind,
> Wat wullt du blos hier buten stahn
> Bi mi in Reg'n un Wind.

Die Treuherzigkeit und Schalkhaftigkeit seiner Muse (man denke nur an die köstliche Romanze „Jan Kiwitt sin Wiew") lassen ihn als einen der besten Dichter für das Volk er= scheinen. Eine reife Kunst entfaltete er auch in dem kleinen Epos „De Invalid von Waterloo" (aus „In Lust un Leed"), in dem er erzählt, wie ein Bauernsohn der Heide gegen Napoleon in den Krieg zieht, bei Waterloo zum Krüppel geschossen wird und in seine Heimat zurückkehrt, wo man ihn bereits für tot gehalten hat. Sein Hof ist seinem Bruder verschrieben, der auch des Invaliden Braut geheiratet hat. Da bricht er unter der Wucht des Schick= sals fast nieder, beißt aber die Zähne zusammen, doch seine ganze Verzweiflung klingt aus den Worten:

> Doch wat fragt wi, de wi bi Waterloo
> De mörderliche Slacht mit dörchmakt hebbt,
> Denn na en Hoffstä, Heimat, Ollern, Brut!
> Wi hebbt wat anners woll belewt, woll'ck menen,
> Hebbt Dod un Deuwel in de Ogen keken,

Hebbt us nich bugt un bögt un hebbt nich bewt;
Ne, Jungs, wi lat't uns von so'n Kinnerkram
Denn ok noch hier, wills Gott! nich ünnerkriegen! —

Sein noch siecher Körper kann die Last nicht tragen, der
Invalide verfällt in schwere Krankheit, nach der er sich
ein stilles Leben als Imker aufbaut. — Knorriger als
Friedrich Freudenthal ist der Oldenburger **Franz Poppe**
(geb. 1834 in Rastede), der sich durch „Jan un Hinnerks
gesammelte Werke“ einen großen Leserkreis erworben hat.
Während der erste Teil nur lokales Interesse bietet, bewährt Poppe sich im zweiten als humorvoller Erzähler
und Schwankdichter, der seine Gestalten gut zu charakterisieren weiß. Aus dem ganzen Schaffen des Dichters, besonders aber aus den Gedichten des dritten Teils spricht
eine warme Heimatliebe, die auch die Schattenseiten der
Heimat mit goldigem Humor zu verklären weiß.

In **Johann Hinrich Fehrs** entstand den Niederdeutschen dann wieder ein Dichter, den sie mit Stolz in
eine Reihe mit Groth, Reuter und Brinckman stellen
können. Ein bodenständiger Holsteiner weist er in seinen
Werken mehr verwandte Züge mit seinen Landsleuten
Groth und Meyer als mit den Mecklenburgern auf, und
den lachenden Humor dieser beiden suchen wir vergeblich
in seinen Dichtungen. Die Werke von Fehrs sind nicht
nur von Bedeutung für die plattdeutsche Literatur, sie
sichern ihm als einem der besten Vertreter intimer Heimatkunst einen Ehrenplatz in der deutschen Nationalliteratur.

Fehrs, der Sprößling eines alten Bauerngeschlechts,
wurde im Jahre 1838 in Mühlenbarbeck bei Kellinghusen
geboren. Über den Tag seiner Geburt gehen schriftliche
und mündliche Überlieferung allerdings auseinander. Der
Dichter selbst erzählt: „Im Kirchenbuch zu Kellinghusen
steht von der Hand des derzeitigen Pastors geschrieben,
daß ich am 8. April 1838 geboren sein soll; meine Mutter
behauptete: am 10. April — ich glaub's, und es schmeichelt
mir, ich bin um zwei ganze Tage jünger, als der Pastor
wahr haben will.“ Da der Dichter auf die Angabe seiner
geliebten Mutter fest baut, müssen wir's auch, zumal seine
geistige Frische der Mutter recht gibt. Im Sommer hütete
der Knabe die Kühe seines Vaters, doch „der Herbst machte

aller Herrlichkeit ein Ende, unsere Kühe kamen in den Stall und wir in die Schule." Bald nahm aber auch die Sommerherrlichkeit ein Ende, denn der Junge wurde in die bessere Schule des Nachbardorfes geschickt. Nach seiner Konfirmation (1854) entschieden seine Eltern sich dafür, daß ihr Johann Hinrich den Lehrerberuf ergreifen sollte. Nach vier Präparandenjahren in Altona bezog er i. J. 1859 das Seminar in Eckernförde, und nach drei „herr= lichen" Jahren, in denen der angehende Lehrer sich auf eigene Faust viel mit Geschichte und Literatur beschäftigt hatte, wurde er Lehrer an einer Erziehungsanstalt in Reinfeld bei Lübeck, wo er mit Mähl Freundschaft schloß. Dann nahm er eine Stelle als Waisenlehrer in Itzehoe an und vermählte sich 1865 mit der Tochter eines Predigers, die dort eine Privatmädchenschule ins Leben gerufen hatte. Die Schule übernahm er und wirkte an ihr, bis er nach dem i. J. 1899 erfolgten Tode seiner Gattin in den Ruhestand trat.

Fehrs begann schon früh, Verse zu schmieden, auch entstanden kürzere und längere Erzählungen; aus Scheu behielt er seine Versuche jedoch im Pult, „und als ich sie mit gutem Bedacht endlich ins Feuer warf, erzeugten sie prächtige Flammen." Nach mehreren hochdeutschen Werken veröffentlichte der Dichter dann i. J. 1878 „Lütj Hinnerk", die Geschichte eines zarten, krüppeligen Jungen. Schon über diesem Werk liegt wie ein dünner Schleier jene leichte Wehmut, der wir häufig in seinen Werken begegnen. Im Jahre 1886 gab er dann den Gedichtband „Zwischen Hecken und Halmen" heraus, dessen größter Teil hochdeutsch ist. Die plattdeutschen Gedichte zeugen von reicher Phantasie und feinem Empfinden und sind von einem zarten Stim= mungszauber umwoben, der sie über die hochdeutschen stellt. Eine reine lyrische Wirkung hat Fehrs in diesem Werk und in später veröffentlichten Gedichten nur vereinzelt erreicht. Das epische Können überwiegt das lyrische be= trächtlich. Seine besten Gedichte aber stellen ihn, wenn auch nicht in eine Reihe mit Groth und Brinckman, so doch in ihre Nähe. Besonders hervorgehoben seien das prächtige „Hans Kasper un Trina", „En Drom", „Sommer= glück", „Rike", „De Heiloh" und das für den Lyriker Fehrs charakteristische „Verlorn":

### Brune Heid!

Du stunnst in Blöt, ik plück er Blom un Blatt —
Ach, Struß un Kranz hett bald de Wind verweiht!

### Blanke Born!

Du weerst so still un spegelst er so schön —
Bild un Gestalt — dat's all begraben worn.

### Graue Steen!

Din Broder steit op'n Karkhof mit en Krüz, —
Min Hart is möd, verlaten un alleen.

Im nächsten Jahr erschien dann der 1. Band von
„Allerhand Slag Lüd“, einer Sammlung von kleineren Erzählungen. Das beste Stück dieses Buches ist „En swaren
Drom“, in dem der Dichter die Bekehrung eines Wucherers
durch einen Traum packend schildert. Denselben Kunst-
griff, eine innerliche Wandlung durch eine Traum zu veranlassen, wendet der Dichter übrigens später in „Maren“
in ähnlicher Weise an. Weiter möge auch „De Spinnfru“
hervorgehoben werden, in der wir den Dichter als feinsinnigen Märchenerzähler kennen lernen. Gereifter zeigt
er sich dann schon in dem zweiten Band von „Allerhand
Slag Lüd“, der i. J. 1891 herauskam. In diesem Band
finden wir das tiefschürfende „In't Försterhus“, ein er-
greifendes Bild innerlicher Kämpfe und schließlicher Ver-
söhnung mit der Welt des von seiner Frau verlassenen
Försters. Eine andere Erzählung des Bandes, „Binah
bankerott“, veranlaßte Klaus Groth zu der Äußerung, die
für das ganze Schaffen des Dichters Gültigkeit hat: „Fehrs
ist kein Neuling in der Kunst, das holsteinsche Volk in
seiner heimischen Sprache zu zeichnen; er ist darin ein
Meister, wie ihn die Heimat nicht zweimal aufzuweisen
hat . . .“ Nach langer Pause erschien i. J. 1903 „Ettgrön“,
das wieder einen Aufstieg im Schaffen des Dichters bedeutet. Die Sprache ist noch reicher und voller, die
Charakterzeichnung der Personen noch schärfer geworden.
„Sünnabend“ und die tragischen „Kinnerdank“ und „Ehler
Schoof“ sind die Hauptstücke dieses Buches. Wieder eine

Pauſe, und dann erſchien i. J. 1907 „Maren. En Dörp=
roman ut de Tid von 1848—51", ein Buch von über=
quellendem Reichtum der Bilder und Geſtalten und von
einer pſychologiſchen Tiefe, die es zu einem der bedeutendſten
Romane der deutſchen Literatur macht. Was Reuter für
die Gutshöfe und Gutsdörfer als Dichter geweſen war.
das wurde Fehrs in dieſem Werk für die Bauerndörfer.
Die reife Kunſt, mit welcher der Dichter die Handlungs=
weiſe ſeiner Heldin verſtändlich zu machen weiß, wie er
Maren wachſen läßt und den Leſer ſie erſt achten und dann
lieben lehrt, iſt erſtaunlich, und man wird den Worten des
Arztes rückhaltlos zuſtimmen: „Aber es hat ſchon etwas
Erhebendes, . . einem ſolch tüchtigen und tapferen Menſchen=
kind begegnet zu ſein im Leben. Hat man es gar um
ſich gehabt und ſeine Liebe erworben, iſt's ein ſeltenes
Glück, das nachklingt wie ein Glockenton." Um Maren
ſchart ſich eine Fülle von Geſtalten, keine überflüſſig, und
alles, was ſie tun und laſſen, geſchieht im Hinblick auf
Maren und zeigt ſie von einer neuen Seite. Packende und
erſchütternde Szenen reihen ſich an einander, helles Licht
und dunklen Schatten wirft der Freiheitskampf des Bruder=
volkes in das ſtille Dorf, und ein leiſer Humor huſcht zu=
weilen, wie ein Sonnenſtrahl durchs Blätterdach, durch die
Erzählung. Abel Lahann, Dortjen Holm, der Bauernvogt
ziehen als ſcharf ausgeprägte Menſchen an uns vorüber,
und von erſchütternder, dämoniſcher Wirkung ſind die
Zwiegeſpräche des Schäfers Dirk da draußen auf der Heide
mit ſeinem Hund, die, den Worten der alten Propheten
vergleichbar, wie Fackelſchein düſter lohen. In dieſem ſtraff
komponierten, mit Stimmung geſättigten Roman iſt das
norddeutſche Dorf lebendig geworden wie kaum in einem
andern Werk; er iſt edelſte Heimatkunſt. — Zuletzt hat
der Dichter i. J. 1912 noch in einem Kalender die fein=
ſinnige Erzählung „Kathrin" veröffentlicht, die beweiſt, daß
ihm ſein Alter wie greiſender Wein blüht, und die hoffen
läßt, daß er noch einmal ein großes Werk zwingen wird.
denn er hat uns noch viel zu ſagen.

### 9. Die plattdeutsche Literatur im neuen Jahrhundert

läßt sich vom alten natürlich nicht durch eine scharfe
Grenze trennen. Manche Werke bereits erwähnter Dichter
sind erst nach 1900 erschienen. Die Richtungen des alten
Jahrhunderts finden im neuen ihre Weiterbildung. Humoristen, Realisten und Heimatsdichter sind auch in ihm vertreten und dehnen ihren Stoffkreis auf die Großstadt und
die Probleme der Weltanschauung aus. Die gezogene Grenze
zeigt uns auf der einen Seite diejenigen Dichter, deren
Haupttätigkeit auf literarischem Gebiet vor 1900 liegt, die
vor diesem Jahr die Mehrzahl ihrer Werke haben erscheinen
lassen und deren Entwickelung, soweit sich dies übersehen
läßt, abgeschlossen ist. Ob es das wirklich ist, kann freilich
erst die Zukunft lehren. Auf der anderen Seite aber stehen
die nach 1900 aufgetretenen Talente, die noch in der Entwickelung stehen und über die sich ein endgültiges Urteil
meistens noch nicht fällen läßt. Eine Freude aber ist es
für den Literarhistoriker, daß die Zahl der plattdeutschen
Sänger wächst, daß die Qualität der Dichter ein weiteres
Blühen der niederdeutschen Literatur verheißt und daß sich
unter ihnen starke Begabungen gezeigt haben, die auch
auf Beachtung in der Geschichte der deutschen Nationalliteratur berechtigten Anspruch erheben können. —

Die **Lyrik** fand im neuen Jahrhundert eifrige Pflege.
Einer ihrer talentvollsten Vertreter ist der Westfale Hermann Wette (geb. 1857 in Herbern, Bez. Münster).
Schon aus seinen „Westfälischen Gedichten" sprach ein form-
gewandter Poet, besonders aber mutete ihre Frische und
Innigkeit an. Nach Jahren des Reifens ließ der Dichter
kurz hinter einander zwei weitere Bände Lyrik erscheinen,
die „Neuen westfälischen Gedichte" und die „Pingsteblaumen."
Im ersten stehen prächtige Naturbilder wie „Magister Mai-
dag un sine Vuegelschaul" neben kräftigen Balladen („Schön
Betty", „Arm Katrin" u. a.), humorvollen Versen und
tief empfundenen religiösen Gedichten. Die „Pingsteblaumen", in der Sprache noch vervollkommnet, bedeuten
einen weiteren Aufstieg. Humor und Weltanschauung sind
vertieft, die Sprache klingt wie edle Musik, und
meisterhaft sind die Naturbilder. Den Höhepunkt des
Buches bildet „De verlorne Suhn", eine Um-

dichtung des biblischen Gleichnisses. Ein anderer guter Lyriker ist Adolf Stuhlmann (Pseud. St. T. Uhlmann: geb. 1838 in Hamburg). In den „Rhmels“, dem „Leder=boot“ und den „Hasselpoggen“ zeigt er feine, lyrische Empfindung, und ihm stehen viele Töne auf seiner Leier zu Gebot. Am besten klingen seine schlichten Lieder, die in ihrer Sangbarkeit an Volkslieder erinnern. In anderen malt er die Großstadt und weiß auch hier plastisch zu zeichnen wie in dem Hafenbild:

> de morgen kummt, een beven
> daer luft un lichter geit;
> de nebel stigt, an'n heven
> de sünn in osten steit.

> Se smückt mit rosen frölich
> de gevcln, mast un mast,
> wiildeß de lichter selig
> opflackert un verblaßt.

Auch als Prosadichter steht er seinen Mann. Schon den „Hasselpoggen“ hatte er kurze Erzählungen beigesellt. Ein Prosawerk voll feinen und kecken Humors schuf er in dem Lohuser Ritterorden „Sünte Jürgen“, dessen Hein Jansen eine Prachtgestalt ist. Die feine Satire des Werkes scheint darauf hinzudeuten, daß Stuhlmann hier sein eigentliches Gebiet gefunden hat.

Ein feinsinniger Lyriker ist Albert Schwarz (geb. 1859 in Wandhagen, Kr. Schlawe). Sein erstes Werk, die „Drag' knuppen“, enthalten Lyrik und Prosa. Unter den Erzählungen stehen Kabinettstücke feinen Humors wie „En gruglich Geschicht“ und „De Pird'kop“, die bedauern lassen, daß der Dichter dieses Feld nicht weiter bebaut hat. Auch die Lyrik des Bandes zeigt schon gute Ansätze. Das Ver=sprechen auf die Zukunft hat der Dichter in seinem Gedicht=band „Oschen un Astern“ eingelöst. Reine, volle Klänge von Liebe und Leben wechseln in ihm mit zarten Stim=mungsbildern aus der Zeit, wo die Astern blühen. Er=schütternd wirkt „Hoosten“, eine Szene von der schleichendsten Krankheit der Menschheit. Hymnen, Oden und Reimverse,

alles meistert der Dichter mit sicherer Hand. Der Grund=
ton des Buches ist fröhlich, opimistisch, durch alle Wolken
klingt wie bei Liliencron der Ruf „Hurrah das Leben!",
so in der Frühlingshymne:

> Un du, o Minsch,
> Lat nie von Sorgen
> Un düster Gedanken
> Dat Hart di quälen!
> Freun sast ok du di, freun!
> Süh, de Welt is so grot,
> So unbegriplich is se,
> Dat dat Vermetenheit wir,
> Wenn swacke Minschenvernunft
> Slicht se sinnen wull un bemäkeln.
> Freu di, freu di, o Minsch,
> Un drink in lange Taeg'
> Den weekwarmen Lebensstrom,
> De dörch dat Weltall drift;
> Drink em giprig un girn, as en Burß,
> De up lange Wannerfohrt
> Hellig is worden un küm,
> Drinken deit dat klore
> Water, dat unverwohrs
> Vör em ut sturre Felsen plätert.
> Freu di un sing' mit de Drossel,
> Sing' mit de Lewark un Nachtigal:
> Hosianna! He kümmt,
> He kümmt, de König!
> Un selig, selig sünd,
> De sin Allmacht föhlen
> Un mit Demot un Freud' em begröten!

Auch Max Dreher (geb. 1862 in Rostock) zollte der
plattdeutschen Literatur seinen Tribut, indem er die Er=
innerung an seine Jugendzeit am Strand der Warnow in
die klingenden Verse seines Lyrikbuches „Nah Huus" ver=
wob. Dreher handhabt seine Muttersprache so gewandt,
als ob sie und nicht das Hochdeutsche sein eigentliches
Werkzeug wäre. Von Liebe, Freundschaft und Haß plaudern
die anmutigen Verse, Wehmut wird von schalkhaftem Humor

vergolbet, unb kräftig unb lebensbejahenb klingt bas Werk
aus:

> Ji segt, ick bün olt un gries wab mien Hoor —
> is jo nich wohr!

Sentimentale Wehmut ist ber Grundton bes Büchleins
„Wenn be Bläber fallen" ber Mecklenburgerin Auguste
Schwanbek. Bessere Lyrik bietet Hella Rehberg=
Behrns (Pseudonym Hans Gabriel; geb. 1860 in
Schlowe bei Sternberg, Mecklb.). In ihrem Lyrikbanbe
„Stille Dönken" paart sich tiefes Empfinben mit Können.
Die leise Wehmut, bie ihre Verse durchzittert, artet nie in
Sentimentalität aus. Am besten gelingen ihre träumerischen
Lieber wie bieses:

> Allnächtens stiggt s' an'n Heben rupp,
> Min Heimatsünn!
> Un jebwer Ros' un jebwer Knupp,
> Dei ick mal fünn,
> Bläuht webber upp!

> Aewer min Hus un börch min Hart
> Lücht't ehr Schien
> As Morgenrot, —
> As wier dat all, wat welk un bob,
> Webber mien!

Gesunde Lyrik gibt Christian Flemes (geb. 1847
in Völksen, Hannover) in seinen „Plattdütschen Gebichten",
bie von warmem Empfinben erfüllt sinb. Besonders ber=
steht er Naturstimmungen mit feinen Farben wiederzugeben,
wie in bem in seinem Werk nicht enthaltenen „Fröu an'n
Morgen":

> Ganz lisen rusht von'n frischen West
> De Blääd an Busch un Bom.
> De Fagels in dat weike Nest
> Sitt' noch in söuten Drom.

> Noch het de Dagg de Dugen tou,
> Noch iss so still de Welt,
> Un sachen geit de Morgenrou
> Up Söcken börch dat Felb.

De Halms fünd noch in'n Slap un nickt.
Denn Aten stoppt de Wind.
De Dau, dei up de Wischen flickt,
üm er denn Sleier spinnt.

(Aus der Anthologie „Up sassisch Eer.")

Den Dichtern, welche die stille Schönheit der Heide be=
singen, gesellt sich G. Müller=Suderburg (geb. 1849
in Suderburg) zu. In seinen Gedichten „Wat an'n Heidweg
blöht" tritt ein fröhlich=schalkhafter Zug hervor, in ihnen
spiegelt die Heide besonders im Sonnenglanz sich wieder,
und sie entzücken durch den Reiz ihrer poetischen Klein=
malerei. „En weeken, deepen Klockenklank" klingt durch
den plattdeutschen Teil von Hermann Fritz Neu=
manns (geb. 1858 in Elmshorn) „Lebensrunen", der
wünschen macht, daß man dem Dichter häufiger begegne.
Manches innige Lied ist Theilmann (geb. 1886 in Metjen=
dorf bei Oldenburg) in seinen „Hunnblomen un Maljen"
gelungen, die eine Entwickelung versprechen, während
Uhdes (geb. 1876 in Großgermersleben) „Himmels=
snettelken" Knospen und keine Blüten sind. Harmlos=heiter
und frisch gesungen ist die Mehrzahl der Gedichte von
Otto Graunke (geb. 1861 in Schivelbein; „Affids",
„An'e Bäk", „Awendklocken").
Manche Dichter gaben in ihren Werken Poesie und
Prosa gemischt. So Otto Weltzien (geb. 1873 in Darze
bei Parchim) in „Tosamsöcht Wör". Wie seine weitere Ent=
wickelung gezeigt hat, liegt seine Begabung auf dem Felde
der Lyrik, und seine in Zeitschriften veröffentlichten Ge=
dichte verheißen nach Form und Inhalt noch manches Gute.
Johann Friedr. Dirks' (geb. 1874 in Emden) „Struuk=
wark" ist im erzählenden Teil am besten. Ein guter Lyriker
und Erzähler ist Wilhelm Schmidt (Pseud. W. Fischer=
brock; geb. 1872 in Rostock) in „Wat Vagel Grip ver=
tellt." Seine flott erzählten Geschichten von der Wasser=
kante enthalten gut charakterisierte Personen, höher aber
möchte ich seine Kinderlieder stellen, die anmutig und von
schalkhaftem Humor sind. Auch Husmann (geb. 1877
in Siedenburg bei Sulingen) gab sein Bestes in „En Kranz
för de Görn", während seine Lyrikbände „Frühe Blüten"
und „Frische Blomen" noch viel Unausgeglichenes enthalten.

An diese Dichter schließen sich einige Poeten an, die ausgesprochene Dichter des Hauses und der Kinder= welt sind. So Ernst Hamann (geb. 1862 in Damerow, Mecklb.), der in den anmutigen meckelbörger Döhnken „Mien lütt Welt" sich als Meister des engen Kreises, den er sich gesteckt hat, zeigt. So Richard Dohse (geb. 1875 in Lübz), dessen „Von Hart tau Harten" gleichfalls nach In= halt und Form vollendete Lieder enthält. Auch Gustav Falke (geb. 1853 in Lübeck) entlockte seiner Leyer Klänge der Muttersprache und bescherte „En Handvull Appeln", die rotbäckig, schmackhaft und von herzerfrischender Anmut sind, ebenso wie Robert Garbes (geb. 1878 in Ham= burg) „Görnrief". Eine treffliche Sammlung von Wiegen= liedern, Kinderreimen usw. gab Pahsen=Petersen (geb. 1852 in Rendsburg) unter dem Titel „Kiekinnewelt" her= aus. —

Wie schon erwähnt, erweiterte sich der Stoffkreis der plattdeutschen Dichtung, indem die Großstadt mit ihren modernen Problemen ihren Einzug hielt. Der Vertreter der Problemlyrik ist August Seemann, der Dichter groß= städtischer Bilder ist Hermann Claudius.

August Seemanns (geb. 1872 in Groß Roge, Meck= lenburg) erstes Buch „Heitblicken" (1902) steckt noch voll Gärung, der Dichter hat seinen eigenen Ton noch nicht ge= funden und steht unter dem Einfluß des Naturalismus, be= sonders in den Balladen „Jutta", „Frigga" und „De Fri= warber". Die Liebeslyrik erinnert an hochdeutsche Vor= bilder, und die Gedankenlyrik, die später bezeichnend für ihn wird, klingt nur in „Un dennoch — doch" an. Aber noch rührt er nur leise an die Probleme der Weltanschau= ung, noch packt er den Stier nicht bei den Hörnern. Nach vierjähriger Pause gab er „Andäu" heraus. Hier haben wir schon den echten Seemann, den modernen Dichter. Er ist innerlich gereift, die Form ist glatter, für den Gedanken findet er durchweg schon den passenden Ausdruck, und der Naturalismus hat sich abgeklärt. Seine Gefühlslyrik, die gern an das Heimatsdorf anknüpft, ist sangbar und innig, und trefflich weiß er die Natur zu beseelen wie in „Dei Wind". Eins der schönsten Lieder dieses Buches ist „An dei Nacht":

Kumm, du ole, leiwe,
Kumm, du säute Nacht,
Nehm mi in din Armen,
Holl mi weik un sacht.

Lat din millen Ogen
Up mi rauhn so lang',
Dat sei von mi smölten
Weg all Angst un Bang'.

Legg din käuhlen Hännen
Mi up Stirn un Hoor'n,
Dat s' all Unglück schüchern
Furt as Gäus' ut'n Gor'n.

Küß mi tau dei Plinken
Mit dinen swigsamen Mund,
Dat an Seel un Sinnen
If mi slap gesund.

Die Gedankenlyrik nimmt schon einen großen Raum in dem
Werk ein. Der Dichter ringt mit Glaubensproblemen in
„Watt sall't" und „Christus", trotz mancher ungelösten
Frage aber bleibt sein Wahlspruch „Un doch, wes' lustig
Jung!", denn „ut dusend Borns quellt Sünnenschin". Neben
manchen mit Gedanken und Bildern überlasteten Balladen
steht in diesem Band auch die Meisterballade „Jan Rickels".
Die folgenden Bücher „Tweilicht" (1907) und „Vier=
blatt" (1909) bedeuten wieder einen Fortschritt. In der
Gefühlslyrik klingt häufig ein schalkhafter Ton, und aus
der Gedankenlyrik ragt sein kraftvolles Gottsucherlied „Wur
büst du" hervor mit dem Schluß „Den Kopp oewre Enn:
if will di wider säuken". Daneben stehen die Balladen
zwar zurück, aber doch findet er eigenartige Töne in ihnen,
so in „Dei Kulengräwer", „Anduric" und der Romanze
„Von den Olen". Seemanns letzter und umfangreichster
Lyrikband erschien i. J. 1910 unter dem Titel „Hänn'n".
Reich an Gedanken wie seine Vorgänger spiegelt er das
Wesen des Dichters treu wieder. Die Balladen sind noch
mehr zurückgetreten, dafür nimmt die Gedankenlyrik einen
breiten Raum ein. Besondere Schönheiten birgt das Kapitel
„Hei". Der Naturalist der „Heitblicken" ist in den „Hänn'n"

ein Realist geworden. Neben der Lyrik hat Seemann auch das Feld der Prosa bebaut und einen Band kleinerer Er= zählungen unter dem Titel „As dat Leben schaelt" (1911) veröffentlicht. Auch dieses Buch verrät den Dichter, der seine Gestalten psychologisch vertieft und das Lokalkolorit seiner Heimat zu treffen weiß. Aus dem Buch seien be= sonders „Dieten Dreiher" und „An de Slüs'" als Beispiele einer guten Erzähler= und Sprachkunst genannt. — Fest und frei mit der Welt ringend und keinen Kampf scheuend, steht der Dichter da, eine ganze Persönlichkeit. Was er erlebt, was ihm über den Weg läuft, der graue Alltag wird ihm zum Gedicht, zum Anlaß, sich mit der Welt auseinander zu setzen und Gericht zu halten über sein eignes Ich. Er ist so voll überquellenden Reichtums an Gedanken und Bildern, daß seine Fruchtbarkeit nicht wundernehmen kann. Seemann ist ein Lebensbejaher, der selbst Gevatter Tod als Freund begrüßt und ihm die Steige harken und mit Grün bestreuen will, ist er doch die Erfüllung und die Lösung manches Rätsels:

> All din Drömen ward Wohrheit,
> All din Denken Klorheit,
> All din Düster Licht.

Hermann Claudius (geb. 1878 in Langenfelde bei Altona), ein Urenkel des Wandsbeker Boten, hat bisher nur den Lyrikband „Mank Muern" veröffentlicht. Dieses Buch zeugt von einem starken Können. Claudius ist nicht der Dichter der Großstadt schlechthin, sondern der Dichter Hamburgs. Mit sicherem Griffel zeichnet er die Straße und den Hafen. Hohe, graue Mauern, Fabrikschornsteine, Zeitungsfrauen, Arbeitslose, Streik, Elbe, allem weiß er Leben einzuhauchen. Hamburg hat dem Buch sein Ge= präge gegeben, und in ihm lebt die Seele dieser Stadt, so wie Dichteraugen sie in ihrer Tätigkeit und Ruhe schauen. Schon das erste Gedicht des Buches, das „Nachtleed", ist bezeichnend für Claudius:

> Üm dusend Muern krupt dat Duster her
> up breede Swingen week un swatt un swör.
> Üm dusend Muern geit dat üm un üm.
> Ut dusend Muern kümmt en lurig Stimm.

Ut dusend Muern rögt sick dat un rögt.
Ut dusend Muern reckt sick dat tohögt:
As dusend Arms, as dusend duster Hann,
as Füst un Fingers, de nan Heben langn.
Dat föhlt un wöhlt un sökt un spökt ümher
un jümmer iwriger un jümmer mehr.
De lurig Stimm ward grot un fast un stark.
De dusend Muern stat as eene Kark.
Nu sitt de Nacht un speelt ehr Orgelwark.
De dusend Hann, de folgt sick sacht tosam.
De steenern Stadt, de is ton Beedn kam.
Se süfzt un söcht, as en verlopen Kind,
ehr eegen Seel, de se bi Dag nich finnt.

Dieser Reichtum an treffenden, oft kühnen Bildern kennzeichnet Claudius. Als friedliche Insel im Gewoge der
Großstadt taucht dann sein Heim auf, und in diesem Teil
des Buches findet der Dichter innige Töne für das Familien-
leben. Aber auch für die Natur da draußen vor den Toren
hat er ein waches Auge, und auch seine Naturlyrik ist
reich an Bildern und von zarter Stimmung, wie in „Go
Nacht":

Ower awendstille Wischen
söcht min Og sick söte Roh.
Newel deckt dat Gröne to,
un de Böm stat swatt dartwüschen.

Wunnerstille Abendfier.
Ward de Wisch en See so deep
un de Ellern sünd de Schep
un dat Swigen sitt ant Stüer.

Wulkenköpp wull een bi n annern
nickt de Sünn noch na: Go Nacht.
Sünd all halw in n Drom un lacht
un vergeet för Slap dat Wannern.

Zerstreut stehen zwischen den lyrischen Gedichten auch
Balladen, von denen „Stormflot", „Hans Hinnik", „De
rode Hahn" und die Großstadtballade „Jan Voß" genannt
seien. Claudius ist ein bodenständiger Dichter von reifem
Können, und sein erstes Buch hat den Wunsch geweckt,

ihm noch oft zu begegnen, auch als Erzähler, was seine Balladen erhoffen lassen.

Schließlich seien noch einige Talente genannt, deren Gedichte bisher nur in Zeitschriften und Sammlungen erschienen sind. Eigene kräftige Töne findet Georg Finke (geb. 1877 in Celle). Als Meisterin der Form in packenden Balladen nimmt Luise Gräfin von Brockdorff-Ahlefeldt (geb. 1863 in Ascheberg) einen hervorragenden Platz ein. Ludwig Hinrichsen (geb. 1872 in Kappeln) malt in seinen voll klingenden Versen scharf umrissene Naturbilder. Karl Söhle (geb. 1861 in Uelzen) sei wegen einiger keck hingeworfener Gedichte erwähnt. Eine Entwickelung versprechen ferner Ernst Schütte (geb. 1878 in Hamburg) und Thomas Westerich (geb. 1879 in Hamburg), die zu dem von der Nedderdüütsh Sellshopp in Hamburg herausgegebenen Sammelband „Up sassish Eer" beigesteuert haben.

Wie die Lyrik hat auch die **Prosa** eine reiche Pflege gefunden. Am dünnsten sind die guten **Humoristen** gesät. Einen prächtigen Roman, in dem Scherz und Ernst zu Wort kommen, der Humor aber doch den Sieg davonträgt, ist „Giärd" von Grunenberg (geb. 1856 in Münster). Auf dem Hintergrund des Revolutionsjahres 1848 schildert der Dichter mit schalkhaftem Humor und feiner Satire, wie der Patriot, Demokrat und Soldat Giärd erst zum Tode und dann zu 14 Tagen Arrest berurteilt wird. Auch Dallmeyer (geb. 1874 in Osnabrück) zeigt sich in dem lieblichen Epos „Jan un Marie" und der Erzählung „Dat Schützenfest" als echten Humoristen, und in seiner Lyrik („Plattdeutsche Dichtungen" und „Kleidörn") steht manches gute Gedicht. Behaglich und gut erzählt sind Fritz Kählers (geb. 1873 in Klink, Mecklb.) humoristische „Nige Kamellen". In vergangene Zeiten greift Kükelhaus (Pseud. Hugo Stein; geb. 1871 in Mülheim, Ruhr) in seiner Erzählung „Butt ewer Gudd" zurück, die Wibbelt ein köstliches Gemälde aus dem Volksleben „mit echt niederländischer Kleinmalerei liebevoll ausgeführt" nennt. Einer jener Humoristen, die mit einem lachenden und einem weinenden Auge in die Welt schauen, ist Ludwig Schröder (geb. 1854 in Soest). So schillert sein „Riägenbuogen" denn in allen Farben vom lachenden

Rot der schalkhaften Erzählung „Sauster un Iserlöhner" bis zu den düsterblauen Wolken, die schwer über dem Meisterstück des Buches, der Novelle „Schatten", hängen. Den derben Humor bevorzugt C. C. A. Holm (geb. 1856 in Altona) „Im scheeben Stebel", einem flott erzählten Werk, und kräftige Farben trägt auch Hans Kinau (Pseud. Gorch Fock; geb. 1880 in Finkenwärder) in dem plattdeutschen Teil der „Schullengrieper und Tungenknieper" auf, auch hat er auf dem wenig bebauten Feld der Ballade schon Vielversprechendes geleistet. Von den anekdotenhaften Skizzen „As noch de Trankrüsel brenn" reifte Ludwig Frahm (geb. 1856 in Timmerhorn Stomarn) zu „Geken un Floh", prächtigen kleinen Erzählungen, in denen ein echter Humor waltet. In einzelnen, wie in „De Franzosen= flint" greift er schon auf das Gebiet der Novelle hinüber. Die Odyssee wurde von Paul Lehmann=Schiller (geb. 1850 in Darsband, Rügen) in „Ganz olle Kamellen ut Ithaka" in drastischer, humorvoller Weise nacherzählt. Einen großen Roman aus dem Mecklenburger Landleben schuf Hans Wendt (geb. 1878 in Neubrandenburg). Seine „Meckelbörger Minschen" enthalten prächtige Gestalten wie Unkel August, Jochen Jürges und besonders Grete Schröder, und ihr Tun und Lassen hat der Dichter mit sicherer Hand psychologisch begründet. Lachender Humor wechselt mit Ernst, und manch Salzkörnlein Satire dient dem Werk zur Würze. Das alte Bremen feiert in den kurzen Er= zählungen von Georg Droste (geb. 1866 in Bremen) eine fröhliche Urständ. Seine Bücher „Vor de Fierstunn" und „Sunnenschien un Wulken" sind voll köstlicher Stim= mung. Gesunder Humor treibt auch sein Wesen in den „Dummjungs=Geschichten ut mine Schooltid" von Max Brinckman, einem Sohne John Brinckmans.

Eine der markantesten Erscheinungen der plattdeutschen Literatur ist der Westfale Augustin Wibbelt (geb. 1862 in Vorhelm bei Ahlen). Schon sein Erstlingswerk, die heiteren Erzählungen „Drüke Möhne", denen der Dichter später zwei weitere Bände desselben Titels angereiht hat, zeigen Wibbelts Kunst der Charakterisierung und sein Er= zählertalent. Derber, gesunder Humor spricht aus ihnen und scharfe Beobachtungsgabe. Wibbelt stellt seine Menschen mit allen Fehlern und Schwächen lebenswahr dar, sein warmes Herz hindert aber, daß der Satiriker zum Spötter wird, so unbarmherzig er sich auch über ihre schwachen Seiten lustig macht. Einen großen Stoff packt er dann in dem Roman „Wildrups Hoff" an. Mit ihm wird er zum Dichter. Der Humor ist vertieft, und ergreifende Tragik gesellt sich ihm zu. Aber manches ist noch unausgeglichen, und die Farben sind, wozu der Dialekt ja leicht ver= leitet, häufig zu stark aufgetragen. Diese Mängel über= windet Wibbelt dann in den nächsten Romanen „De Strunz", der Geschichte einer dörflichen Industrie, und „Hus Dahlen". die sich an packender Wirkung mit „Wildrups Hoff" aller= dings nicht messen können. Auch in ihnen findet sich noch manche nicht abgeklärte Stelle, so geht der Humor in der Schlacht und dem glorreichen Rückzug unter der Leitung des Barons Hörn (Hus Dahlen) sehr ins Groteske über. Von dem Naturalismus des ersten Romans entwickelt Wibbelt sich allmählich zum Realisten, und sein nächster Roman „Schulte Witte" zeigt einen abgeklärten Realis= mus. Dieses Werk bedeutet einen Höhepunkt in seinem Schaffen. Manche behaglich geplauderte Szene hält zwar noch den Gang der Handlung auf, wie Wibbelt überhaupt gern einem drolligen Einfall nachgibt. Licht und Schatten aber sind gleichmäßig verteilt, die Charakterisierung der Personen ist verfeinert, der Humor vertieft, und die Tragik des zweiten Bandes, der Tod des Sohnes und der Meerske, sind von erschütternder Wirkung. Der Titelheld zählt zu den Prachtgestalten niederdeutscher Dichtung. Mit seinen Fehlern, Schwächen und Vorzügen und besonders mit seinem Humor ist Schulte Witte ein bodenständiger Ver= treter norddeutschen Bauerntums, zu dem als Vertreter des münsterschen Bürgertums der Gelbgießer Lewink ein ergötzliches Gegenstück bildet.

Die kleinen Erzählungen „De lesten Blomen" und „Windhok" enthalten Scherz und Ernst, Humor und Satire in glücklicher Mischung. Besonders in dem letzten läßt der Dichter seiner Satire gegen die Kleinstädter frei die Zügel schießen. Ihnen folgen wieder große Romane, zu= nächst „De Pastor von Driebeck" und „De Järsschopp", die beide wieder ein Wachsen bedeuten. Bisher hatte der Humor den größten Raum in den Werken des Dichters beansprucht, jetzt tritt er zurück, und wenn er auch die

verföhnliche Grundstimmung noch abgibt und alles durch=
wärmt, so beanspruchen von diesen beiden Werken ab doch
die ernsten seelischen Konflikte den ersten Platz im Schaffen
des Dichters. Wibbelt schürft tiefer und schnitzt seine Ge=
stalten feiner. Auch seine Technik ist wiederum gewachsen,
er baut die Werke straffer auf und hebt die Hauptpersonen
wirksam durch andere Personen als Gegenspieler hervor.
So hat er den Pastor von Driebeck, der lange kämpfen muß
bis er die innerliche Verbindung zwischen sich und seiner
Gemeinde hergestellt hat, durch die Pastoren von Hollingen
und Düsterloh und den Dechanten prächtig beleuchtet. In
diesen beiden Werken lugt auch der Lyriker schon aus
einzelnen zarten Naturschilderungen hervor.

Sein abgerundetstes, reifstes und tiefstes Werk schuf
Wibbelt dann in dem Roman „Dat veerte Gebott". Die
Grundidee der Handlung, die schwere Last zu schildern, die
einem Sohn das vierte Gebot aufbürden kann, ist meister=
haft durchgeführt. Die Gestalten sind prächtig gezeichnet,
besonders der alte Schulze, Wilm und Anna, und damit
auch bunte Blumen den Garten schmücken und das Auge
erfreuen, hat der Dichter die heiratstolle Xantippe Ben=
dine und den „unwiesen" Studenten und Dialektforscher
Niggekamp hineingepflanzt, nicht etwa als überflüssige
Personen, sondern eng mit der Handlung verflochten und
zu ihrem Teile zur Entwickelung beitragend. Wie alle
Romane des Dichters enthält „Dat veerte Gebott" eine
spannende Handlung, aber nicht deswegen zählt die platt=
deutsche Literatur ihn zu ihren besten, sondern weil ein
Dichter ihn empfunden und geschrieben hat.

Neben dem Roman pflegt Wibbelt aber auch die Lyrik.
Keine bloße Abschweifung, kein gelegentliches Lustwandeln
und Erholen von dem Bebauen des weiten Feldes der Prosa
im Blumengarten des Verses, sondern mit gleicher Kunst ge=
pflegte Blumen. Und in den beiden lyrischen Bänden eine
ähnliche Entwickelung wie im Roman: in „Mäten=Geitlink"
(1909) frischer, froher Frühlingssang der Amsel, sangbare
Lieder, vorwiegend heitere Stimmung, viel Humor, bald
zart, bald kräftig klingende echte Lyrik; im „Paßraoten=
Gaoren" (1912) fehlen diese Klänge nicht, die Grundstim=
mung des Werkes aber ist ernst; auf den Jubel über die Schön=
heit der Welt, über die starke, alles durchströmende Lebens=

kraft folgen in ihm die ernsten Glockenklänge der Glaubens=
lieder, im tiefen Empfinden der alles beseligenden Liebe
Gottes an Helmut Schröder anklingend und doch wieder so
ganz anders. Wibbelt ist ein Meister der Lyrik, welche
Töne er auch anschlagen mag, ob er naive Kinderlieder
singt, ob er die Natur belauscht oder sich mit Gott und
Welt auseinandersetzt, und aus allen Klängen hallt die
Lebensfreudigkeit des Dichters wieder:

Dat Allerschönste up be Welt
Is doch dat Liäben!
Dat Sugen un Söken, sacht un söt,
Dat Reihen un Weggen met Hänn un Föt,
Dat Wassen un Wiäben.

Et schint so minn un is so stark,
Et kann wat driägen,
Un wat et hät, dat höllt et witz.
Dat Allerschönste up Aern is:
Dat Liäben hiägen.

Heinr. Lange (geb. 1863 in Tessin, Mecklb.) knüpfte
mit dem grotesk=komischen „Kaptän Peiter Potts Aben=
teuer" an Peter Lurenz an und ging dann zu der **ernsten
realistischen Erzählung** über. Er erhebt sich in den beiden
Erzählungen, die er unter dem Titel „Dörch Nacht tau'm
Licht" vereinigt hat, über bloße Unterhaltungsliteratur
jedoch nicht hinaus. Besser sind die „Twei Geschichten ut'e
Franzosentid". Auch M. Wietholz (Pseud. Marg. Re=
rese; geb. 1870 in Neurese, Kr. Cöslin) bietet in „Kinner=
streek", „Holt fast", „Ut ollen Tiden" und „Bi mi tau Hus"
flott erzählte Unterhaltungslektüre. Höher steht Friedrich
Cammin (geb. 1860 in Gr. Lantow bei Laage, Mecklb.).
Schon seine ersten Werke „Nahschrapels" und „Ut dei Bilad"
zeigten, daß der Dichter das Leben scharf beobachtet hatte:
besonders tritt dies in der kleinen Novelle „Wahre Leiw"
des letzten Werkes hervor. Unverdaulich ist dagegen die
in demselben Buch enthaltene Erzählung in Versen „Dei
Leiw in Sloß un Katen", deren Genuß schon durch die
unreinen Reime und das holperige Versmaß beeinträchtigt
wird. In den folgenden Werken „Regen un Sünnenschien"
und „In korten Tüg" überwindet Cammin die Mängel

seiner erften Bücher und gibt dann in dem Roman „Vadders=
arw" und dem Sammelband „Burrosen un Aftern" schlichte,
lebenswahre Bilder des mecklenburgischen Landlebens. Auch
seine Lyrik klingt in dem letzten Buch freier und reiner.
Eine packende Fabel erfand Hermann Rehse (geb. 1878
in Bengerstorf bei Boizenburg) in dem Roman „Arwsünn",
die zu meistern ihm aber nicht gelungen ist. Einen frischen,
markigen Ton schlägt Dücker (geb. 1826 in Averlach,
Dithm.) in den Novellen „Söte Ecken" an, zwischen denen
sich prächtige Stücke wie „Hanchen Wald un ehr erste Mann"
und „Klas Nickels un sin beid'n Bröder" befinden. Dückers
Erzählungen sind gemütswarm geschrieben und erinnern
in ihrer Klarheit an Björnsons Bauernnovellen. Einer
jener behaglichen Erzähler, die auch das Kleine liebevoll
erfassen und darstellen, ist Wilhelm Crone (geb. 1873
in Rüssel, Westf.) in seinem Gedichte und Erzählungen ent=
haltenden Buch „Lütt un Grot". Gesunde Kost bietet
August Schröder (geb. 1873 in Oldesloe) in „De sles=
wig=holsteinische Husfründ" und seinen Kinderliedern „Eel=
bombläder."

Ein Meister feiner Seelenschilderung ist Konrad Maß
(geb. 1876 in Anklam) in seinem Roman „Dörch Blaumen
un Nettel". Die spannende Handlung und die psychologisch
fein durchgeführte Entwickelung des Helden, des Bauern
Korl Blies', lassen bedauern, daß der Verfasser nicht mit
weiteren Werken hervorgetreten ist.

Schlichte, rotbäckige Erzählungen, in denen zuweilen
gesunder Humor durchbricht, hat M. Düsterbrock (geb.
1865 in Anklam) in den Bänden „En poor Planten ut
minen Gorn" und „Bur Kranich un anner Lüd" vereinigt.
Schlichte Schilderungen und Erzählungen gibt auch Wil=
helm Keetz (geb. 1870 in Strachau bei Bleckede, gest. 1909)
in „Lüneborger Land un Lüd" und „De Schult von Stra=
chau", dessen Fabel an Reuters Franzosentid erinnert. Eine
gesunde Unterhaltungslektüre bildet „De Lüde von'n Diek"
von Heinrich Bössing (Pseud. J. M. Ranke; geb.
1865 in Bremen). Gewandt zu erzählen versteht Elisa=
beth Albrecht in ihren unter dem Titel „Dat Familien=
taschenbauk" gesammelten kurzen Geschichten. Talent und
scharfe Beobachtungsgabe zeigt Munzel (geb. 1859 in Leer)
in „Lustig un Ernst", besonders im ernsten Teil des Buches,

und Zierows (geb. 1870 in Nienhagen bei Doberan) Skizzen und Erzählungen „Jrdgeruch" atmen in der Tat kräftigen Erdgeruch und bieten kernige, gut gezeichnete Menschen, während man den kurzen Geschichten „Olle Frünn" der Mecklenburgerin Lisbeth Peters nur nachsagen kann, daß sie gut erzählt sind. Talent verrät W. Resimius-Berkow (geb. 1862 in Lüneburg) in ihrem Epos „Lütt Heidelärk", doch hat sie sich im Stoff vergriffen. Die übernaive Heldin, der die Begriffe der Liebe und des Kusses völlig fremd sind, ist nicht von unserm Fleisch und Blut. Schlichte Skizzen aus den Vierlanden bringt Auguste Friedrichs in „Gesche Jvers". Eine fortlaufende Erzählung bietet sie nicht, auch fehlt dem Werk Entwickelung und Abschluß, immerhin verrät es Begabung für Schilderung von Kinderszenen.

Berechtigten Anspruch auf literarischen Wert machen auch die drei Bände der Märchensammlung „Wat Grotmoder vertellt" von Wisser (geb. 1843 in Klenzau bei Eutin), denen die hochdeutsche Literatur nur wenige gleichwertige Werke an die Seite stellen kann. Wisser hat die Märchen dem Volksmunde entnommen, und so bereiten sie schon durch ihre unverfälschte, kernige Sprache dem Freunde des Plattdeutschen eine Freude.

Heimatkunst steckt, wie schon gesagt, in fast jedem plattdeutschen Werk, und wenn hierunter noch eine Reihe Dichter besonders als Heimatkünstler aufgeführt werden, so heißt das eben, daß ihre Werke so innig mit der Heimat verwachsen sind, daß diese in ihnen zu selbständigem Leben erweckt ist. Wibbelt ist Heimatdichter, aber in erster Linie doch Humorist, und ähnlich steht es mit Wendt, Droste u. a. Ein echter Heimatdichter ist Wilhelm Poeck (geb. 1866 in Moisburg bei Buxtehude). In dem Titelhelden seines Erstlingswerkes „De Herr Innehmer Barkenbusch und andere Geschichten" schuf er einen drastischen Vetter von Kasper-Ohm und Peter Lurenz. Sein Roman „In de Ellernbucht" zeigt ihn dann als Heimatdichter großen Stils. Poeck führt uns in ihm zu den Gemüsebauern der Elbinsel Blomsand und erzählt uns von dem Leben eines Bauerngeschlechts. Er zeigt uns, wie der Fluß und die Großstadt, Schiffahrt und Hamburg wichtige Faktoren in diesem Leben sind und mit harter Hand eingreifen. Den

Freund der Anngreten lockt das Wasser, ihre Schwester Line verlockt die Großstadt, sie selbst aber, die Vollblut= natur, wurzelt fest im Boden der Heimat. Schon als Kind empfindet sie die harte Behandlung, welche die hab= gierigen Großeltern ihrer guten Mutter zu teil werden lassen. Als sie aufwächst, wird sie dem schwachen Vater eine Stütze und drängt die Großeltern zurück. Und als dann ihr Bruder Fiete durch die Schuld des Großvaters ertrinkt, da wird sie Herrin im Haus. Aber ihre Schwester Line tut ihr das Herbste an, indem sie ihr den zurückge= kehrten Jugendfreund abspenstig macht und dann selbst den Lockungen der Welt erliegt. Nach langer Zeit kehrt der Jugendfreund, der inzwischen die Feuertaufe bei den Taku= forts empfangen hat, zurück, und endlich kann Anngreten ihr Glück bauen. — In Poeck offenbart sich eine ursprüng= liche, große Dichterbegabung; er weiß die feinsten seelischen Vorgänge ebenso treu zu schildern wie den aufregenden Kampf vor den Takuforts, und die Niederdeutschen mögen hoffen, daß er noch oft von seiner hochdeutschen Schrift= stellerei zu ihnen zurückkehrt.

Dem Sietlande entstand ein talentvoller Dichter in G. Stille (geb. 1845 in Steinau, Hadeln). Hatte er in den Büchern „Ut'n Sietlann" und „Ut Landdokters Leben" schon vielversprechende Proben seines Talents ab= gelegt, so gab er sein Bestes in dem Roman „Nahbers= kinner". Mit warmer Anteilnahme berichtet er von der Kindheit Hermanns, des Wirtssohnes, und Emmas, der Pastorentochter, mit zarten Farben malt er, wie in der Brust Hermanns die Liebe zu der Freundin auf= keimt, die sie nicht erwidert, und wie er dann an der Seite einer andern ein stilles Glück findet. Prächtig ist als Hintergrund das wasserreiche Sietland mit den vielen Gräben und dem fernen Horizont gezeichnet, gegen den sich kräftig die Gestalten von Hermanns schwer geprüfter Mutter, von seinem Stiefvater, dem Nachbarn und dem Spökenkieker Ninzel abheben.

Die kurze Geschichte pflegt Fritz Lau (geb. 1872 in Möllenort bei Kiel). Schlichte Erzählungen sind es, die er in den „Katenlüd" bietet, in denen er kleine, alltägliche Schicksale mit träumerischer Poesie umwoben hat. Die Glanzstücke des Buches sind die tragische Geschichte „Illat" und die humoristische „Jakob Nachtwächter". Gereift ist er noch in „Ebb un Flot — Glück un Not", aus dem „Marie" und „In'n Nebel" als Kabinettstücke seiner Kunst hervorragen. Mit stillem Humor erzählt der Hannoveraner August Biester in den „Heidschollen" von seiner Heimat, deren Menschen und Natur er trefflich schildert. Heinrich Hansen (geb. 1862 in Arnis a. d. Schlei) hat in „Moderleev" eine Sammlung von Geschichten und Gedichten aus dem Lande Angeln gegeben. Prächtige Charakterköpfe zeichnet er, und die Titelerzählung ist ein rührendes Bild von dem Glauben einer Mutter an ihren Sohn.

Einer der besten niederdeutschen Poeten ist Karl Wagenfeld (geb. 1869 in Lüdinghausen). Ein Meister der kleinen Erzählung und der Skizze reifte er von „'N Oehm" zu „'Ne Göpps vull", aus dem das packende „Hagelschuer" genannt sei. Eins der besten Bücher bescherte er der plattdeutschen Literatur mit „Un buten singt de Nachtigall", einer Kette von Perlen, von denen „En Daugenix", „Hiärwst", „Blinne Marie" und „Allerseelen" als die leuchtendsten genannt seien. Mit feiner Kunst weiß der Dichter die Natur zu beleben und die Seelenregungen seiner Personen zu schildern. Seine Erzählungen sind im allgemeinen arm an Handlung, desto reicher aber an zartester Poesie. Wagenfeld ist ein Meister der Sprache wie nur wenige andere Dichter. Er läßt dieses sein Instrument in den wunderbarsten Tönen klingen, und es gehorcht ihm, mag er ein Adagio oder ein Fortissimo spielen.

Sein neuestes Werk „Daud un Düwel" stellt ihn in die erste Reihe der plattdeutschen Dichter. Das, was Albert Schwarz über diese Dichtung im Eekbom geschrieben hat, möge, zugleich als Muster einer guten plattdeutschen Kritik, hier Platz finden:

„Mit dit Bok is de plattdütsch Literatur üm en Meisterwark riker worden. Bör allen is dörch dit Bok mal wedder de Bewis bröcht, dat de plattdütsch Sprak dat Tüg in sik hett, sik an de höchsten un deepsten Probleme ran to wagen un dat all dat Gedrehn von gewisse Lüd', de ehr blot en lütt Feld, wo de Daglöhner sinen Kohl up bugen kann, togestahn willen, nix nich wider as eben en leddig Gedrehn is. Wenn een dit prächtig Bok lesen deit, kümmt eenen ganz von sülfst de Gedank an de ollen plattdütschen

Dodendänſ', un man mücht diſſ' Dichtung girn mit de in
een Reeg' ſtellen. Kickt een aewer neger to, denn is doch
en groten üteren Unnerſcheed twiſchen de nige un de ollen
Dichtungen. Der Tod iſt der Sünde Sold, dit Wurt gelt
bi den nigen Dichter ſowoll as bi de ollen. Heet dat in
den Lübecker Dodendanz von 1520 (mitdeelt von Prof.
Dr. W. Seelmann in 't Jahrbuch des Vereins für nieder=
deutſche Sprachforſchung, Jahrgang 1895):

> God vorboth Adam in deme paradyſe:
> Eth nicht van deſſer frucht, de ick dy wyſe,
> Deyſtu hir entjegen, ſo moſtu ſterven,
> Nicht du alleyne, men ock al dyne erven —

ſo lud't dat bi Wagenfeld:

> „Vull Arbeit un Sweet un Möh en Liäben,
> Dat is jue Loos — dann müett't ji ſtiärben,"
> Sagg Guod, äs ut den Gaoren he jog
> Adam un Eva, we de Düwel bedrog.

Aewer wenn in de olle Dichtung de Dod all Minſchen,
von 'n Papſt un Kaiſer bet to de lütten unſchülligen Kinner,
upföddert: Folget alle na! un ehr börbanzt un tolezt
irſt ſeggt:

> Tredet alle heer, papen, ock gy leyen,
> Ik wyl jw alle umme meyen —

ſo finnen wi in de nige Dichtung nix von en Upföddderung
tom Danz. Wagenfeld geiht ſin eegen Weg' un bütt en
ganz nig' Upfatung. As de irſten Minſchen dat Leben
verwirkt hebben un unſ' Herrgott ehr dat Starwen in
Utſicht ſtellt hett, dor begift ſik de Düwel an de Arbeit un
makt den Dod. He kned't em ut Lehm un brennt em in
de Höll to Steen, denn en Hart dörft he nich hebben;
denn ſmed't he em en Seiß un ſchickt em ut up Arbeit.
Aewer vörlöpig is noch wenig to don, irſt mit de Sünd=
flot geiht den Dod ſin Warken los, un von nu an gift
dat ſovel to meihn, dat he Angſt kriggt, ſin Seiß künn
ſtump warden. Dor kümmt de Düwel un trett mit em de

Reif' dörch de Welt an un wif't em, dat he keen Sorg
to hebben bruft, denn „dat Liäben, dat dreihet den
Slipsteen di rund un slipp di scharp dine Seiß". Un he
wif't em de saeben Dodsünnen: de Hoffart, den Giz, de
Unkeuschheit, de Afgunst, dat Supen, den Vernin un de
Fulheit, de all em de Seiß scharp hollen. In saeben
Gesäng' teekent de Dichter saeben Biller von de Minschen
ehr Laster un Sünnen, de in ehre eegenorige, sarpe Manier
en Wirkung öben, de sik kum beschriben lett. Ball klingt
de Sprak as en oll Volksleed, ball drög un knapp as en
Zeitungsbericht, je nahdem as de Text dat verlangt. Sülfst
de Humor bluckt hier un dor up, besonners aewer in den
Gesang von de Fulheit. Von wunnerbore Schönheit is dat
„Raospiell". De Dichter süht sik as Wannerburß dörch
de Fröhjohrsherrlichkeit gahn, aewer „et lütt, äs wenn
well mit mi göng düör Fröjaohrssunn un Singen." Dor
wennt he sik an den unheemlichen Gast mit de Bibb:
„Wocht, bis ick mine Arbeit daohn, de Saot an 'n Grunn,
int Fack dat Kaohn — dann hau fast to!" Wi leggen dat
Bok, dat de Widmung „Meinem guten Weibe" dreggt, in
deepe Gedanken ut de Hand. Man vergett aewer den Inhalt
kritisieren, man föhlt blot un weet blot, dat hier en Wark
dan is, dat uns' Literaturgeschicht mit gollen Bokstaben
in ehr Bläder indrägen ward, en Wark, up dat de platt=
dütsche Welt stolt sin kann".

Am gewaltigsten ist der Gesang „De Afgunst", in dem der
Dichter schildert, wie ein König den anderen aus Neid
über das Gedeihen von dessen Reich mit Krieg überzieht.
Als die Schlacht geschlagen ist:

Dao spiellt de Musik dat Nachtgebätt:
„Wir beten an die Macht der Liebe." —
Wild, luthals hät dao de Düwel lacht —
„Nu singt se von Leiw! — Un erst häbbt se slacht! —
Härguod, wat häß du Gesellen!"

Un de Maohn bis haug an'n Hiemmel kleiht,
Kick still op all de Mensken.
Häört, wu se in Naut üm Hölpe schreit,
Häört blöd'rige Piär iähr Frensken.
Un häört en Gebätt un häört en Flok,

Un füht, wu föhllaus de Afgunst mol
So Aolle äs Junge to Liken;
Wu de Saot verrannt un de Hüf' verbrannt,
Wu Witwer lut klagt in Truer un Schand. —
Un de Maohn krüpp ächter de Wolken.
Dao stolterboltert de Daud vör Freid.
„O Düwel, du Lump, min Wait de bleiht!
So'n Liäben, dat dreiht mi den Slipsteen rund
Un slipp mi scharp mine Seiß".

Wagenfeld hat in dieser Dichtung das erhabenste Werk
der neuplattdeutschen Literatur geschaffen, dem Stoff ent=
sprechend knorrig in der Sprache, ein Werk, das auch dem
Gegner der plattdeutschen Literatur wenn auch nicht Liebe
so doch Achtung abringen muß.

### 10. Die Läuschendichtung

hat sich zu einem besonderen Zweig der niederdeutschen
Literatur ausgewachsen. Die Freude an behaglicher Er=
zählung, am harmlosen Scherz, der nicht verwundet, steckt
dem bedächtigen Norddeutschen tief im Blut. Zu tausenden
laufen die spaßigen Anekdoten im Volk um, was den Ur=
ahnen erfreut hat, erfreut auch noch den Enkel. Vielfach
liegt den Anekdoten wohl ein wirkliches Geschehnis zu=
grunde, dessen Wiedergabe einem witzigen Erzähler Beifall
brachte und das dann den Weg in die Welt angetreten hat.
So sind wohl Eulenspiegels Späße entstanden, aus solchen
Anekdoten hat Scheller sein Sassisges Dönkenbok zusammen=
gestellt und hat Reuter die meisten seiner Läuschen gereimt.
Nach seinem Vorgang haben die plattdeutschen Dichter ihre
Läuschen mit wenigen Ausnahmen in die Versform ge=
kleidet, und so soll denn nachstehend unter „Läuschen"
kurzerhand das Versläuschen verstanden sein. Die Läuschen
gehören der epischen Poesie an und unterscheiden sich von
den Romanzen und Balladen dadurch, daß sie eine Er=
zählung mit komischer Pointe darstellen. Sie pflegen die
Komik in ihren drei Stufen: Dem Spaß, dem Witz und dem
Humor. Diesen findet man allerdings am seltensten ver=

treten. Er steckt z. B. in Reuters Läuschen „De Buren bi Regenweder", während „En gaud Geschäft" witzig, „De Korten" spaßig sind. „De Ledder is lank, de vun den „Humor" dalreckt bet to en „Spaß", bunt Lachen, wo En dat Hart mit bi bewert un de Tranen En in de Ogen kamt, Tranen, oft nich blot ut Freid, Tranen öft de man twei drückt — bet to en guden Infall wo man bi Beer drinkt un vellicht mal in sin „Kroß" prußt". (Groth.)

Wenn auch in den Läuschen zumeist der harmlose Spaß gepflegt wird, so ist doch seine Berechtigung in der Dicht= kunst anerkannt, so daß hierauf nicht weiter eingegangen zu werden braucht. Aus der Berechtigung der Läuschen in der Dichtung folgt nun allerdings nicht, daß jeder Verse= schmied aus dem Beifall guter Freunde schließt, seine Läu= schen bedeuteten eine Bereicherung der plattdeutschen Litera= tur, so daß er moralisch verpflichtet sei, sie drucken zu lassen, um sie den staunenden Zeitgenossen nicht vorzuent= halten. Klaus Groth mißtraute der Läuschendichtung von Anfang an, und heute kann man rückhaltlos anerkennen, daß es besser gewesen wäre, wenn Reuter seine Läuschen nicht geschrieben hätte, denn der Beifall, den sie immer wieder auslösen, hat die Läuschendichtung dermaßen ins Kraut schießen lassen, daß wohl die Hälfte aller auf dem plattdeutschen Büchermarkt erscheinenden Werke dieser Gat= tung angehörten. Damit aber ist die Gefahr entstanden, daß die Läuschendichtung die guten Werke überwuchert, zu einer Verflachung der plattdeutschen Literatur führt und den Geschmack des Publikums an besserer Kost verdirbt. Man würde sich die Läuschen ja noch gefallen lassen, wenn sie nach Inhalt und Form einwandfrei wären, so daß sie wirklich ein befreiendes Lachen, diese beste Arznei, aus= lösen könnten. Statt dessen haben die meisten Versebäcker ihren Läuschenkuchen nicht nur schlecht gebacken, sondern das attische Salz sogar gänzlich daran vergessen. Auch der Läuschendichter muß Dichter sein. Er darf sich nicht darauf beschränken, Gehörtes erzählend wiederzugeben, er muß von Eigenem hinzutun, lebenswahre, abgerundete Ge= stalten schaffen. „Die Narren sind in der ganzen Welt platt und frostig und ekel; wenn sie belustigen sollen, muß ihnen der Dichter etwas von dem Seinigen geben." (Lessing.) Erst dann wird ein Kunstwerk zustande kommen.

Krüger

Die ersten Läuschen finden wir bei Babst, der die straffe Strophenform anwandte. Wilke und Zumbrock bedienten sich dann schon des „Bummelverses" (C. Schröder), der durch Reuter fast alleinherrschend geworden ist. Seit ihm ist fast kein niederdeutscher Dichter aufgetreten, der nicht auch das Läuschen gepflegt hätte (Landois, Storck, Stuhl= mann usw.). Auch hochdeutsche Dichter haben dem Läuschen ihren Tribut gezollt, wie Heinrich Seidel. Die Zahl der eigentlichen Läuschendichter aber, welche dieses Gebiet haupt= sächlich bebauen, ist so groß, daß nur die besten Vertreter der Gattung genannt werden können, die sich zwar viel= fach auch auf anderen Gebieten betätigt haben, deren Haupt= stärke aber doch in der Pflege des Läuschens liegt.

Der erste Nachfolger Reuters als Läuschendichter war Daniel Bartels (geb. 1818 in Lübeck, gest. 1889), dessen in mehreren Bänden erschienene „Grillenscheucher" diesen Namen mit Recht trugen. Derb und packend, an= schaulich und mit gut herausgestellter Pointe tollen seine Läuschen einher und werden ihren Ruf noch lange behaupten. Auch H. Jürs (geb. 1844 in Altona) errang mit den „Spaßigen Rimels" u. a. vielen Beifall. Sinn für echte Komik bekundete auch H. Heine (geb. 1824 in Wolfs= hagen in Braunschweig, gest. 1879), der in seinen humo= ristischen und satirischen Gedichten „Wilde Heckenrosen" den straffen Strophenbau bevorzugt. Ein anderer Braun= schweiger, Theodor Reiche (geb. 1839 in Adersheim bei Wolfenbüttel) schlägt in seinen Werken neben den humo= ristischen auch ernste Töne an. Harmlos heiter gibt sich der Lübecker Kindermann (geb. 1832), im „Feldblomen= struß" und den „Feldblaumen un Heckrosen". Von drastischer Komik sind des Westfalen Täpper (geb. 1845 in Holster= hausen) „Gesundheitspillen". Weitere talentvolle Läu= schendichter sind Wilhelm Horn (geb. 1847 in Wolmir= stedt), Heinrich Toball (geb. 1856 in Wehlau), der Hannoveraner G. Steinberg und Wilh. Reicher= mann (geb. 1845 in Kreuzburg, Ostpr.), der in seinen 16 Bändchen „Ut Noatange" eine große Fruchtbarkeit ent= faltet. Der Reuterbiograph Paul Warncke (geb. 1866 in Lübz) hat sich in seinem Büchlein „Snurrig Lüd" als ein feiner Läuschendichter erwiesen, und auch Felix Still= fried weiß in „Bäweg' lang" drollig zu erzählen. Drei weitere „Spaßmakeroltgesellen" sind Schleiff, Erichson und Schöning. Schleiff (geb. 1869 in Damgarten) hat im „Nasr-ed-din Hodscha, de türkische Uhlenspeigel" eine Fülle wirklich humoristischer Schwänke prächtig vorgetragen, Erichson plaudert behaglich in seinen „Läuschen" und „Knallschoten", und der Rezitator Schöning (geb. 1855 in Parchim) erzählt in „Bi mi to Hus", einem Buch, das auch gute Lyrik enthält, plastisch und scharf pointiert seine Schnurren. Sein erstes Buch „Ut plattdütschen Lan'n" läßt bedauern, daß er sein Erzählertalent nicht weiter gepflegt hat.

Aus neuerer Zeit seien dann noch die Mecklenburger Metterhausen, Lenthe und Tarnow erwähnt, besonders bietet der zweite Band von Tarnows „Burr= käwers" eine Fülle derber, frischer Läuschen, wie sie auch in Domanskys köstlichen „Danziger Dittchen" zu finden sind.

## 11. Das plattdeutsche Drama.

Hatte die plattdeutsche Literatur auf den Gebieten der Lyrik und Epik manche Werke von bleibendem Wert hervorgebracht, so stand es mit dem Drama zur Zeit der Klassiker und Jahrzehnte nachher desto schlechter. Tragödie und gute Komödie fehlten vollständig, nur Volksstücke, Schwänke, Lust= spiele und Possen wurden, besonders in Hamburg, gepflegt. Hamburg war die einzige Stadt, in der dem plattdeutschen Drama eine größere Bühne zur Verfügung stand, man ließ aber nur Momus den lauten Markt unterhalten. „So= bald es der Dichter bloß auf ein Lachstück anlegt und weiter nichts will, als uns belustigen, so können wir ihm auch das Niedrige hingehen lassen, nur muß er nie Un= willen oder Ekel erregen." (Schiller.) Unwillen aber konnten viele Machwerke wohl erregen, da sie durch un= wahre und täppische Situationskomik den Geschmack des Publikums verdarben und das schon nicht übermäßig hoch im Kurs stehende Ansehen des Plattdeutschen noch weiter heruntertrieben, das auf der Bühne für die einfältigsten

Späße gut genug erschien. So sank das niederdeutsche Drama zu einer Gattung herab, die man wohl am besten als „Vereinsstück“ bezeichnet, dessen hervorstechendste Eigenschaft meistens eine rührende Harmlosigkeit ist.

Noch in den vierziger Jahren hatte Volgemann (geb. 1815 in Hamburg, gest. 1899) mit dem Schwank „De Regenrock“ auf der Bühne seiner Vaterstadt große Erfolge geerntet. Ihm folgte Lyser (geb. 1804 in Flensburg, gest. 1870), dessen Travestie „Linorah“ (1860) und Posse „Melkman Clas sin Fastnach in Hamborg“ (1861) gleichfalls viel gespielt wurden. Durch frische Menschendarstellung und prächtige Komik zeichneten sich die Schwänke „De Kopplschmid“ (1861) und „De Kumpelmäntenmaker“ (1875) von F. W. Grimme vor den vorher genannten Werken aus. Mit Arnold Mansfeld (geb. 1838 in Hamburg, gest. 1897) trat dann ein bühnenkundiger Schriftsteller auf, der mit den Bauernspielen „De Leev in Beerlann“ (1869) und „Üm de Utstüür“ (1879) geschickt an Bärmann anknüpfte, leider jedoch das Volksstück nicht weiter pflegte und sich dem Schwank zuwandte. Mit den nach Reuter dramatisierten „Wo is de Katz?“, „Jöching Päsel“ und „De Wett“ errang er zwar vielen Beifall; das Beste, was man ihnen nachrühmen kann, ist ihre Bühnenwirksamkeit.

Reuters Gestalten in ihrer strotzenden Lebensfülle verlockten die Theaterdichter überhaupt leicht, sie auch auf den Brettern heimisch zu machen. Der Dichter hatte nach den mißglückten Versuchen, sich als Dramatiker zu betätigen, diesen Zweig in kluger Erkenntnis nicht weiter gepflegt. Seine Gestalten aber gingen der Bühne nicht verloren. Besonders waren es die Läuschen, die zu kleinen Lustspielen, häufig Einaktern, auseinandergezogen wurden. Albert Peter J. Krüger (geb. 1810 in Altona, gest. 1883) bearbeitete „Inspektor Bräsig“, „Ut de Franzosentid“ und „Hanne Nüte“. Auguste Zinck (geb. 1821 in Rostock, gest. 1895) brachte die Schwänke „Jede Pott find't sien'n Deckel“ und „De Schoolinspekschon“ auf die Bretter. Herman Jahnke (geb. 1845 in Wintersfelde, Pomm., gest. 1908) dichtete „Dörchläuchting“ (1876) und zusammen mit William Schirmer, der auch die „Franzosentid“ und „Onkel Bräsig“ bearbeitete, „Kein Hüsung“, das trotz mancher ein schlechtes Hochdeutsch sprechenden Personen bühnenwirksam ist. Jahnkes bestes Bühnenstück blieb „Nahwer Bismarck", in dem er seinen Gestalten warmes Leben einzuhauchen versteht, während in den „Swestern" die Tendenz zu stark aufgetragen ist. K. B. J. Löffler zeigte in seinem Schwank „Leev weet Rath" Sinn für Bühnenwirksamkeit. die besonders Julius Stindes Werken große Erfolge verschaffen. Die lebendige Szenenführung hat allerdings seinen Volksstücken „Die Nachtigall aus dem Bäckergang" und „Familie Carstens" und den Schwänken „Hamburger Leiden" und „Tante Lotte" ein dauerndes Leben nicht einzuhauchen vermocht. Eine der erfreulichsten Erscheinungen auf dem Gebiet des plattdeutschen Dramas jener Zeit ist Johann Meyer. Schon in den Schwänken „To Termin" und „Uns' ole Moderspraak" stellte der Dichter kräftige Gestalten auf die Bühne. Besonders aber sein Volksstück „En lütt Waisenkind" (1887) wies auf die Bahn, auf welcher er gutes hätte leisten können. Die Gestalten sind scharf gezeichnet, der dramatische Aufbau ist nicht ungeschickt. Was dieses Stück hoffen ließ, hielt der Dichter jedoch nicht. Er wandte sich wieder dem Lustspiel zu und schuf „Rinaldo Rinaldini", „Dichter un Buern", „In Reuter sinen Gard'n" und „Hau mutt he hemm". Besonders die letzten beiden sind recht harmlos und überragen den Durchschnitt in keiner Weise. Meyer war letzten Endes kein Dramatiker, zum höheren Drama hätte seine Kraft nicht gereicht, allenfalls hätte sie für das Volksstück genügt, das aber immerhin der plattdeutschen Dichtkunst not tat, schon um ihr die Bühne zu erobern. Auch eine leichte Sentimentalität, ein ständiges Ingredienz der Volksstücke, stand ihm zu Gebot und hätte bei dem gesunden Empfinden des Dichters schon mit in den Kauf genommen werden können.

Wirksame Schwänke schufen Ludwig Kreutzer (geb. 1833 in Dömitz, gest. 1902; „Plattdeutsche Schwänke"), Fritz Worm („De dre Rüganer", „De Kaiser kümmt" und das Volksstück „Truge Leiw") und Hermann Böhmken (geb. 1838 in Bremen, gest. 1911; „Hei will frigen", „Spelt nich mit Füer"), die wenigstens gesund empfunden sind. Neben dem derben Schwank „Erst en Näs un denn en Brill" von Emanuel Gurlitt mögen dann noch zwei Versuche, der plattdeutschen Bühne durch Übersetzung vollwertiger Stücke aufzuhelfen, erwähnt sein.

Robert Dorr übertrug Shakespeares „De lostgen Wiewer
von Windsor", und Bernhard Brons (geb. 1831 in
Emden) bearbeitete Ibsens „Peer Gynt".

Die Ernte, die das plattdeutsche Drama im 19. Jahr=
hundert in seine Scheuern gebracht hatte, ließ nicht er=
hoffen, daß es noch Bühnenwerke schaffen würde, die einen
festen Platz innerhalb der Nationalliteratur beanspruchen
könnten. Es war kein einziges Werk geschrieben worden,
das durch Kraft der Phantasie und dramatisches Empfinden
die Bürgschaft der Dauer in sich trug.

Hoffnungsvoller läßt sich das neue Jahrhundert an.
Zwar beansprucht die leichte Muse immer noch einen breiten
Raum für sich und krankt an Überproduktion, neben ihr
aber sind verheißungsvolle Ansätze zum Schauspiel und zur
Tragödie vorhanden. Das „Vereinsstück" pflegte besonders
Karl Schröder (geb. 1857 in Tessin, Mecklb.), der in
einer Reihe kleinerer Schwänke „Dei Inbräkers", „Schulten
Rike" u. a. gewandten Dialog mit geschicktem Aufbau bei
gesunder Empfindung verbindet, und mit dem Einakter
„Smidt Boldt in'e Franzosentid" auch Talent für die
Tragödie zeigt. Ein frisches Talent bekundet auch Julius
Wiechmann (geb. 1854 in Burg auf Fehmarn), in
dessen Schwänken („Georg Meter", „De slaue Peter", „Tante
Greten", „Sultan Plumm" u. a.) sich manch komische Szene
findet, die im allgemeinen jedoch recht harmlos sind. Seiner
Tragödie aus dem Arbeiterleben „Hunger" fehlt der tragische
Konflikt. Von weiteren Lustspiel= und Schwankdichtern seien
genannt Karl Adolf Voß (geb. 1866 in Kiel; „Köster
Suhr", „Lischen will frigen"), Jörgen van Essen (geb.
1861 in Norderwisch, Dithm.; „De Möller von Butten=
hagen") und der Westfale Brockmann (Pseud. Halähr;
„Dat aolle Leed met'n nien Tän", „Schulten Dina"), deren
Werke drollige Szenen in geschicktem Aufbau enthalten. Ein
anmutiges Lustspiel schuf Georg Richard Kruse (geb.
1856 in Greiffenberg) mit „Anneken vom Mönchgut". Von
weiteren neuen Lustspieldichtern seien die Mecklenburger
Heinrich Lange („De Wendenkron") und besonders
Zierow („De Riesbarg") genannt, wogegen Elisabeth
Albrecht („Danzt ward nich") sich recht harmlos gibt.
Mit tollen Fastnachtspossen ohne literarischen Wert er=
heiterten Landois und Marcus (geb. 1854 in Münster)

die Bewohner ihrer Vaterstadt. Auch Lau versuchte sich mit Erfolg im Schwank („Johann un Trina up Reisen"). Zu den besseren Werken zählt Bandlows witziger „Dörp= reformator"; und auch Fischerbroks „Seemannsblot" er= hebt sich über den Durchschnitt.

Das Schauspiel pflegte Friedrich Cammin in seinen Volksstücken „Min Herzog röppt", „Irlich Lüd" und „Soldatenpack", deren dramatischer Aufbau allerdings nicht geschickt geführt und ohne Steigerung ist. Franz Grabe ist ein talentvoller Possendichter („Hein un Lotte" u. a.), höher stehen jedoch seine Volksstücke „De Spanger Scheeper" und „De Holschenkönigin". Klenz (geb. 1860 in Kröpelin. Mecklb.) dramatisierte wirksam Reuters „Dörchläuchting". die Mecklenburger Albert Wolff und Nahmmacher schufen jeder die „Franzosentid" zu einem bühnenfähigen Volksstück um. Tiburtius dramatisierte seinen „Kandidat Bangbüx", ohne ihm jedoch Bühnenleben einhauchen zu können. Elisabeth Thomanns (geb. 1856 in Berge= dorf) „Dat Beerlanner Paradies" muß zu den besseren Volksstücken gerechnet werden. Voll dramatischen Lebens sind F. Freudenthals „De Freewarwer" und „De eken Lad", in denen er abgerundete Gestalten auf die Bretter bringt. Dies ist auch Albert Lemmermanns (aus Meinstedt bei Heeslingen) dramatischer Bilderfolge „Eckers Dietrich" (Wigmodi) nachzurühmen, dessen bereits vor Jahren aufgeführtes, aber noch nicht in Buchform erschienenes Schauspiel „De neemodsche Bur" nach Berichten neben einer sorgfältig und lebensvoll abgetönten Ausgestaltung der Charaktere eine gut aufgebaute und in straffer Geschlossen= heit sich abspielende Handlung bietet. Eins der besten Volksstücke der neueren Zeit ist Beyers „Ut de Preußen= tid". Der Dichter hat seine Gestalten gut charakterisiert, und die Handlung schreitet in flotter Steigerung vorwärts. Erwähnt werden möge auch, obgleich es keine geschlossene Handlung hat, des Mecklenburgers Wossidlo „Winter= abend in einem mecklenburgischen Bauernhause", dessen einzelne Szenen anmutig und voll echten Lebens sind. Zum größten Teil niederdeutsch ist der Dialog in Fritz Ras= sows (geb. 1881 in Bremen) „Mutter Grön". Rassow zeigt ein starkes dramatisches Talent. Die Titel= heldin ist ein Starrkopf, wie wir sie unter den Land=

bewohnern häufig finden. Aber weder sie noch ihr Sohn Friede und dessen Schwägerin Grethe, für die es nach dem Selbstmord von Friedes Frau nur eine Möglichkeit, die Trennung, gibt, vermögen uns Sympathie abzugewinnen. Die Szenen sind jedoch packend geschrieben und die Gestalten bühnenwirksam. Rassow ist Naturalist wie der größte Dramatiker der plattdeutschen Literatur, Fritz Stavenhagen.

Fritz Stavenhagen wurde am 18. September 1876 als Sohn mecklenburgischer Eltern in Hamburg geboren. Nach seiner Konfirmation trat er als Lehrling in ein Drogengeschäft (1891). In dieser Stellung verblieb er drei Jahre, bis er sie infolge eines Zerwürfnisses mit seinem Lehrherrn verließ. Er wurde zunächst Rechercheur bei einer Auskunftei und dann Zeitschriften-Expedient bei einem Buchhändler, wo er sich durch Lesen eifrig fortbildete. Ende 1895 begab er sich zu seinem Schwager nach Greußen bei Sondershausen, um ihm im Geschäft zu helfen. Schon in Hamburg hatte er sich schriftstellerisch betätigt und fuhr in Greußen in dieser Beschäftigung fort. Im Jahre 1896 kehrte er nach Hamburg zurück. Auf Veranlassung eines Gönners siedelte er i. J. 1899 nach Berlin über, wo er Mitarbeiter an der „Gesellschaft" und der „Romanzeitung" wurde, kehrte jedoch i. J. 1900 abermals nach Hamburg zurück. Zwei Jahre später ging er nach München, nach mehrmonatigem Aufenthalt zog es ihn jedoch wieder nach Hamburg, wo er sich verheiratete. Bald darauf siedelte er nach Charlottenburg, 1904 nach Emden und dann wieder nach Hamburg über, wo der magenleidende Dichter am 9. Mai 1906 an den Folgen einer Operation starb.

Stavenhagen hatte seine dichterische Tätigkeit mit Prosaskizzen und Erzählungen begonnen, die zum Teil in dem Bande „Grau und Golden" gesammelt sind und schon den Dichter ahnen lassen. Sein erstes Drama war der „Jürgen Piepers" (1900), großzügig in Anlage und Aufbau, voll starker dramatischer Wirkung, und, wie alle Werke Stavenhagens, vollendet in der Schilderung des Milieus. Aber noch ist die Feder des Anfängers zu spüren. In dem Stück ist vieles noch starr und auf Biegen oder Brechen gestellt. Die Gestalten des Jürgen Piepers und der Rike aber sind schon wuchtig gezeichnet und verraten die dramatische Begabung des Dichters. Einen Fortschritt bezeichnet der in demselben Jahr geschriebene Einakter „Der Lotse"; in kurzen, knappen Szenen läßt der Dichter in der Brust des alten Lotsen ein erschütterndes Drama sich abspielen.

Nun beginnt die kurze Reihe der großen Werke Stabenhagens, die mit der Komödie „De dütsche Michel" (1902) eingeleitet wird. Es sei schon an dieser Stelle gesagt, daß es dem Dichter in seinen Komödien nicht gelungen ist, jenes erlösende Lachen zu finden, das wie ein Strahl der Weltensonne versöhnend und heiter über den Dingen schwebt. Zum Humoristen hat er sich nicht durchgerungen. In der genialen Anlage des Werkes aber erkennen wir den kraftvollen Dramatiker, der seine Gestalten in die Sphäre des ReinMenschlichen hebt. Romantisch=phantastisch=naturalistisch ist die Grundstimmung des Werkes, das in der fein abgetönten Zeichnung der Personen und der plastischen Formung der Bauernszenen den Meister zeigt. Der Dichter charakterisiert (nach Paul Wriedes verdienstvoller Biographie in der Zeitschrift „Quickborn") den Grundgedanken des Werkes mit den Worten: „Er ist tot! Und sie haben ihn in den Tod getrieben! Jetzt heißt es gut machen! Wer gelobt werden will, muß sterben! — Furcht, Achtung vor dem Toten und Hiebe dem Lebenden!" Die ersten drei Akte sind voll großer dramatischer Wucht, besonders das Festmahl des tollen Grafen Malling und die wilde Bauernszene im Krug, gegen die als Adagio der Sinfonie die wunderbar liebliche Szene zwischen Malling und Hanna von Oertzen sich anmutig abhebt. Wenn die letzten beiden Akte auch die Wirkung der ersten nicht erreichen, so enthalten doch auch sie Szenen von großer Kraft, und wieder sind es die Massenszenen, deren Bau dem Dichter am besten gelungen ist, wie der Auftritt, in dem der Graf sich zu erkennen gibt, die Bauern ihn jedoch für einen Betrüger halten und ihn verprügeln: „Wi willen di bie Grauf, dat di Hürn un Seihn vergeiht! — Immer schenk in!" Der Grundgedanke ist vom Dichter rein herausgearbeitet. Daß ihm keine Komödie im höchsten Sinne gelang, liegt auch am Stoff.

Nach dem „Dütschen Michel" wandte der Dichter sich der Tragödie zu und schuf „Mudder Mews" (1903), sein künstlerisch reifstes Werk. Die Szenen enthalten in ihrer knappen Geschlossenheit kein überflüssiges Wort, alles drängt mit eiserner Folgerichtigkeit auf den tragischen Ausgang hin. Im Gegensatz zur Fülle der Personen im „Dütschen Michel" ist sie in „Mudder Mews" sehr beschränkt, die wenigen Gestalten aber sind in schärferen Umrissen dargestellt. Mudder Mews ist das Fatum, das die weiche Elsabe vernichten muß, sobald sie ihren Weg kreuzt. Der Gegensatz zwischen beiden findet eine wirksame Ergänzung in dem Gegensatz zwischen den beiden Brüdern Willem und Hugo. Von Akt zu Akt wächst die Spannung, bis sie im Tod Elsabes eine wuchtige Entladung findet. Die Tragik des Dramas ist furchtbar, die vom Dichter gewählte Durchführung schlechthin vollendet, und nur ein Seitenstück können wir aus der deutschen Literatur zum Vergleich heranziehen, das ist Hebbels „Maria Magdalene". Wie Meister Anton dem Tod Klaras verständnislos gegenübersteht: „Ich verstehe die Welt nicht mehr!", so begreift auch Mudder Mews Elsabes Schritt nicht und geht ihrer gewohnten Beschäftigung nach, nur sich selbst bedauernd: „Nee, nee! wat ick ok alls dörchmaken mött!"

Noch einmal versucht der Dichter sich in der satirischen Komödie im „Rugen Hoff" (1905). Auch sie ist groß im Aufbau und prächtig in Einzelszenen, zuweilen spürt man allerdings, daß die Hand des kranken Dichters ermattet. An der Ungeniertheit, mit der geschlechtliche Fragen berührt werden, wird sich zwar nur ein Philister stoßen, der die Handlung nicht mit den Augen des Humors zu betrachten weiß, aber das Schicksal der Annliesch wirkt letzten Endes doch unbefriedigend. Ein reiner Humor ist aus dieser Komödie nicht erblüht, und wieder lag es am Stoff. Wie du mir, so ich dir! ist der Angelpunkt des Dramas, mit dessen Schattenseiten der Dichter zum Teil dadurch versöhnt, daß er im Schluß eine sittliche Forderung siegen läßt, indem Dürten für ihr Kind das Haus künftig rein halten will. — Ein Volksstück „De Kinner" hat der Dichter nicht vollendet.

„Stavenhagens Schaffen ist ein Lichtpunkt auf unserem Wege, wie er sonst nicht da ist. Stavenhagen besaß eine seltene Kraft für die Komödie, er hatte den rechten Blick für die vielen, ach so vielen uneingestandenen komischen Seiten des Lebens, der Menschen um uns her. Und ihm erschloß sich weiter mit jedem Werk mehr das Geheimnis echter Tragik, das Gesetz der Entwickelung echter tragischer Sühne aus fressender Schuld". (Welzien.)

Stavenhagen ist der einzige große niederdeutsche Dramatiker gewesen. Sein Lebenswerk ist nicht vollendet, das Schicksal hat ihm versagt, die Leiter zum Ruhm ganz hinaufzuklimmen. Vielleicht wäre er der lange erwartete Dichter der deutschen Komödie geworden, der Nachfolger Kleists. Wenn man in späteren Zeiten von ihm sprechen wird, dann wird man stets seines „Lotsen" und des „Augen Hoff" mit Achtung gedenken, dann wird man den „düttschen Michel" als sein genialstes, die „Mudder Mews" als sein reifstes Werk nennen. Ob er auf dem von ihm beschrittenen Weg gleichwertige Nachfolger finden wird, muß die Zukunft lehren, die Anregung, die er gegeben hat, ist von einem Wert, der nicht überschätzt werden kann. Auf seinen Spuren wandelt mit Erfolg Hinrich Wriede (geb. 1882 in Finkenwärder), der in seinem Trauerspiel „De Fischerlüd" dramatisches Talent verrät und dessen Tragödie „Uhlen" die Kritik echt tragische Wirkung nachrühmt. Auch J. C. Stülcken (Pseud. Peter Werth; geb. 1867 in Hamburg) tritt in „Die Schwarzen" und „Im Schatten" in Stavenhagens Spuren. Von neueren Dramatikern sei ferner mit Vorrang genannt Zoder (geb. 1872 in Cöthen), der die Dramen „Arbeit" und „De Last" geschrieben hat; Gahl schuf das Volksstück „Ut de Dünn'n", Poeck bearbeitete Kleists „Zerbrochenen Krug" unter dem Titel „De Putt in Schören" und Hebbels „Maria Magdalena", Gorch Fock schuf den wirkungsvollen Einakter „Doggerbank" und Kähler eine Bauerntragödie „De Wedderschien", beides verheißungsvolle Werke. Einen guten Anfang gab in den letzten Akten seiner Tragödie „Störmflot" G. Stille, deren erste Akt an Mangel dramatischen Lebens kranken, weil der Stoff für ein großes Trauerspiel nicht ausreichte.

Eine Entwickelung verspricht Hinrichsen, der in den Dramen „Stormklocken" und „De Saen" bereits starke Talentproben abgelegt hat. Eine Entwickelung verspricht auch Wagenfeld, der in seiner einaktigen Tragödie „Dat Gewitter" ein packendes Bild aus dem Dorfleben in prächtiger dramatischer Steigerung gibt.

Die Aussichten auf eine gesunde Weiterentwickelung des plattdeutschen Dramas sind nicht schlecht. Wir wollen hoffen, daß ihm bald ein Genius ersteht, der ihm mit machtvoller Hand den Weg auf die Bühne bahnt und die Bühnenleiter zwingt, nicht achtlos an ihm vorüber zu gehen. Schon jetzt müssen die Niederdeutschen von den Bühnen die Aufführung der Werke Stavenhagens und anderer fordern und durch fleißigen Besuch auch dafür sorgen, daß das Haus gefüllt ist. Dann werden die Bühnenleiter schon im eigenen Interesse das niederdeutsche Drama pflegen.

### 12. Plattdeutsch im öffentlichen Leben; seine Pflege; Wissenschaft und Zeitschriften.

Das Wiedererwachen der niederdeutschen Literatur hatte in den ersten Jahrzehnten im Norden große Begeisterung für die Stammessprache ausgelöst. Manche träumten sogar davon, sie in ihre alten Rechte als Amtssprache für ganz Niederdeutschland wieder einzusetzen, ohne zu bedenken, daß eine dreihundertjährige Ausschaltung vom öffentlichen Leben sie in eine Bahn gedrängt hatte, die ihre Entwickelung nach der Seite des Gemüts fördern, nach der des Verstandes unterbinden mußte. Erfolge konnten deshalb nur die Versuche versprechen, sie in Glaubenssachen, in denen das Herz zum Herzen spricht, zu verwenden. Schon der Dithmarse Klaus Harms (1778—1855) hatte sich der Muttersprache in „den Bloodtügen för unsen Glooben Henrik van Züthpen syn Saak" bedient und hatte auch „Übungen zum übersetzen aus der plattdeutschen Sprache in die hochdeutsche" (1813) verfaßt. In seine Fußtapfen trat Louis Harms (geb. 1808 in Walsrode, gest. 1865), der in seiner Gemeinde plattdeutsche Bibelstunden abhielt; seine Vorträge gab sein Bruder Theodor unter dem Titel „Honnig" in den Jahren 1869 und 1871 heraus. Besonders zu erwähnen ist aber Johannes Paulsen (geb. 1847 in Wißhave bei Trittau), der als Postor in Kropp unter Mitwirkung von Klaus Groth das neue Testament und die Psalmen nach Bugenhagens Ausgabe neu bearbeitete (1885) und auch 3 Bändchen „Plattdeutsche Bibelstunden" veröffentlichte. In neuester Zeit arbeitet der „Verein für Evangelisation in niederdeutscher Sprache" auf diesem Gebiet weiter, und H. Hansen (geb. 1862 in Arnis), Pastor auf Pellworm, gab „20 sassische Leeder" heraus, Übertragungen hochdeutscher Gesänge ins Plattdeutsche, und es wird jedem Niedersachsen eine Freude sein, zu sehen, wie frisch und kräftig die Lieder in der Muttersprache klingen. Als Probe eine Strophe des Adventliedes:

> Din Zion streut di Palmen
> Un Twige jung un grön,
> Un ik will ok in Psalmen
> Di prisen heel un schön,
> Min Hart, dat schall Di grönen
> To stede Law un Dank,
> Tru schall't Di alltits deenen
> Min ganzes Lewend lang.

Besonders aber fand die plattdeutsche Sprache ihre Pflege in den plattdeutschen Vereinen. Im deutschen Reich bestehen zur Zeit etwa 150 Vereine, die sich zum größten Teil dem „Allgemeinen plattdeutschen Verband" angeschlossen haben. Weitere Kreise zog die plattdeutsche Bewegung in den Vereinigten Staaten von Amerika, die etwa 700 Vereine besitzen. Die Vereine suchen im allgemeinen durch plattdeutsche Theateraufführungen, Vorträge u. dergl. zum Gebrauch der Muttersprache anzuregen und Vorurteile gegen sie zu zerstreuen. Trotz der Gleichgiltigkeit der Niedersachsen haben sie bereits manchen schönen Erfolg zu verzeichnen.

Auch die Sprach- und Literaturwissenschaft erhielt durch das Aufblühen der plattdeutschen Dichtung neue Anregungen. Vor allem hat der „Verein für niederdeutsche Sprachforschung" in emsiger Arbeit viel für die Erforschung der Sprache und Literatur gewirkt. Ihm ist in neuerer Zeit der regsame „Quickborn" in Hamburg an die Seite getreten. Die Reihe der verdienstvollen Einzelforscher ist groß, so daß nur eine beschränkte Zahl von Namen genannt werden kann. Von Sprachforschern und Literarhistorikern seien erwähnt Borchling, Grimme, Heyne, Jellinghaus, Lübben, Oesterley, C. Schröder,

Seelmann, Frehbe, Hofmeister, Dohse, Welt-
zien, L. Schröder, Hoefer; die Reuterbiographen
Wilbrandt, Gaedertz, Römer, Warncke, Seel-
mann, K. F. Müller, Dohse; die Brinckmanbiographen
Römer und Süfferot; die Grothbiographen K. Eggers,
Ad. Bartels, Sierks, Timm Kröger; Heine-
mann als Biograph Meyers, Boeck als derjenige von
Fehrs; Bartels, Wriede und Dohse schrieben über
Stavenhagen, Decker über Helmuth Schröder, Heinrich
Klenz über Felix Stillfried. In das Verständnis der
Brinckmanschen Dichtung führt vor allem W. Ruft durch
seine Preisschrift „John Brinckmans hoch- und niederdeutsche
Dichtungen" ein. Als Grammatiker seien Marahrens
und Nerger genannt.

Den plattdeutschen Zeitschriften des 18. Jahrhunderts schloß sich etwa im Jahre 1819 der in Mecklenburg herausgegebene „Botter-Vagel. En nyes Wochenblad
för Stadt un Land; to'm Tidverdriw un ok to'r Lehr"
an. Nach C. Schröder scheinen der ersten Nummer weitere
Nummern jedoch nicht gefolgt zu sein. Das verheißungsvolle Motto des Blattes lautete:

Ick swew' herüm, bald hier, bald da,
Im Wald' un up de Rüm';
Den söten Honig söl' ick da,
Un fleg' damit to Wiem!
En Peperkörnken ok towilen,
Wenn ick dat finn', möt ick my ilen,
Is't ok en bet'ken basch!

Eine längere Dauer schien derartigen Unternehmungen erst
die Zeit der Klassiker zu verbürgen. Die Begeisterung vieler
Niedersachsen für ihre Muttersprache schien ihr Bestehen
außer Frage zu stellen. Die Herausgeber hatten sich jedoch
verrechnet, und da sie von der Begeisterung ohne Abonnenten
nicht leben konnten, ließen sie ihre Zeitschriften — es sind
seit 1850 etwa 25 erschienen — bald wieder eingehen. Gehalten hat sich außer einigen amerikanischen nur der Eekbom, der als Blatt des Allgemeinen plattdeutschen Ver-
bandes eine sichere Abonnentenzahl hat und seit bald 30
Jahren als beliebte Halbmonatsschrift in viele Häuser einkehrt. Von den übrigen Blättern sei als ältestes „De Pa-

pollere" (Arolsen 1859/60) erwähnt. Großen Einfluß hatte der „Plattdütsche Husfründ" (1876—80), dessen spiritus rector Klaus Groth war. Auch die „Husmannskost" (1883/4 Güstrow) und „De truge Husfründ" (1899—1903, Stralsund, unter Worms Leitung) hätten ein längeres Dasein verdient. In Amerika erschienen „Uns Modersprak", „De Plattdütsche Post", „De Plattdütsche Zeitung", „New Yorker Plattdütsche Post". In neuerer Zeit wird das Plattdeutsche besonders in der verdienstvollen Halbmonatsschrift „Niedersachsen" gepflegt, und der „Quickborn" in Hamburg hat sich in seinen zwanglos erscheinenden Mitteilungen ein Organ geschaffen, das sich durch eine Fülle wissenschaftlicher Beiträge auszeichnet.

Im Anschluß sei auch kurz das Problem der Rechtschreibung gestreift. Auf der einen Seite wird die Ansicht vertreten, die plattdeutsche Schreibweise müsse sich möglichst der hochdeutschen anpassen, da das Auge im Erfassen hochdeutscher Wortgruppen besser geübt sei und so das Lesen erleichtert werde. Auf der anderen Seite wird erstrebt, die Schrift möglichst lautgetreu der Sprache anzupassen, sie also phonetisch zu gestalten. Hie Reuter — hie Brinckman! Zwischen diesen beiden Polen liegt ein weites Feld, das nicht nur von Vermittlern, sondern auch von Eigenbröblern tapfer bebaut wird. Im allgemeinen hat die Reutersche Richtung aber mehr Anhänger gefunden als die Brinckmansche. Eine andere Frage ist die, ob für das ganze Sprachgebiet eine einheitliche Schreibweise geschaffen werden kann. Bei den vielen, lautlich sehr von einander abweichenden Dialekten zwischen Weichsel und Rhein erscheint eine Bejahung der Frage ausgeschlossen. Erreichbar aber ist eine einheitliche Schreibweise für die einzelnen Dialektgebiete, und wenn dieses Ziel erst genommen ist, dann wird auch dem Ostplattdeutschen das Lesen des westfälischen Dialektes leichter fallen, weil dann nicht mehr jeder Schriftsteller sich selbst seine Feder zurecht schneiden muß, sondern sich an ein Wörterverzeichnis halten kann. Und wenn bei Aufstellung der Wörterbücher für die einzelnen Dialektgebiete die Schreibweise nach einheitlichen Grundsätzen festgestellt wird, dann wird das erreicht sein, was erreichbar ist.

# Rückblick.

Die Entwickelung der niederdeutschen Literatur weist eine eigenartige Linie auf, wie wir sie kaum bei einer zweiten Literatur wiederfinden. Sie leitet die deutsche Nationalliteratur mit einem gewaltigen Werk, dem Heliand, ein und verstummt dann. Nach einer Pause von rund 300 Jahren tritt sie wieder auf den Plan und blüht Jahrhunderte hindurch neben der oberdeutschen, auf einigen Gebieten in ihren Spuren wandelnd, auf anderen selbständig eine Blüte am Baum der Nationalliteratur treibend, besonders im Drama und in der Satire. Mit der Reformation beginnt dann ein Abstieg, der Untergang der Sprache scheint besiegelt. Etwa von der Mitte des 16. Jahrhunderts an treten nur noch vereinzelt niedersächsische Dichter auf, bis sie mit dem Anfang des 18. Jahrhunderts gänzlich verstummen. Die hochdeutsche Literatur entwickelt sich inzwischen zur Nationalliteratur und bringt die erhabensten Werke hervor. Schüchtern wagt auch die plattdeutsche Literatur sich nach etwa 60 Jahren wieder ans Licht, und nach weiteren 60 Jahren treibt sie wiederum Blüten am Baum der Nationalliteratur, diesmal auf den Gebieten des realistischen Humors und der Heimatkunst.

Seit dem letzten Aufstieg wächst die Zahl ihrer ernst zu nehmenden Dichter mit jedem Jahrzehnt. Jeder vertritt die Eigenart seines Stammes und schreibt den Dialekt seiner Heimat, alle aber schreiben plattdeutsch. Bald hat dieser, bald jener Gau die Führung, jeder aber stellt vollwertige Männer in die Reihen der Dichter, welche längst die Behauptung, die sich noch vor wenigen Jahren hervorwagte, daß dem Plattdeutschen nur auf dem Gebiet des Komischen Erfolg blühen werde, widerlegt haben. Naturgemäß wird der Höhe auch wieder ein Abstieg folgen, dem vollen Chor der Sänger ein Zwitschern, noch aber grünt Reuters Eekbom. wie Helmut Schröder singt:

Kein Winterküll un Sommerhitt
Kann nu sin Waßdum dwingen.
So wiet de Eik ehrn Schatten smitt, —
Kein Flach, wo nich en Vagel sitt:
Ein Singen is't, ein Klingen.

# Schlußkapitel.

**Stellung und Zweck der plattdeutschen Literatur. — Ihr Stoffkreis. — Pflege der plattdeutschen Sprache.**

Manchem Leser wird sich wohl die Frage aufgedrängt haben, weshalb wir neben der hochdeutschen Literatur noch die Dialektliteratur pflegen. Muß es doch auf den ersten Blick erscheinen, als ob jede Dialektliteratur der hochdeutschen Nationalliteratur Abbruch tut, indem die Dichter in einer Sprache schreiben, die nur einem Teil der Nation verständlich ist, wodurch dem anderen Teil der Genuß der Werke erschwert oder gänzlich entzogen wird. Hätten wir nur eine kärgliche Produktion an hochdeutschen Werken, dann möchte ein solcher Einwand gerechtfertigt erscheinen, dann könnte man eine im nationalen Sinn unerwünschte Einengung des Hochdeutschen darin erblicken. Bei unserer reich blühenden hochdeutschen Literatur aber ist die Dialektliteratur ein Vorteil, da sie das Konzert durch klangvolle Töne verstärkt. Sie bereichert die Nationalliteratur durch Stoffe von kraftvoller Eigenart, die sie, die an der Quelle sitzt, aus den Tiefen des Volkslebens hervorsaugt, sie lehrt die einzelnen Stämme einander verstehen und achten und sie führt der hochdeutschen Sprache neue Worte zu: das sind die Segnungen, welche die Dialektliteratur spendet. Friedrich Theodor Vischer kennzeichnet die Stellung des Dialekts zum Hochdeutschen mit den Versen:

Nicht versteht es die Welt, welch' ungehobene Schätze
Köstlichen echten Golds er noch im Schoße bewahrt.
Draußen weiß man es nur, daß er nicht korrekt und
modern ist,
Und der Ironiker lacht über das lallende Kind.
Daß ein Schnitzer ihm scheint, was organisch gut und
naturvoll,
Reicher und saftiger ist, wundre und ärgre dich nicht!
Unrecht hat er, es sei! Doch Recht auch hat er im Unrecht;
Sieht er auch farblos hell, sieht er doch heller als du.
Soll vom Besondern heraus das Allgemeine sich bilden,
Schwindet auch immer ein Teil Frische und Fülle dahin.
Kennst du es ganz, das Gut, wenn in Einer Sprache
sich finden,
Sich empfinden, versteh'n sämtliche Stämme des Volks?
Kennst du des Gutes Wert? Er ist unendlich. Die Mundart,
Traulichem Lampenschein gleicht sie im wohnlichen Haus.
Aber die Sprache, sie gleicht der Königlichen, der Sonne,
Wie sie ins Offne hinaus Meere des Lichtes ergießt. —

Die Pflege der Dialektliteratur und damit des Dia=
lektes will nicht etwa die Spracheinheit verdrängen, die
uns auch nicht mehr abhanden kommen kann. Viele Kunst=
werke aber, besonders die bodenständigsten, entfalten erst
in der Mundart ihren ganzen Reiz, da sie ihnen kräftige
Lokaltöne verleiht. Groth hat in seiner besten Schrift zur
Ästhetik des Niederdeutschen „Über Mundarten und mund=
artige Dichtung" eingehende Untersuchungen über die Dia=
lektliteratur angestellt und sagt: „Wenigstens ist die Mund=
art, die Volkssprache für den Künstler eine Hülfe, ein Mit=
arbeiter. Das Volk, der Volksstamm hat sich nämlich in
seiner Sprache und Sprachweise selbst gezeichnet, hat in
der Mundart seinen Charakter ausgeprägt, hat dem Künstler
also schon vorgearbeitet, hat ihm Umrisse gezeichnet, Farben
gemischt, die er nur zu nehmen braucht, und ohne die
er niemals im Stande wäre, Bilder von solcher
Lebensfrische zu liefern..... Wenn jene Rachel,
Rist, Lund, Simon Dach und wie die plattdeutschen Dichter
der ersten Periode, die hochdeutsch schrieben, alle heißen,
wenn sie ihre Verse damals in plattdeutscher Sprache ge=
macht, wie Lauremberg, so hätten sie höchsten etwas ge=

schaffen, was das Gebiet des Hochdeutschen einengte, wie die holländische und blämische Literatur der hochdeutschen einige Millionen Leser und Arbeiter entzieht. Man hätte übersetzen müssen, wie man Luthers Bibel plattdeutsch über= trug, was wertvoll war, ins Hochdeutsche. Wenn Reuter und ich nebst unseren Kollegen ganze Bibliotheken zu= sammenschrieben, so täten wir der hochdeutschen Literatur keinen Abbruch. Denn wir wollen etwas schaffen, was sich in der Schriftsprache nicht schaffen läßt. Und uns übersetzen heißt die Farbe von unsern Gemälden wischen, um derentwillen wir nach der Mundart gegriffen. Denn sonst hätten wir ja sämtlich nur selber es gleich hochdeutsch schreiben können. Wir wollen vielmehr der deutschen Literatur etwas zuführen, was die schriftdeutsche für sich nicht ge= währen kann, wir wollen die hochdeutsche erweitern zu einer allgemein deutschen." Um dies auf die Dauer er= reichen zu können, bedarf die plattdeutsche Sprache der Pflege, damit sie erhalten bleibt, dann wird sie gleich= zeitig auch ein Jungbrunnen für die hochdeutsche Schwester sein und auch durch die Erhaltung der niedersächsischen Eigenart dem deutschen Volk von größtem Wert sein können.

Das Hochdeutsche ist eine Standessprache, die im täg= lichen Leben von einer Oberschicht der Bevölkerung gesprochen wird. „Die hochdeutsche Sprache", schreibt Semper, „ist in Norddeutschland auf dem Wege, völlig zu ver= armen, da sie eine reine Buchsprache ist und von Leuten gesprochen wird, die, wenn die Zersetzung des ein= heimischen Volksdialektes noch weiter fortgeschritten sein wird, überhaupt keine lebende Sprache mehr besitzen. Es fehlt uns der natürliche Quell, aus dem sich Verluste stets neu ergänzen können. Ich hatte oft genug Gelegenheit, zu spüren, wie sehr das Schriftdeutsch seit Luthers Zeiten schon erstarrt und verarmt und verwildert ist. Sie im Süden sind besser daran. Wenn ich nicht irre, hat man die Kraft des heutigen Schweizer Schrifttums schon daraus abgeleitet, daß dort der Dialekt auch Sprache des Ge= bildeten ist, aber dem Gedanken kommt meines Erachtens viel weitere Bedeutung zu, als ihm bisher zugewiesen ist. und er ist sehr nützlich, um manche Unterschiede süd= und

norddeutschen Wesens zu begreifen, zum Beispiel den Grund,
aus dem man die gemeinsame Volksschule nicht zu uns über=
tragen kann, oder weshalb Begriff und Wesen der Demo=
kratie bei uns etwas anderes ist als bei Ihnen." Im
Gegensatz zur hochdeutschen Standessprache ist das Platt=
deutsche eine Volkssprache. In engster Berührung mit dem
täglichen Leben im Haus, auf der Straße, in Feld und
Wald ist sie aufgewachsen und hat ihr inniges Verhältnis
zur Umgebung bewahrt. „Da (d. i. in der Mundart) ist alles
so viel ursprünglicher, natürlicher, persönlicher, behaglicher
und gesunder. Nicht alles so glatt und verrieben, so gleich=
mäßig und phrasenhaft, so hastig und geschraubt, so ver=
allgemeinert und auf den Begriff abgezogen. Wie diese
Eigenart schon äußerlich dem Mutterboden nahe und ver=
traut sich auslebt, so steht sie ihm innerlich näher.....
Ein vollkommener literarischer Niederschlag dieser Eigen=
art ist nur im Dialekt möglich; das macht den großen Wert
der Dialektdichtung aus, und eben darum ist sie jeder
Förderung wert." (Blüthgen.) Wenn die Folgen der Re=
formation die Entwickelung der niederdeutschen Sprache auch
gehemmt haben, so daß sie in der Darstellung mancher
Dinge unbeholfen erscheint, so zwingt gerade diese Unbe=
holfenheit, das Darzustellende durch ein Bild, einen Ver=
gleich anschaulicher zu machen und bildet die Rede auf diese
Weise plastisch und farbenreich, so daß sie an Gegenständlich=
keit gewinnt und schärfere Lebensbilder gibt. Fehlen von
Worten regt andererseits aber auch zur Wortschöpfung an.
Nicht der Gebildete, der den ganzen Wortschatz einer Sprache
beherrscht, wird neue Worte schaffen, sondern nur der
weniger Gebildete, dem ein beschränkter Wortschatz zur
Verfügung steht, wird seine Empfindung durch ein neues
Wort, was ihm lautlich den gemeinten Begriff darzustellen
scheint, ausdrücken. So wirken die Dialekte als allgemeine
Sprache der unteren Volksklassen auch wortschöpferisch. Als
Sprache der Wissenschaft sind sie allerdings nicht verwendbar.
„Die Wissenschaft will sie (nämlich die Sprache) durchsichtig,
die Poesie braucht sie farbenreich, und nur bis zu einem
gewissen Grade läßt sich beides vereinigen." (Groth.) Wort=
schöpfung und Farbenreichtum des Plattdeutschen aber
kommt dem Hochdeutschen zugute, denn die Mundarten sind
die Quellen, die den Strom der allgemeinen Schriftsprache

speisen. Solange die Schriftsprache frisch sprudelndes Wasser aus diesen Quellen empfängt, wird sie selbst frisch bleiben; versiegen die Quellen, dann verlangsamt sich auch das Fließen des Stroms, und seine Oberfläche wird, wie Max Müller sagt, zwar glänzend und glatt, aber starr und kalt. So ist denn die Erhaltung der Mundarten, anstatt dem Hochdeutschen Abbruch zu tun, eine wesentliche Bedingung für seine gesunde Weiterentwickelung.

Einen großen Wert aber hat die Erhaltung der Mundarten auch für die Erhaltung eines gesunden Volkskörpers. In neuerer Zeit hat man erkannt, daß die Stärke eines Volkes in der Erhaltung seiner Eigenart liegt und daß deren Schwinden ein Siechtum des Volkskörpers bedeutet. Man hat sich zu der Überzeugung durchgerungen, daß der politischen Einigkeit des Volkes die Eigenart der Stämme nicht geopfert werden darf. Viel ist schon verloren, aber ein großes Gut gilt es noch zu schützen, und so blühen denn in ganz Deutschland die Bestrebungen des Heimatschutzes und der dörflichen Wohlfahrtspflege. Zu den Eigenarten eines Stammes aber gehört die Sprache, die aus seinem innersten Wesen erwachsen ist, in der sich sein ganzes Denken und Fühlen ausgeprägt hat. Heimatschutz ohne Erhaltung der Stammessprache wäre ein verfehltes Beginnen. Und eine conditio sine qua non für das Leben einer Sprache ist, daß sie Kunstwerke hervorbringt, die ihr Ansehen heben und deren veredelter Stil fördernd auf die Entwickelung der Sprache zurückwirkt. —

Haben wir so außer dem Wert des Niederdeutschen für das Hochdeutsche und für die Nation die Stellung der plattdeutschen Literatur zur hochdeutschen gekennzeichnet, so entsteht weiter die Frage, ob der plattdeutschen Dichtung hinsichtlich des Stoffes und der Form Grenzen gesteckt sind. Groth vertrat in seinen „Briefen über Hochdeutsch und Plattdeutsch" die Ansicht, daß plattdeutsch alles gesagt werden dürfe. Von anderer Seite ist behauptet worden, daß die Mundarten und damit das Plattdeutsche sich nur zur Darstellung des Komischen eigneten, wenn sie auch vereinzelt ernster Wirkung fähig wären. „Den Kreis aber steckt das Herz ab", sagt Hebbel, „denn das Gemüts-

leben, trete es nun rein lyrisch als persönlicher Empfin=
dungslaut des Individuums oder humoristisch als Gefühls=
ausdruck des allgemeinen Weltzwiespalts hervor, ist so un=
trennbar an die Muttersprache gebunden, wie das Blut
an die Ader, weshalb sich Klaus Groth und Fritz Reuter,
oder „Reinke, de Voß" trotz Goethe, nicht ins Hochdeutsche
übertragen lassen, aber ebensowenig auch Ludwig Uhland
und Eduard Mörike ins Plattdeutsche. In diesem Kreise
haben die plattdeutschen Dichter sich auch instinktiv ge=
halten, selbst Klaus Groth, ungeachtet seiner Theorie, und
ist ihnen nur Glück dazu zu wünschen." Die Dichter werden
sich ja keine Vorschriften über den Stoffkreis machen lassen,
und es hieße, die engherzige Katheberweisheit des 18. Jahr=
hunderts wieder aufwärmen, wollte man die Grenze fein
säuberlich mit Pfählen abstecken und dem Poeten zurufen:
Bis hierher und nicht weiter! Eine Grenze aber wird dem
Dichter schon durch sein Handwerkszeug gezogen, durch die
plattdeutsche Sprache. Sie hat, wie Groth sagt, „für alle
Töne der Menschenbrust den direkten Ausdruck, für einen
ganzen Menschengeist den artikulierten Leib, für jeden echten
Gedanken das rechte Gewand; sie ist nicht etwa naiv, oder
komisch, oder derb, oder schlicht: sie hat zum Lachen und
Weinen die Geberde, sie kann gar vornehm und herab=
lassend sein, und es steht ihr wohl an." Die Mundart ist
der intimste Ausdruck der Eigenart eines Stammes, seines
Lebens, seiner Anschauungen, Sitten und Gebräuche, und
diese lassen sich in ihrer ganzen Lebenswahrheit, Tiefe und
Stärke gänzlich rein nur in der heimischen Sprache wieder=
geben. Hier ist der mundartliche Dichter dem hochdeutschen
gegenüber also im Vorteil. Begriffe und Vorstellungs=
kreise aber, die einer Sprache nicht in Fleisch und Blut
übergegangen sind, lassen sich in ihr nicht wiedergeben;
wird es aber dennoch versucht und muß der Dichter hoch=
deutsche Worte und Begriffe zu Hilfe nehmen, so wird
die Sprache, um mit Lauremberg zu reden, alamodisch, und
wie Mephisto im Pudel zappelt der Geist in einer ihm
fremden Hülle. Die hochdeutsche Sprache ist elastisch genug
geworden, auch niederdeutsches Leben widerzuspiegeln. Der
plattdeutsche Dichter muß sich bescheiden, denn seine Sprache
ist nicht so bieg= und schmiegsam und vermag in ihr fremde
Stoffe nicht die erforderliche Stimmung hineinzuweben. An

diesem Felsen ist Mähl mit seinem Don Quixote, ist Dühr mit seinem Homer gescheitert, und Warncke hat in seiner prächtigen Reuterbiographie die Klippe geschickt umschifft, indem er kritische Fragen teils gänzlich ausgeschaltet, teils sie mit Wiedergabe hochdeutscher Urteile beantwortet hat. Ohne andere Stoffe gänzlich auszuschließen, ist und bleibt das eigentliche Gebiet der plattdeutschen Dichtkunst die Wiedergabe volkstümlicher Stoffe aus dem niedersächsischen Leben, wo Stoff und Sprache schon eine künstlerische Einheit bilden. Auf diesem Gebiet hat die niederdeutsche Literatur ihr Höchstes geleistet. Wenn nun gerade in ihr das Humoristische eine große Rolle spielt, so liegt dies daran, daß der Niedersachse mit seiner scharfen Beobachtungsgabe und seinem tiefen Gefühl besonders für den Humor veranlagt ist und diese seine Eigenart in den humoristischen Gestalten der Dichtungen ihren Niederschlag gefunden hat. — Hinsichtlich der Form wird man dem Dichter erst recht keine Grenzen stecken dürfen, denn sie hängt von seinem eigentlichsten Können ab, und dem Könner werden Sonnett und Hexameter nicht mehr Schwierigkeiten bieten als Jamben und Knittelvers. An't Kaenen is't gelegen! sagt Brinckman.

Eine für die plattdeutsche Literatur wichtige Frage ist auch die des Absatzes plattdeutscher Werke. Es ist eine alte Klage der Verleger und Autoren, daß plattdeutsche Werke auf dem Büchermarkt nur schlechten Absatz finden, zumal die plattdeutsche Bewegung zum großen Teil von weniger kaufkräftigen Kreisen getragen wird. Wilhelm Poeck hat in einem lesenswerten Aufsatz im Kunstwart vorgeschlagen, gute plattdeutsche Werke ins Hochdeutsche zu übersetzen, dann würden viele Leser des Werkes das Bedürfnis empfinden, auch das Original kennen zu lernen. Ich fürchte, daß das Gegenteil der Fall sein wird, daß die Leser dann erst recht die Schwierigkeiten des Dialektes scheuen und sich mit der Übertragung begnügen werden und daß der Absatz noch weiter zurückgehen wird. Erfolg kann meines Erachtens nur eine Hebung der plattdeutschen Sprache, besonders eine Gewöhnung an plattdeutsch Lesen in der Schule versprechen. Daneben bedarf auch die Kritik plattdeutscher Bücher einer Verbesserung. Man liest so häufig, dieser und jener Autor wäre ein neuer Groth, dieser und jener Provinz wäre ein Fritz Reuter erstanden. Welch

Mangel an Urteilsfähigkeit in Verbindung mit Unkenntnis der plattdeutschen Literatur spricht aus solchen Urteilen! Wer dann ein solches in den Himmel erhobenes Werk kauft, wird meistens aus allen Wolken fallen und natürlich nicht so leicht wieder ein niederdeutsches Werk kaufen. Wir haben nur wenige sachkundige Kritiker der plattdeutschen Literatur, und ihre Stimmen verhallen gegenüber den urteilslosen Kritikern. —

Zum Schluß noch eine inhaltschwere Frage: wie steht es um die Zukunft der niederdeutschen Sprache und damit ihrer Literatur? Daß sie zurückgeht, wird nur ein Blinder bestreiten. Reuter sah ziemlich pessimistisch in die Zukunft, und Hamann hat die Muttersprache in einem rührenden Gedicht auf der Totenbahre und Reuter und Brinckman die Totenwacht halten sehn. Groth dagegen war Optimist und meinte, mit dem Sterben einer Sprache, deren Sprecher nach Millionen zählen und deren absolute Zahl sich seit Lauremberg schwerlich vermindert hat, habe es noch gute Zeit. Es ist ein schlecht Ding ums Prophezeien, und was die Zukunft bringen wird, müssen wir ihr überlassen. Das deutsche Volk wäre aber ein schlechter Hausvater, wenn es für eine Sprache, deren Wert für seine Nationalsprache und -literatur und für das Wohl des Volksganzen zweifellos feststeht, in der Stunde der Gefahr nicht einträte. Hier heißt es retten, was noch zu retten ist, und möglichst verlorenen Besitz zurückerobern. Dem Niederdeutschen muß das Eintreten für seine Stammessprache und ihre Pflege eine nationale Pflicht sein, besonders dem, welcher die Gefahr leichter zu erkennen vermag, dem Gebildeten. „Geistige Strömungen", schreibt G. Coers, „ziehen von oben nach unten, und was bei den Gebildeten verschmäht und verachtet wird, das kann auf die Dauer bei der großen Menge des Volkes nicht in Ehren stehen. Die Vernachlässigung und Verachtung der niederdeutschen Mundart ist von den Gebildeten ausgegangen und hat nach und nach auch die tiefsten Schichten des Volkes erreicht. Es kommt also darauf an, daß die Gebildeten sich wieder für heimische Art und Sprache erwärmen, und zwar nicht bloß theoretisch, sondern praktisch. Das heißt: es ist nicht genug, wenn ein Gebildeter für sich seinen Fritz Reuter liest und sich damit von Zeit zu Zeit eine vergnügte Stunde macht.

Von jedem Gebildeten muß man vielmehr erwarten, daß er den Dialekt seiner Heimat versteht und spricht, und zwar um so besser versteht und um so gewandter spricht, je gebildeter
er ist. Die Unwissenheit in Bezug auf die
heimische Mundart ist nicht als ein Zeichen
seiner Bildung anzusehen, sondern als ein
grober Mangel an gründlicher Bildung. Man
verlangt heutzutage von jedermann aus dem Volke, daß
er neben seinem Dialekte Hochdeutsch versteht und einiger-
maßen spricht; ein Gebildeter muß doch höheren Anforderungen genügen. — Wenn erst wieder Gebildete unbefangen
und ohne Ziererei in der Mundart sich untereinander und
mit Leuten aus dem Volke unterhalten, so wird nach und
nach auch die verkehrte Meinung schwinden, als wenn das
Plattdeutsch etwas Rohes und Gemeines und Plattes wäre."

Die plattdeutschen Vereine haben schon segensreich gewirkt, könnten es aber zum Teil noch viel mehr, wenn
sie sich auf ihre eigentliche Aufgabe besinnen und sich nicht
zu Tanzklubs auswachsen würden. Man darf nicht müde
werden, dem Volk zuzurufen, daß das Plattdeutsche nicht
roh und gemein, sondern daß es seine eigentliche Sprache
und wert der Erhaltung und Pflege ist. Beschämend ist
es, daß unsere großen Bühnen Dramen in schlesischem,
tyroler und bayrischem Dialekt aufführen und an den Werken
eines Stavenhagen vorübergehen. Auch hier muß ziel-
bewußte Arbeit Wandel schaffen. Vor allem aber muß
die niederdeutsche Jugend schon aus der Schule Liebe zur
Stammessprache und Achtung vor ihr ins Leben mitnehmen.
Plattdeutsche Lesestücke in den Schulbüchern, um die Kinder
an das Lesen der Heimatsprache zu gewöhnen, plattdeutsche
Lieder im Gesangsunterricht, Hinweise auf den Wert der
Sprache, das sind einige Wege, auf denen viel zu erreichen
ist. Den Wert des Dialektes für die Kinder schildert E.
Krukenberg treffend: „Das Kind soll gute, deutsche Umgangssprache gebrauchen lernen, daneben aber lasse man
ihm Freiheit, den heimischen Dialekt zu sprechen. Der
Dialekt bereichert seinen Sprachschatz, sein Vorstellungsver-
mögen. Treffende Vergleiche, urwüchsige Wortbilder sind
im Dialekt enthalten. Art und Anschauung des Volkes lernt
das Kind dadurch verstehen. Je reicher an Anschauungen,

desto größer die Ausdrucksfähigkeit des Menschen. Bilder=
reichtum steht dann als etwas die Sprache Schmückendes
zur Verfügung." Auch plattdeutsche Vorträge und Lese=
abende auf dem Lande und in den Städten mögen das
Ihrige tun, und besonders müßten unsere Tageszeitungen,
die das Plattdeutsche fast garnicht pflegen, neben Morden
und Diebstählen, Schweinemärkten, Jubiläen und Haus=
verkäufen auch der Landessprache ein Plätzchen gönnen.
Bücher, welche auf die unserer Stammessprache drohenden
Gefahren aufmerksam machen, wie Dohses verdienstvolles
„Gefahr im Verzuge!", gehören neben guten plattdeutschen
Werken in jede öffentliche Bücherei. **Das aber muß der
gebildete Niederdeutsche sich im vaterländischen Interesse
zur Pflicht machen: selbst auch plattdeutsch zu sprechen, um
seine Muttersprache dadurch wieder zu Ehren zu bringen,
und seine Kinder plattdeutsch lernen zu lassen.** Sie werden's
ihm dereinst danken. Wenn so von allen Seiten mit vollem
Ernst an der hohen Aufgabe gearbeitet wird, dann werden
plattdeutsche Sprache und Literatur zum Wohl des Volkes
blühen, und noch lange wird es dann von den Deutschen
heißen:

> Eins nach außen, — schwertgewaltig,
> Um ein hoch Panier geschart!
> Reich nach innen, — vielgestaltig,
> Jeder Stamm nach seiner Art.

# Register.

# Zeittafel zur
# Geschichte der niederdeutschen Literatur.
### (* Dramatische Werke.)

### 8. Jahrhundert.
Älteres Hildebrantslied.

### 9. Jahrhundert.
Um  830. Der Heliand.

### 12. Jahrhundert.
Leben des Antichrifts.
Von der minschheit.
Offenbarung Johannis.

### 13. Jahrhundert.
Um 1216. Gandersheimer Chronik.
Um 1230. Sachsenspiegel.
     1231. Flos und Blancflos.
 1231 (?). De truwe maget.
Konemann, Kaland.
funte Marien wortegarde.
Um 1250. Berthold von Holle, Crane.
             „        „        „      Demantin.
             „        „        „      Darifant.
Vor 1251. Sächsische Weltchronik.
Valentin und Namelos.

Jüngeres Hildebrantslied.

König Ermenrichs Tod.

Dit bok het sunte marin levent.

Unser leven frouwen rosenkranz.

Genealogie Christi.

Von der bort Christi.

Von deme holte des hilligen cruzes.

### 14. Jahrhundert.

Susanna.

St. Brandanus.

Geißlerlied.

Von den 3 Königen.

Der verlorene Sohn.

Die Minnemäre.

Der segheler.

Die Frau des Blinden.

Van einem eddelen krutgarten.

Spegel der mynsliken salicheit.

Bruwen = lof.

Kraneshals.

1325. Wizlav von Rügen gest.

1370. Gerard von Minden, Fabeln.

### 15. Jahrhundert.

Margareten = Passion.

Zeno.

Frauentreue.

Deif van Brugghe.

Broder Rusche.

Hennele Knecht.

Facetus.

Van dogheden unde van guden zeden.

Cato.

De Koker.

Niederdeutscher Äsopus.

De vos unde de hane.

Ratsversammlung der Tiere.

\* Theophilus.

Lübecker Totentanz.

Leben der hl. Maria.

Wo de sele stridet mit dem licham.

Marien = Rosenkranz.

\* 1460. Arnold Immessen, Der Sündenfall.

\*Um 1460. Wolfenbütteler Marienklage.

\*Um 1460. Bordesholmer Marienklage.

\* 1464. Redentiner Spiel.

1480. Cölner Bibel.

1483 (?). Erste Ausgabe des Dil Ulenspegel.

\* 1484. Henselin.

1493. Rostocker Karfreitagslied.

1494. Lübecker Bibel.

1497. Dat nye Schip von Narragonien.

1498. Reinke Vos.

## 16. Jahrhundert.

1504. Bote, Boek van beleme rade.

\* Schede Kloth.

1515. Ältester hochdeutscher Druck des Dil Ulenspegel.

1520. Halberstädter Bibel.

\* 1523. Babo, Claws Bur.

1525. Rostocker Gesangbuch.

\* 1527. Waldis, Parabel vam vorlorn son.

1534. Buggenhagens Bibel.

\* 1539. Daniel v. Soest, gemeine bicht.

1540. Spiegel der Wißheyt.

Um 1550. Nimbökelin.

Um 1550. Künstlike Werldspröke.

Um 1550. Wo men böse Fruwens frame maken kann.

\* 1551. Forchem, Von dem Papyrio praetextato.

*1560. Mercatoris, Van dem dode un van dem
lebende.
*1584. Stricker, Dübescher Schlömer.
1592. Wegekörter.
1593. Floia Cortum Versicale.

## 17. Jahrhundert.

1602. Gryse, Christlike Gebede und Psalmen.
*1606. Schlue, Isaac.
*1609. Leseberg, Susanna.
*1616. Teweschen Hochtyt.
  *Teweschen Kindelbehr.
*1616. Vitulus.
1621. Letzte plattdeutsche Bibel.
*1630. Kock, Elias.
1637. Simon Dach, Annke von Tharau.
1652. Lauremberg, Scherzgedichte.
1664. Rachel, satirische Gedichte.
1679. Mengden, De fief Düwelskinder.
1696. Baer, Arctophonia.

## 18. Jahrhundert.

*1709. Die lustige Hochzeit. Singspiel.
1718. Sackmann, gestorben.
1719. Beccau, Schnickschnack.
*1725. Prätorius, Hamburger Jahrmarkt.
  * — Hamburger Schlachtfest.
1729 u. 1732. Abel, Übertragungen.
1732. Renner, Hennink de han.
1772. Älteste plattd. Zeitschrift: De Plattbütsche.
1776. J. H. Voß, Idyllen.
1788. Babst, Allerhand schnaksche Saken tum Tied=
verdriew.

## 19. Jahrhundert.

1804. Wolke, Sinngedichte.
1810. Bornemann, Plattdeutsche Gedichte.
1812. Wilke, Gedichte.
1813. Claus Harms, Übungen zum Übersetzen.
1816. Gramberg, Gedichte.
1817. F. W. Albrecht, Plattdeutsche Gedichte.
1817. Claus Harms, Henrik van Zütphen.
\*1821. Bärmann, Kwatern.
1822. — Rhmels un Dichtels.
\*1823. — Windmööl un Watermööl.
1824. Lessen, Hellenia.
1827. Bärmann, Dat grote Höög- un Häwelbook.
1828. Sanghfona.
1829. Scheller, Dat Sassische Döneken-Bok.
1834. Rheinhold, Doktamedikus.
1841. Schröder, Dat Wettlopen twischen den Hasen
   un den Swinegel.
\*1843. Cropp, Hans Bolt.
1845. Semrau, Plattdeutsche Gedichte.
1845. Lyra, Plattdeutsche Briefe, Erzählungen Gedichte usw.
1846. Schmelzkopf, Immen.
1847. Fr. Ernst, Plattdütsche Gedichte.
\*1847. Bärmann, De drübbe Fyrdag.
1847. — Dat sülwerne Book.
1847. Zumbrook, Poetische Versuche in westfälischer
   Mundart. I.
1848. Dräger, Plattdüütsch Konfekt.
1849. Hektor, Harm Düllwüttel.
   Jung, Gedichte in plattdeutscher Mundart.
1850. Sophie Dethlefs, Gedichte.
1852. Groth, Quickborn.
1853. Reuter, Läuschen un Rimels I.
1854. Brinckman, Voß un Swinegel.

1855. Piening, Snack un Snurren.

Reuter, Reis' nah Belligen.

Brinckman, Kasper=Ohm un ick.

1856. Trede, Klas bun Brochdörp.

Piening, Reis naa'n Hamborger Dom.

Groth, Trina.

1857. Fooke H. Müller, Döntjes un Vertellsels.
(Darin Tjark Allena.)

Zumbrook, Poetische Versuche II.

1858. Plate, Dietrich un Meta.

Meyer, Dithmarscher Gedichte.

Alw. Wuthenow, En poar Blomen ut Ann=
mariek Schulten ehren Goahrn.

Grimme, Sprickeln und Spöne.

Reuter, Kein Hüsung.

— Läuschen un Rimels II.

1859. Brinckman, Vagel Grip.

Grimme, Spargitzen.

1859. Enno Hektor, Harm up't Dorn'mer Markt.

Meyer, Plattdeutscher Hebel.

Reuter Olle Kamellen I (Franzosentid).

1860. Berling, Lustig un trurig.

Ferd. Weber, Plattdeutsche Gedichte.

Reuter, Hanne Nüte.

Mindermann, Plattdeutsche Gedichte.

H. J. H. Müller, Osen ärme Bastian.

*Lyser, Linorah.

Hobein, Blömings un Blomen ut frömden
Gor'n.

Bartels, Grillenscheucher.

1861. Schirmer, Düt un dat.

Tannen, Reinke Vos.

Grimme, Grain Tüge.

Reuter, Schurr = Murr.

Heyse, Punschendörp.

Plate, Plattdeutsche Dichtungen.

Westhoff, Twee Geschichten in Mönsters Platt.

Wuthenow, Nige Blomen.

*Grimme, De Kopplschmied.

*Lyser, Melkmann Clas sin Fastnach.

1862. Groth, Rotgeter-Meister Lamp un sin Dochder.

Dorr, Twüschen Wiessel on Noacht.

Heyse, Meckelb. Burhochtid un Rosmarin un Ringelblomen.

Reuter, Ut mine Festungstid.

1863. Bockel, Insttippen.

Palleske, Kuddelmuddel.

Heyse, Frische Karmiten.

Hobein, De Groffsmidt.

1865. Reuter, Ut mine Stromtid.

Bornewiek, Tau Hus un in de Frömm'.

Bohsen, Leeder un Stückschen.

L. Reinhard, Neun pl. Göttergespräche.

1866. Reuter, Dörchläuchting.

Piening, Luerfritz.

Th. Dirks, Plattdütsche Klenner (bis 1870).

1867. W. Schröder, Swinegels Lebensloop un Enne.

1868. Reuter, Reis nah Constantinopel.

Karl Löffler, Ut't Dörp.

Zumbrook, Poetische Versuche III.

Sibeth, Dumm Hans.

Brinckman, Peter Lurenz bi Abukir.

Mähl, Tater Marieken.

1869. Mähl, Jean.

*Mansfeldt, Leev in Beerlann.

1870. Mähl, Fanny.

Reuter, Ok 'ne lütt Gaw för Dütschland.

Knoche, Niu lustert mol!

Löffler, De Theerschwöäler.

Sibeth, Geschicht von Peter Stahl.

Brinckman, Uns' Herrgott up Reisen.

W. Schröder, Swinegels Reise nah Paris.

*Alb. J. P. Krüger, Ut de Franzosentid.

* — Inspektor Bräsig.

1871. Groth, Üm de Heid.

Josephh, Uns' Krieg mit den Franzos.

W. Schröder, Heideland un Waterkant.

Mähl, Lütj Anna.

1872. Groth, Quickborn II.

Burmester, Arm un Riek.

Breckenfeld, Ut uns' le Bourget=Tid.

1873. Meyer, Gröndunnersdag bi Eckernför.

Piening, Hans un Greten.

Buckow, Fritz.

Burmester, Schaulmeister Klein.

Ahrens, Feldblomen.

1874. Giese, Frans Essink.

Ahrens, Feldblomen.

Sibeth, Geschicht von de gollen Weig.

Landois, Frans Essink.

1875. Zumbrook, Poetische Versuche IV.

Fr. u. K. Eggers, Tremsen.

Hobein, Feldflüchters.

*Grimme, Kumpelmäntenmaker.

*Jahnke, Rahwer Bismarck.

*Stinde, Nachtigall aus dem Bäckergang.

* — Hamburger Leiden.

*1876. Jahnke, Dörchläuchting.

Groth, Ut min Jungsparadies.

Storck, Jelänger jeleewer.

Beuthin, Klas Hinnerk.

Ad. Müller, Plattdeutsche Gedichte.

Weyergang, Olle Scharteken.

Zander, Bunte Biller ut min Kinnerjohren.

Quitzow, As Wisme wedder meckelborgsch würd.

1877. Ehlers, Mikrokosmos.

Jürs, Spaßige Rimels.

Grabe, Dit un dat.

Burmester, Ohmvetter.

Groth, Witen Slachters.

Gurlitt, Slacht bi de Kohstieg.

Quitzow, Hanne Möller un sin Mudder.

Tannen, Uut'n Flickenbüdel.

*Löffler, Leev weet Rat.

*Stinde, Die Familie Carstens.

*Dorr, De lostgen Wiewer von Windsor.

Heine, Heckenrosen.

1878. Harm, De Upstalsbom.

Löffler, Ut min Dischlad.

Pollitz, Biller ut de Kriegstid.

Zander, De Franzosenkrieg 1870/1.

Fehrs, Lütje Hinnerk.

Hoefer, Pap Kuhn.

Gaedertz, Julklapp.

Baudissin, Vertellen un Rimels.

Wiedow, Söß plattd. Geschichten.

Mähl, Reineke Vos.

Vogel, Russelbläder.

1879. van der Boeck, Spledder un Spöhn.

Zander, Kaiser Wilhelm.

Bockel, Ausgew. Gedichte.

Beuthin, De latinsch Buer un sin Nabers.

Rocco, Vor veertig Jahr.

*Meyer, To Termin.

*Mansfeld, Üm de Utstüer.

A. Freudenthal, Gedichte.

1880. Helm. Schröder, As't de Garw gifft.

F. Freudenthal, Bi'n Füer.

Gurlitt, Von de Nordseestrand.

Beuthin, Halfblod.

Grabe, Von de Elwkant.

Trede, Abel.

Prümer, De westfälsche Ulenspegel.

*Meyer, Uns' ole Moderspraك.

1881. Trede, Grüne Blätter.

Burmester, Landstimmen.

Rocco, Scheermann u. Co.

Dahl, Holthäger Geschichten.

Storck, Kalloroden.

1882. F. Krüger, Rugge Wiäge.

Dahl, Meckelborger Geschichten.

Rocco, Kinner un ole Lüde.

1883. Täpper, Gesundheitspillen.

Oesterhaus, Juse Platt.

Hinrichsen, Wohre Geschichten.

— Twei Leiwsgeschichten.

Prümer, Geschichten un Gestalten ut West=
falen.

Schmachtenberg, En Freud on Leid I.

1884. Tiburtius, Kandidat Bangbüx.

Segebarth, De Darßer Smuggler.

Burmester, Harten Leina.

Trede, Lena Ellerbrok.

1885. Kloth, De Landratsdochder.

— Sliperlisch'n.

Burmester, Hans Höltig.

Paulsen, Plattd. Bibel.

Segebarth, Ut de Demokratentid.

Rocco, Bi Grotmudder Lürssen.

Grimme, Lank un wiäß düär't Land.

1886. Fehrs, Zwischen Hecken und Halmen.

Grabe, Ut ole un nee Tiden.

Burmester, Nahwerslüd.

*Auguste Zinck, Jede Pott findt sien'n Deckel.

* — De Schoolinspeckschon.

*Kreuzer, Plattd. Schwänke.

Hanßen, Perfetter sin Hannis.

1887. Fehrs, Allerhand Slag Lüd I.

Stillfried, Wilhelmshäger Kösterlüd.

Hinrichsen, De Evers.

Storck, Ommergrön.

*Gurlitt, Erst en Näs un denn en Brill.

*Meyer, En lütt Waisenkind.

1888. Schetelig, Lieschen Ströh un ehr Söhn.

Segebarth, Strafgericht.

Dörr, De Göderschlächter.

Zumbrook, Poetische Versuche V.

1889. F. Freudenthal, In de Fierabendstid.

Kuß, Ut mine Ferientid.

Grabe, Ut'n Volksleben.

Friese-Müller, Feldblaumen.

1890. Trede, Brochdörper Lüd.

Kuß, De Wiwerfind.

Stillfried, Ut Sloß un Katen (Dürten Blanck).

Sander, Hei kümmt doch. De grot Prozeß.

Prümer, De westfälsche Husfründ.

1891. Fehrs, Allerhand Slag Lüd II.

Erichson, Läuschen.

*Jahnke, Kein Hüsung.

Kuß, De Stadthauptmann von Fredenhagen.

*Meyer, Rinaldo Rinaldini.

*1892. Meyer, Dichter un Buern.

Schmachtenberg, En Freud on Leid II.

Schetelig, Sin Eenzigst.

Giese, Franz Miquel.

1893. Rickers, Ut sware Tiden.

Jürs, Plattd. Humoresken.

Ferd. Krüger, Hempelmanns Smiede.

Blum, De Puppenspäler.

Abbenseth, De Wunschring. Bur und König.

*1894. Meyer, In Reuter sinen Gaard'n.

Tannen, Niederdeutsches Haupt= und Helden=
buch.

Thyen, Plattd. Volkserzählungen I.

Stillfried, Bitweg'lang.

Grabe, Ut Marsch un Moor.

Stinde, Ut'n Knick.

1895. A. Freudenthal, Heidekkern.

Schneider, Et Kreegsjohr.

Brekenfeld, Erlewnisse ut 1870 un 71.

Dühr, Ilias.

Schöning, Ut plattdütschen Lann'n.

Rocco, De Komödjantenmudder.

Thyen, Plattd. Volkserzählungen II.

Sander, Untroffzier Schult in'n französchen
Krieg.

Gildemeister, Jochen Frank.

*Worm, De dre Rüganer.

1896. Graebke, Prignitzer Kamellen un Hunn=
blömer.

Storck, Pitzepatzen.

Bandlow, Stratenfegels.

Marie Petri, Wohr is't!

Ackermann, De Vageldeputatschon bi Bismarck.

Gildemeister, Fiken Bolt.

Minna Schrader, Wat se sick in en Rams=
brinker Dörp vertellt.

Adolf Holm, Holsteinische Gewächse.

*Joh. Meyer, Hau mutt he hemm.

Wette, Westfälische Gedichte.

Stuhlmann, Rhmels mit Biller.

Mähl, Geschichten frisch ut Leben un deep ut
Hart.

Stillfried, In Lust un Leed.

Prümer, Juß und Jan.

Worm, För Old un Jung.

1897. F. Freudenthal, Unner'n Strohdack.

Ad. Holm, Köst un Kinnerbeer.

Honke, Dierk Bolte.

F. Freudenthal, In Lust un Leed.

Erichson, Hütt und Mütt.

Storck, Dreiblatt.

Blum, Vossen sin Pulterawend.

Schneider, Ming eerste Liebschaff.

1898. Worm, Mönchgauder Spaukgeschichten und Ut
de m. Spinnstuw.

Stillfried, De unverhoffte Arwschaft.

*Franz Grabe, Hein un Lotte.

*Worm, De Kaiser kümmt.

Piper, Ut 'ne lütt Stadt.

Nerese (Wietholz), Holt fast.

Dusahel, Durch Eilboten.

Husmann, Frühe Blüten.

Bandlow, Naturdokter Stremel.

Schmachtenberg, Rengelduwen.

Schwarz, Drag'knuppen.

Wibbelt, Drüke Möhne I.

Hanßen, Brodermord to Rantzau un Profiser
Möller.

1899. Sander, De Burmeister.

Bandlow, Frisch Salat.

Helm. Schröder, Kränz' un Strüz.

Otto Ernst, Hamborger Schippergeschichten.

*Brons, Peer Gynt.

Lange, Potts Abenteuer.

## 20. Jahrhundert.

1900. Stillfried, Hack un Plück.

Piper, In'n Middelkraug.

Warncke, Snurrig Lüd.

*Stavenhagen, Jürgen Pipers.

*  —  Der Lotse.

*Jahnke, De Swestern.

Thyen, Plattd. Volkserzählungen III.

Gildemeister, Ketelbeuters.

Blum, De dulle Prinz.

Wibbelt, Wildrups Hoff.

1901. F. Freudenthal, Wied un sied.

Poppe, Jan un Hinnerks gesammelte Werke.

Grunenberg, Giärd.

Camin, Rahschrapels.

Beyer, Swinegelgeschichten.

Lange, Dörch Nacht tau'm Licht.

*Grabe, De Spanger Scheeper.

*Nassow, Mutter Grön.

*Voß, Köster Suhr.

*Wossidlo, Winterabend in einem mecklb. Bauernhause.

1902. Bandlow, Ernst Spillbom.

Wibbelt, De Strunz.

Dücker, Söte Eken.

Graunke, Affids.

Cammin, Ut de Bilad.

Weltzien, Tosamsöcht Wor.

Graebke, Prign. Vogelstimmen.

Rehse, Arwsünn.

Fehrs, Ettgrön.

Seemann, Heitblicken.

Husmann, Frische Blomen.

*Böhmken, Hei will frigen.

*Cammin, Min Herzog röppt.

*Voß, Lischen will frigen.

*Voß und Fricke, De Reis' nah Belligen.

*Stavenhagen, De dütsche Michel.

Wibbelt, Hus Dahlen.

Dallmeyer, Jan un Marie.

1903. Bandlow, Ut min Käk.

W. Crome, Lütt un grot.

Cammin, In korten Tüg.

Schneider, Kölsch Gemööt.

Stuhlmann, Leederbok.

Rehberg-Behrns (Hans Gabriel), Stille
    Dönken.

Maß, Dörch Blomen un Nettel.

Domansky, Danz'ger Dittchen.

*Cammin, Ihrlich Lüd.

*Grabe, De Holschenkönigin.

*Stavenhagen, Mudder Mews.

1904. Helm. Schröder, Bi Kräuger Bolt.

Ad. Holm, Rugnbarg.

Biester, Heidschollen.

Bandlow, Lustig Tügs.

Storck, Spreu.

Wisser, Wat Grotmoder vertellt.

Dreyer, Nah Huus.

Domansky, Flundern.

Cammin, Vaddersarw.

*Beyer, Ut de Preußentid.

*Cammin, Soldatenpack.

*Kruse, Anneken vom Mönchgut.

Wibbelt, De lesten Blomen.

Hamann, Mien lütt Welt.

1905. Pahsen-Petersen, Kiekinnewelt.

A. Schröder, Eekbombläder.

Cammin, Burrosen un Astern.

Düsterbrok, En poor Planten ut minen Goren.

Kükelhaus, Budd ewer Gudd.

Helm. Schröder, Holzen Nile.

Wagenfeld, 'N Dehm.

*Stavenhagen, De ruge Hoff.

*Lange, De Wendenkron.

Wibbelt, Schulte Witte.

Dohse, Von Hart tau Harten.

Dallmeyer, Dat Schützenfest.

Kähler, Nige Kamellen.

Lehmann=Schiller, Ganz olle Kamellen ut
Ithaka.

1906. Erichson, Ut Kraug un Katen.

Müller=Suderburg, Wat an'n Heidweg
blöht.

Seemann, Andäu.

Husmann, Een Kranz för de Görn.

Erichson, Kinnerriemels.

Poeck, De Herr Innehmer Barkenbusch.

Stille, Ut'n Sietlann'.

L. Schröder, Riägenbuogen.

Stuhlmann, Hasselpoggen.

Munzel, Lustig un Ernst.

Schleiff, Nasr=ed=din.

Hansen, 20 sassische Leeder.

*Wichmann, Georg Meter.

*Jörgen van Essen, De Möller von Butten=
hagen.

*Klenz, Dörchläuchting.

*Karl Schröder, Schulten Rike.

*     — Smidt Boldt in'e Franzosentid.

Falke, En Handvull Appeln.

Garbe, Görnriek.

1907. Wibbelt, Windhok.

Dühr, Odhssee.

Flemes, Plattd. Gedichte.

Poeck, In de Ellernbucht.

Fehrs, Maren.

Helm. Schröder, Beer Vertellen.

Graunke, An'e Bäk.

Seemann, Tweilicht.

Schneider, Alaaf Kölle!

Neumann, Lebensrunen.

Keetz, Schult von Strachau.

Stille, Ut Landdokters Leben.

Erichson, Knallschoten.

*Wichmann, De slaue Peter.

*Gahl, Ut de Dün'n.

*Lemmermann, Eckers Dietrich.

*Peter Wert, Im Schatten. Die Schwarzen.

1908. Poppe, Norddütsche Wihnachtsbom.

Thyen, Lüttge Geschichten ut min Heimat.

Wibbelt, De Pastor von Driebeck.

*Elis. Thomann, Dat Beerlanner Paradies.

*Wichmann, Tante Greten.

*K. Schröder, Dei Inbräkers.

Ranke, De Lüde von'n Diek.

Stuhlmann, Sünte Jürgen.

Wagenfeld, 'Ne Göpps vull.

1909. Wibbelt, Mäten = Gaitlink.

Helm. Schröder, Ut minen lütten Gorden.

Wette, Neue westf. Gedichte.

Theilmann, Hunnenblomen un Malsen.

C. Holm, Im scheeben Stebel.

Schöning, Bi mi to Hus.

*Wriede, Fischerlüd.

*Wichmann, Hunger.

Dallmeyer, Kleidörn.

Seemann, Vierblatt.

Lange, Twei Geschichten ut'e Franzosentid.

1910. Wette, Pfingsteblaumen.

Stille, Nahberskinner.

Lau, Katenlüd.

F. Krüger, Witte Lillgen.

Schmidt, Wat Vagel Grip vertellt.

Seemann, Hänn'n.

Frahm, As noch de Trankrüsel brenn.

Graunke, Awendklocken.

Elis. Albrecht, Dat Familientaschenbauk.

*Lemmermann, De neemodsche Bur.

*Stille, Störmflot.

*Rahmmacher, Franzosentid.

*Wolff, Franzosentid.

Gorch Fock, Schullengrieper und Tungenknieper.

Wibbelt, De Järsschopp.

1911. Seemann, As dat Leben schaelt.

Lau, Ebb un Flot — Glück un Not.

Wagenfeld, Un buten singt de Nachtigall.

Wendt, Meckelbörger Minschen.

*Kähler, De Wedderschien.

*W. Brockmann, Schulten Dina.

*Elis. Albrecht, Danzt ward nich.

*Wichmann, Sultan Plumm.

*Zierow, De Kiesbarg.

*Lau, Johann un Trina up Reisen.

Schwanbek, Wenn de Bläder fallen.

Tarnow, Burrkäwers I.

1912. Wibbelt, Pastraotengaorn.

Max Brinckman, Allerhand Dummjungs-Ge-
schichten ut mine Schooltid.

Claudius, Mank Muern.

Schwarz, Oschen un Astern.

Frahm, Eeken un Iloh.

Düsterbrock, Bur Kranich un anner Lüd.

Hansen, Moderleev.

Tarnow, Burrkäwers II.

Zierow, Irdgeruch.

*Wriede, Uhlen.

*Gorch Fock, Doggerbank.

Peters, Olle Frünn.

Wagenfeld, Daud un Düwel.

Wibbelt, Dat veerte Gebott.

Droste, Sunnenschien un Wulken.

*Wagenfeld, Dat Gewitter.

*Schmidt (Fischerbrok), Seemannsblot.

Lenthe, För de Schummerstunn.

1913. Friedrichs, Gesche Ivers.

———

Berichtigung:

Seite 58 Zeile 15 von oben lies „Ihm" statt „Im".